通向新增长之路

供给侧结构性改革论纲

陈东琪◎编著

THE ROAD TO THE NEW GROWTH:

AN OUTLINE OF SUPPLY–SIDE STRUCTURAL REFORM

人民出版社

前　言

过去四十年改革的最大成就，是传统计划经济逐步转变成为一种新型但不完全的市场经济。"不完全"的突出表现是政府干预依然过多，还没有形成市场在资源配置中起决定性作用的体制机制。在经济活动中，政府这只看得见的手依然伸得过长，市场这只看不见的手还难以充分发挥作用。重要资源的配置，无论是土地和矿产等自然资源配置，或是金融和资本资源配置，还是人力和技术资源配置，政府行为经常错位和越位，经常限制甚至替代了市场调节的功能。

以习近平同志为核心的党中央，在党的十八届三中全会明确提出，今后全面深化改革的总目标是构建"市场在资源配置中起决定性作用的体制机制"。市场的作用和地位由"基础"变为"决定"，两字之差，内涵深刻，意义深远，表明市场化改革由表及里、由浅入深向前推进，由 1.0 版向 2.0 版拓展。

为了构建"市场在资源配置中起决定性作用的体制机制"，市场化改革需要赋予新内涵，充实新内容，探索新方式，寻找新路径，需要一个能够统领全局、指导未来、符合改革总目标指向的新改革蓝图，以其在全党全国，特别是在"顶层设计者"和"基层执行者"之间，形成全面深化改革的共识。供给侧结构性改革，就是适应全面深化改革总目标"构建市场在资源配置中起决定性作用的体制机制"而提出来的。

供给侧结构性改革，既是改革自身演进规律和内在逻辑使然，也是经济发展进入新常态后，创新宏观管理模式，转变宏观调控方式，提高宏观调控效果，必须确立的重大战略思路。

国际金融危机以来，我国经济发展逐渐进入新常态，供需矛盾由原来的总量失衡为主转变为结构性矛盾为主。这既不同于"总需求旺盛、总供给不足"（模式 I），也不同于"总需求不足、总供给过剩"（模式 II）。解决模式 I 的供需矛盾，重点是增加供给；解决模式 II 的供需矛盾，重点是扩大需求。20 世纪八九十年代的发展重点是增加供给，改变短缺经济格局；21 世纪头 15 年的发展重点是扩大需求，在扩大国内房地产和大基建投资需求，扩大以家电和汽车下乡为代表的耐用品消费需求的同时，通过"入世"扩大出口市场，利用国内外两种资源、两个市场，在深度、广度上扩大总需求，在更高数量级上实现供需平衡。然而，这两个时期选择的供求平衡方案，都是从"量"上采取措施，都是通过改变供需两端的数量函数，来缩小供需之间的缺口，降低供需失衡程度，解决方案的根本指向不是从结构和质量上来想办法、寻路径、出措施、出政策。随着经济发展和生活水平快速提高，人们的追求不再是满足基本温饱，不再是满足生存型消费，不再只是关注商品和服务的数量有多少，而是追求发展型消费，更为关注商品和服务的品质、档次和安全性，对供给提出更高的质量需要。这就要求供给者生产更高质量的商品和服务，调整优化提升供给结构，不断减少无效供给，增加有效供给，以使供给结构不断适应需求结构的快速变化。供给者行为的重点是努力提高产品和服务的品质、档次和安全性，以更高质量、更加绿色的产品和服务供给来满足人民群众不断增加的物质文化需要，这已成为新供求均衡时代的大势，也是新常态经济发展的主题。

习近平同志多次强调，当前和今后一段时期，经济发展中的矛盾和问题，供给和需求两侧都有，但矛盾的主要方面在供给侧；总量矛盾和结构矛盾都有，但主要矛盾在结构性矛盾，突出表现是供给结构不适应需求结构。要解决好这些结构性矛盾和问题，就要通过供给侧结构性改革，来优化供给主体结构，改善供给体制机制，建立一个弹性好、效率高的供给体系，以制度创新促进产品和服务创新，以优化制度供给来优化产品和服务供给的结构，从而达到全面提高供给体系效率和供给产品质量的目的。

供给侧结构性改革，是引领智能化科技产业革命，带动新一轮长周期繁荣的必由之路。国际金融危机以来，世界在为智能工业革命和新一轮长周期的扩张繁荣积蓄能量，各国之间以技术进步为核心的创新能力竞争越来越激烈。面对这个新全球化和新产业化发展大势，中国要主动从以往的"跟跑者"变为"引领者"，就必须抢夺科技产业创新的制高点，就必须提供良好的制度供给和产业组织，就必须有一个能够实现全面创新的体制机制，就必须在"顶层设计者"和"微观执行者"之间强化全面创新理念，突破传统思维惯性和路径依赖模式。供给侧结构性改革的根本目的，就是旨在提供一个不断强化创新观念、激发创新欲望和创新行动的新制度供给，构建一个不断挖掘创新潜力、在国际上不断引领创新潮流的新体制机制。

供给侧结构性改革，既是全面深化改革的核心工作，也是一个新经济学理论，它是中国特色社会主义政治经济学在新常态发展阶段的重大创新。其内涵要义深刻，体系内容丰富，科学回答了"是什么""改什么"和"如何改"等重大问题。

在回答"是什么"时，供给侧结构性改革理论，对供给和需求之间的"数量关系"、供给和需求以及供给内部的"结构关系"进行了系统分析。在论述供给与需求之间的数量关系时，一方面强调，供需辩证统一，不能脱离需求来谈供给，强调有效供给之"有效"实质是与有效需求相适应、相匹配、相协调，企业不能盲目生产无效供给，更不能用低端劣质供给挤压高端优质供给，政府宏观调控的重心在于努力促进供需均衡协调，不断纠正"过剩"和"短缺"这两种供求数量失衡状况。另一方面强调，在实现高水平供求均衡过程中，提供什么样的供给更为重要，由于目前供求数量失衡的关键是供给质量不高，是低质量供给不适应高品质消费需求的变化，因此我们提供的解决方案就应该通过改革来提高供给质量，优化供给结构，这是新常态经济发展的内在逻辑要求。在论述"供给侧结构"时，一方面强调，"供给侧结构"既指供给客体的结构，即产业、产品和服务的结构，更指供给主体结构，"供给侧结构"是供给侧主、客体结构的统一。因此，在推进供给侧结构性改革中，既要通过减少无效供给、扩大有效供给来优化供给侧的客体结构，更要调整优化供给侧的主体结构，包括国有和非国有之间的所有制结构、所有者（权）与经营者（权）之间的结构以及产业组织结构。

在回答"改什么"时，供给侧结构性改革理论强调，要以去产能、去库存、去杠杆、降成本、补短板即"三去一降一补"为先行抓手，由表及里、由浅入深地一步一步向前推进落实改革任务，每一阶段、每一项改革措施，都要注意制度创新，注意通过"重要领域"和"关键环节"的体制机制改革，来不断优化供给侧的主、客体结构。在体制机制改革方面，要将政府体制改革，国有企业改革，财税金融体制改革，土地、资本、劳动力要素改革等放在突出位置，通过优化产权、经营和要素市场等方面的制度供给来优化产品、服务结构和产业组织结构。

在回答"怎么改"时，供给侧结构性改革理论强调，改革是一项系统工程，涉及面宽，触及既得利益格局调整，过程非常复杂。为了顺利推进，要处理好近期和长期、局部和全局、供给和需求、做减法和做加法、政府和市场的关系。在制定和出台改革措施时，既要考虑解决当前的迫切性问题，更要着眼长远，注意前瞻性，更多考虑未来发展大势对供给侧结构性改革的新要求；既要考虑本地、本产业的局部利益，更要考虑国家的全局利益，将改革的重点突破和整体推进结合起来；既要考虑改革需求的新变化趋势，更要考虑改革能力和条件的培育创造；既要做好减法，积极"去"低质落后产能，更要做好加法，努力"扩"优质先进产能；既要发挥好政府在构建稳定秩序和宏观调控方面的作用，调控时运用好法治化市场化手段，更要充分发挥市场在资源配置中决定性作用；既要使重要领域和关键环节的改革措施尽快出台，落地生根，又要注意措施力度、节奏和时机，做到稳中求进；改革要在宏观层面做好顶层设计，更要在微观层面充分发挥所有改革参与者的积极性。

供给侧结构性改革，不是一个随机事件和短期行为，可能要花几年或更长时间，我们不能急于求成，要有打持久战的思想准备。在编制"深入推进供给侧结构性改革"规划时，我们要继续将目标导向和问题导向、整体目标和分步推进结合起来，要继续注重改革的系统性、配套性、协调性、连贯性和有效性，把握好具体改革措施的力度、出台时机和节奏，不断化解改革过程中出现的不确定性和风险，保证各项改革措施落地生效，实现供给侧结构性改革稳中求进，进而促使整个经济社会在改革中稳中求进，稳中向好。

陈东琪
2017 年 8 月于国宏大厦

目　录

第 一 章

现实意义

供给侧结构性改革，作为"十三五"经济社会发展的主线和政府经济工作的主要抓手，既是化解我国经济发展中深层次矛盾和问题的治本良策，对提高供给结构对需求变化的适应性，促进经济社会转型升级具有重要的现实指导意义，也是破解全球经济结构性矛盾的一剂良方，对世界走出发展困境、实现持续增长具有重要的国际范式意义。

第一节　适应我国经济发展新常态的必然要求和主动选择

改革开放以来，我国经济高速增长，总量排名迅速提升为全球第二，人均收入达到中高水平并向高水平迈进，用 35 年时间走完了西方发达国家几百年走过的历程，创造了世人瞩目的"中国奇迹"（见图 1-1）。"十二五"末开始，我国经济进入新常态，开启第二个 35 年的新发展历程。与第一个 35 年"中国奇迹" 1.0 版的"速度优先、要素驱动"不同，第二个 35 年"中国奇迹" 2.0 版树立创新、协调、绿色、开放、共享发展理念，追求"质量优先、创新驱动"。为此，必须通过供给侧结构性改革，来着力解决经济社会发展新阶段面临的突出结构性矛盾，提高供给体系的质量和效率，增强供给结构对需求结构的适应性，不断释放巨大的内生发展潜力，在高基数、高起点上，实现更加高效、更高水平、更加绿色、更可持续的经济社会发展，稳妥跨越中等收入陷阱，在中华人民共和国成立一百周年时，成功迈入高收入阶段，成为适应引领世界发展大势的高收入国家。

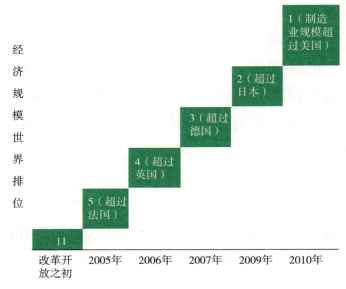

图 1-1　我国经济规模和全球排位的提升

一、新常态经济发展面临三个重要节点

我国经济发展进入新常态，是党的十八大以来以习近平同志为核心的党中央，综合分析国际经济长周期和国内发展阶段性特征及其相互作用作出的重大战略判断，是对当前和今后一段时期我国经济发展阶段性变化特征的概括性表述。适应和引领这一新常态，是推动经济发展迈上新台阶的基本前提。

新常态经济发展的主要特点，是增长速度从高速转向中高速，发展方式从规模速度型转向质量效率型，发展动力从主要依靠资源和低成本劳动力等要素投入转向创新驱动。新常态的直接表现是经济增速换挡，本质是发展方式转变、结构调整和动力转换[1]。新常态

---

[1]《治国理政新思想新实践：引领经济新常态 迈上发展新台阶——关于适应、把握、引领经济发展新常态的对话》，《人民日报》2016 年 8 月 18 日。

下经济社会发展，面临如下重要节点。

（一）速度换挡节点

周期理论和实践显示，经济从高速增长转向中速增长，都会出现一个拐点性的变化。韩国 1954—1965 年国内生产总值平均增速为 6.1%，1966 年步入高增长阶段，1966—1997 年三十年间保持了平均增速为 9.6% 的高速增长，而 1998 年亚洲金融危机为这一阶段画上了句号，1998—2007 年期间增速下降为 4.1%，全球金融危机后的 2008—2016 年则进一步下降为 3.1%；日本 1956—1973 年，国内生产总值平均增速为 8.4%，1974—1991 年回调至 4.1%，1992 年至今则进一步降至 1%。我国改革开放以来经济增速长周期拐点出现在 2012 年，此前的 20 世纪 80 年代下半期和 90 年代中后期出现的经济减速只是中周期调整，1998 年的金融危机对我国略有影响，使 1998—2011 年的平均增速由 1978—1997 年的 10.1% 下降为 9.9%，但 1978—2011 年总体平均增速保持在了 10%。按照中周期轨迹变化规律，我国经济于 2007 年见顶后的调整，应该在 2012 年止跌回升，然而事实上是继续向下。GDP 增速由 2011 年的 10.3% 快速下降到 2012、2013 年的 7.7%，2014、2015 和 2016 年温和回落到 7.4%、6.9% 和 6.7%，2017 年上半年小幅回升到 6.9%。近五年的增长趋势表明，2012 年是我国经济增长的长周期拐点，此后，经济步入新常态运行轨道，增长速度从高速转向中高速（参见图 1-2）。

（二）结构调整节点

我国经济在增速进入换挡期后，结构调整也步入了关键阶段。经济结构总体上从增量扩能为主转向调整存量、做优增量并举，具体到产业结构、技术结构、城乡结构、分配结构等都需要进行调整和优化。从产业结构看，经历了"井喷式"扩张的钢铁、电力和汽

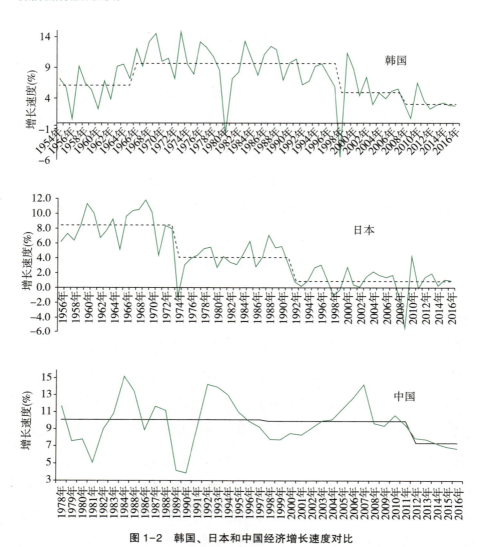

图 1-2 韩国、日本和中国经济增长速度对比

资料来源：The Bank of Korea 网站：http://eng. bok. or. kr/eng/engMain. action；Japan Cabinet Office 网站：http://www.cao.go.jp/index-e.html；中国国家统计局网站：http://data. stats.gov.cn/。

车等传统制造部门，生产能力已逐步接近极限规模，再靠规模扩张已经走不下去，需要集中消化过剩产能；节能环保、新一代信息技术、生物、高端装备制造产业等代表未来制造业发展方向的新兴产业需要发展壮大。从产业组织结构看，大中型企业需要在"大"的基础上做强，中小企业应在总体规模增长的同时提高竞争力；国有企业改革步伐需要加快，民营经济规模需要进一步壮大。从技术结构看，要促进技术引进与技术创新两种方式融合推进，以国内技术创新促进我国整体产业竞争力的提升。从城乡结构看，在城镇化率已接近60%的基础上，需要以农业转移人口市民化为核心提高城镇化质量，使我国真正从农业文明社会转向城市文明社会。在收入分配结构上，需要提高劳动报酬在国内生产总值中所占份额，解决不同阶层、不同群体以及不同地区之间贫富差距较大的问题。

（三）动力转换节点

经济发展自有其内在逻辑，伴随经济发展水平的提高，发展方式要从规模速度型转向质量效率型。如果说在高速增长时期，经济增长主要依靠生产能力的规模扩张，即"铺摊子"，那么进入经济增速换挡期后，增长动力就要转向质量提升，即"上档次"。从支持经济增长的劳动力、土地和自然资源、资本、知识等生产要素来分析，各个经济体在进入中等收入阶段之前的经济起飞阶段时，前三项要素对经济增长的贡献比较大，体现为"要素投入驱动"和粗放式发展。在进入中等收入阶段之后，知识包括科技和管理创新对经济发展形成的贡献会更大，而且极为关键，经济增长更多地依靠所谓"全要素生产率"的提升。概括而言，在进入中等收入阶段后，需要以提高全要素生产率，即经济增长的质量和效益为目标，以创新为新动力，努力实现比较充分就业、较高要素生产率和更优资源配置效率为支撑的发展。

全要素生产率

全要素生产率是指在各种生产要素的投入水平既定的条件下，

所达到的额外生产效率，它是不能被资本、劳动力和其他生产要素投入增长所解释的、剩余的产出增长率，即剔除要素投入贡献后所得到的残差。由于最早由经济学家索洛提出，故也称为索洛残差。这一残差被认为是技术进步和资源配置改善所导致的产出水平提高，因而全要素生产率在很大程度上反映出要素投入的产出效率和配置效率。

二、新常态经济发展的支撑条件和环境变化

经济新常态的出现具有客观必然性，主要由国内外发展环境、发展条件、发展阶段变化所决定。回溯改革开放以来近 40 年，我国经济高速增长主要得益于人口红利形成的低成本优势，全球化带来的国际分工与外部市场红利，经济后发带来技术低成本学习与模仿优势，以及从计划经济向市场经济转轨所形成的改革红利。当前，这些条件均已发生重大变化。

（一）原有低成本要素优势逐步减弱

国际经验表明，在经济起飞阶段劳动力资源充裕是经济快速增长的重要动力。有研究表明，1970 年到 1995 年间，东亚诸国超常规高增长中，由劳动年龄人口高比重所作出的 GDP 贡献比例高达 1/3—1/2[①]。我国也不例外，改革开放后以农民工及其家庭成员为主体的农村人口，向城市、工业领域的巨量转移所形成的低劳动力成本成为我国参与经济全球化和国际市场竞争的重要优势之一。与其他国家相比，除了人口规模庞大外，我国独特的户籍管理和社会保障区域化制度，妨碍了农业转移人口在城镇落户和享有城镇居民公共服务，因而进一步压低了我国劳动力的成本。此外，城乡分割的

---

① 张茉楠：《未来经济增长的挑战在于人力资本积累》，《每日经济新闻》2014 年 12 月 30 日。

土地所有、管理和使用制度，降低了工业用地成本，自然资源产权制度、管理和使用制度的不健全又降低了能源、矿产资源价格，使得土地等自然资源的低成本优势，成为我国经济高速增长的另一重要因素。总体而言，过去多年经济高速增长，是充分利用了劳动力、土地和自然资源的低成本，在经济全球化的背景下有效发挥后发优势的结果。当前和今后一个时期，上述优势条件已发生变化。首先，人口老龄化加快，劳动年龄人口总量持续下降。我国从 2000 年已经进入老龄化社会，而第六次人口普查数据显示，我国老龄化程度进一步提高，60 岁及以上人口占 13.2%，其中 65 岁及以上人口占8.9%。与此同时，农业向城镇的转移人口速度明显下降，2016 年我国农民工为 28171 万人，同比增速比 2011 年下降 2.9 个百分点（参见图 1-3）。其次，随着城镇人口增长以及产业发展，土地、矿产资源供给相对紧缺，价格上涨。在劳动力和土地等要素成本不断上升的条件下，依赖低成本要素大规模投入的粗放发展模式已经难以为继，塑造新要素竞争优势的紧迫性大大增强。

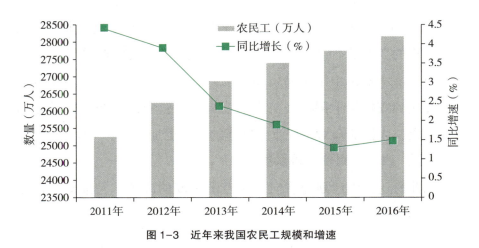

图 1-3　近年来我国农民工规模和增速

资料来源：国家统计局相应年份的农民工调查报告。

（二）资源环境约束趋紧

我国资源禀赋并不优越，石油、天然气、铁矿石、铝土矿、铜、耕地和淡水等战略性资源人均占有量只有世界平均水平的7%、7%、17%、11%、17%、43%和28%，即使是我国最丰富的煤炭资源，也只有世界平均水平的67%，整体上人均资源相对不足。近40年的快速经济增长一定程度加剧了对禀赋条件并不充裕资源的过度开发，重要资源对经济发展和人民生活的保障水平下降，例如全国2/3城市缺水，许多地区地下水超采严重，水利部2016年3月公布的数据显示，目前全国地下水超采区达30万平方公里，超采量约170亿立方米，主要集中在北方地区[①]。一些能矿资源的短缺虽然可以通过进口解决，但过高的能矿资源对外依存度毕竟对经济安全构成隐患。目前，我国铜矿的对外依存度超过70%、镍矿和铝土矿分别超过70%，铁矿石和原油则超过80%。此外，资源的过度、低效利用还造成了较为严重的生态环境问题。例如近年来京津冀区域13个地级及以上城市达标天数比例不足40%，雾霾天气呈现频发性、全国性态势；部分地区土壤污染较重，全国土壤总的点位超标率为16.1%[②]；全国90%的草原出现不同程度的退化，水土流失面积占国土总面积的37%，沙化土地占18%[③]。应该说，我国改革开放以来的高速经济增长付出了很高资源环境代价，资源、生态环境承载能力已经达到或接近上限，经济发展与人口、资源、环境之间的矛盾日益突出，人民群众对良好生态环境的要求更加迫切。

（三）改革不到位阻碍发展

如前所述，由计划经济向市场经济过度的改革，是推动我国改

---

① 《超采地下水：地面沉降罪魁祸首?》，《中国环境报》2016年7月15日。
② 环境保护部、国土资源部：《全国土壤污染状况调查公报》，2014年4月17日。
③ 刘佳义：《坚持人民主体地位》，《〈中共中央关于制定国民经济和社会发展第十三个五年规划的建议〉辅导读本》，人民出版社2015年版，第17页。

革开放以来经济高速增长的红利。改革红利或制度创新红利实际上是指通过体制机制变革使得生产要素重新组合和优化配置而获得的增量价值部分，是通过创造公平的竞争环境和营商环境而降低交易成本获得的，是一种潜在的价值形态。在改革起步阶段，改革属于"帕累托改进"，这时的改革具有受益面广、普惠性大的特点，因而改革共识较为容易在全社会范围内达成，改革阻力较小、易推进。正是在此条件下，以农村联产承包责任制为发端的多项改革保障了我国经济腾飞。但到目前为止，市场化导向的改革并没有完成，重要领域和关键环节的改革没有突破，随着经济社会的进一步发展，这些绕过去的和放在一边的矛盾和问题不仅不会消失或自行缓解，反而成为经济社会向更高阶段演进的"拦路虎"和"绊脚石"，土地制度、户籍制度、社会保障制度、投融资体制、财税金融体制、行政管理体制以及收入分配体制等重要领域的改革与预期目标均还有相当远的距离。

帕累托改进

以意大利经济学家帕累托（Vilfredo Pareto）命名的、常用于微观经济学和福利经济学中的一个概念。它是指在不减少一方的福利时，通过改变现有的资源配置而提高另一方的福利。帕累托改进可以在资源闲置或市场失效的情况下实现。在资源闲置的情况下，一些人可以生产更多并从中受益，但又不会损害另外一些人的利益。在市场失效的情况下，一项正确的措施可以削减福利损失而使整个社会受益。

（四）新旧长周期转换带来的摩擦

改革开放以来，我国经济快速发展的一个重要原因就是对国际市场的充分有效利用。我国改革开放之际，正是发达国家劳动密集型产业向外转移之时；2001 年中国加入世贸组织后，又恰逢世界经济处于繁荣期。抓住这些机遇，发展以低廉劳动力成本为基础的大规模出口和外向型经济，成为我国经济高速增长的重要推动力。1979 年至 2012 年，我国货物出口保持 20% 左右的年均增长率，快速成长为世界贸易大国，外需也由此成为支持经济高增长的一个重要条件。2008 年国际金融危机爆发结束了世界经济繁荣周期，之后世界贸易处于持续低迷状态。根据世界贸易组织的统计，国际贸易增速已从 1990—2008 年间的年均 7% 降至 2009—2015 年间的 3%，2016 年世界贸易的增速仅为 1.7%，不仅如此，2016 年世界贸易的增长已经连续 5 年低于世界生产的增长。这是自 20 世纪 80 年代以来经历时间最长的贸易停滞①。图 1-4 则表明全球进出口量虽在 2010 年后恢复并增长，但增速明显较低，且在 2015 年再次出现负增长。

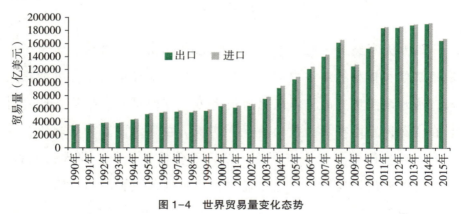

图 1-4　世界贸易量变化态势

资料来源：《国际统计年鉴 2016》，国家统计局网站，http://data.stats.gov.cn/files/lastest-pub/gjnj/2016/indexch.htm。

---

① 中华工商时报：《世界贸易连续 5 年低于世界生产增长速度》，2017 年 1 月 5 日。

当前全球贸易量的下降实际上是全球经济处于深度调整期、有效需求下降在国际贸易上的表现。从经济周期的角度看，目前全球经济处于长周期的下降阶段。一般认为，自 18 世纪工业革命后，世界经济经历了五轮长周期，每个周期都有繁荣、衰退、萧条、回升阶段，1991—2007 年为第五轮长周期的繁荣阶段，而 2008 年后则进入了由衰退、萧条组成的下行阶段，一些国家经济虽然出现了回升现象，但并不稳定，下一波增长的高潮仍在孕育之中。

另一方面，仅从对外出口的国际经验看，其他国家的发展历程表明出口快速增长一段时期后，自身也会经历一个调整的过程。正如习近平同志 2016 年 1 月 18 日在省部级主要领导干部学习贯彻党的十八届五中全会精神专题研讨班上的讲话中所分析的，"第二次世界大战结束后，德国、日本都经历了出口快速增长并成为世界贸易大国的时期，从他们的实践看，当货物出口占全球总额比重达到 10% 左右时，出口增速就会出现下降的拐点。我国改革开放之初货物出口占全球总额的比重不足 1%，2002 年超过 5%，2010 年超过 10%，2014 年达到 12.3%，这意味着我国货物出口增速拐点已经到来"，今后再要维持出口高增长，出口占国内生产总值的高比例，强大外需拉动经济快速增长是不现实的。

综上所述，从经济社会发展的历史进程来看，新状态、新格局、新阶段总是在不断形成的，经济发展新常态是这个长过程的一个阶段，是我国经济向形态更高级、分工更优化、结构更合理的阶段演进的必经过程。国际经验表明，这个过程并不是自然过渡的，在1960 年被世界银行列为中等收入国家的 101 个经济体中，截至 2008年，只有 13 个进入高收入国家行列，成功跨越的概率不到 13%[①]。

[①] 屈宏斌：《以不调低增长来跨越中等收入陷阱》，《21 世纪经济报道》2012 年 12 月 20 日。

只有那些在这个过程中坚持实行市场经济和对外开放、顺势推进经济转型、实现要素驱动向创新驱动转变的经济体，才能成功迈入高收入国家和地区行列。

三、新常态经济面临严重的结构性失衡

新阶段意味着经济发展需要解决的突出问题发生了变化，如果说改革开放初期，经济发展主要是要解决供给短缺问题，进入 21 世纪头十年主要是解决需求不足问题的话，当前和今后一个时期则需要解决供给质量不高的问题，也就是说，经济运行面临的突出矛盾和问题，虽然有周期性、总量性因素，但根源是重大结构性失衡，主要是有效供给能力不足。正如习近平同志 2016 年 4 月 24—27 日在安徽调研时所指出的，当前和今后一个时期，我国经济发展面临的问题，供给和需求两侧都有，但矛盾的主要方面在供给侧。事实证明，我国不是需求不足，或没有需求，而是需求变了，供给的产品却没有变，质量、服务跟不上。这是发展不平衡、不协调、不可持续问题在新常态下呈现新特点，表现为供给侧的结构性、体制性和素质性突出问题。具体而言，我国劳动力、土地等自然资源、资本、知识等生产要素的供给方面均存在供给约束等问题。

（一）劳动力素质难以适应高水平发展要求

如前所述，我国老龄化态势正在加剧，2012 年后社会劳动适龄人口规模每年净减少数百万人，以低廉劳动"无限供给"为特征的劳动力转移及劳动适龄人口充裕状况对于我国经济的贡献和支持已不在。另一方面，由于我国公共服务由地方政府提供，进入城市务工的农村劳动力很难与当地城镇居民平等地享受教育、医疗等公共服务，使大量进城务工人员的子女在其家乡接受教育和医疗等服务。

由于城乡之间公共服务差距较大，这些未来成为劳动力主力军的农村儿童在农村或小城镇接受的教育水平和质量自然相对较低，同时，由于童年时缺少父母的陪伴，心理健康已开始成为这一代劳动力的重要问题。这些都使得我国劳动力素质供给难以满足高技术水平下的发展需要。

（二）土地等资源供给机制滞后于经济发展需求

我国土地及相关自然资源管理方面的现行制度不能适应市场经济的问题十分明显。例如，城乡二元经济结构导致国有建设用地和集体建设用地同为建设用地却不同权不同价。党的十七届三中全会审议通过的《中共中央关于推进农村改革发展若干重大问题的决定》中提出的"改革征地制度，严格界定公益性和经营性建设用地，逐步缩小征地范围，完善征地补偿机制。依法征收农村集体土地，按照同地同价原则及时足额给农村集体组织和农民合理补偿，解决好被征地农民就业、住房、社会保障"设想并未落实。另一方面，"逐步建立城乡统一的建设用地市场，对依法取得的农村集体经营性建设用地，必须通过统一有形的土地市场、以公开规范的方式转让土地使用权，在符合规划的前提下与国有土地享有平等权益"的改革也进展较为缓慢。此外，我国其他各类自然资源方面，也存在着比价关系严重扭曲、市场化价格形成机制缺失等问题。价格信号的扭曲，除了造成资源使用粗放低效等问题，更导致诱导资源错配，抬升实体经济成本等问题，妨碍了经济结构调整和升级。

（三）资本供给难以满足结构调整需要

无论是从国内储蓄还是外汇储备上看，我国似乎都是世界上"最有钱"的国家。但对就业贡献最大的广大中小微企业得不到较充分的融资供给，实体经济升级换代得不到投融资供给机制有力支撑，

"三农"领域的金融支持也始终盘桓于政策倡导层面而实质性进展十分缓慢，大众创业、万众创新面临的实质性融资门槛仍然比较高。这表明我国金融领域存在着供给约束问题。一是银行作为我国金融资源的主要供给方，国有比重过大而民资外资比重过低、超级银行占比过大而中小型金融机构占比过小，难以适应民营经济发展和中小企业发展的需要。二是资本市场受制度约束发育不良。一方面，融资功能不健全，我国的证券化率仅为60%左右，远低于美国等资本市场发达的国家；到2016年底，社会融资规模存量直接融资规模占比不到15%。另一方面是市场结构不合理，主板市场占比过大而创业板、新三板、场外股权交易市场还严重不足，从而使资本难以通过有效途径流入实体经济和创新、创业方面。

（四）科技体制缺陷制约创新驱动

党的十六大报告中，已明确提出要建设创新型国家。我国经济增长的动力向创新驱动转变成为适应新常态、引领新常态、加快发展方式转变，切实转换发展动力的关键所在。但目前的科技创新体系存在着科技研发的创新活力被不当制度机制所扼制的问题。一方面是研发不足。目前大中型工业企业平均研发投入占主营业务收入的比例不到1%，与主要发达国家2%—3%的平均水平有明显差距。另一方面是科研人员队伍大而不强。虽然我国科研人员的论文发表数、专利申请数快速增长，已名列世界前茅，但是科技成果向产业、市场的转化率不到10%。主要是由于教育领域即人才培养体系中，严重的行政化、应试教育化等而窒息创造性人才的成长；具有支撑意义的基础科研领域中，激发科技人员潜心研究的体制机制不到位；此外，科技成果转化的激励机制明显滞后，知识产权保护不力问题更加突出，同时，部门利益形成"条块分割"式创新阻碍和资源条件共享壁垒等。

四、需求刺激政策边际效率递减

2010 年以来，为了应对经济下行压力，我国采取了一系列需求刺激政策，包括降准降息、增加货币供给、扩大财政支出、增加公共投资等。一是实施了较宽松的货币政策。例如，2012 年 2 月至 2016 年 2 月 29 日，央行 10 次降准和结构性降准，8 次降息和结构性降息，并在 2015 年时附以抵押补充贷款、中期借贷便利等政策。自 2010 年到 2016 年我国广义货币（M2）供给量由 72.6 万亿元增加到 155.01 万亿元。二是实施积极的财政政策。仅以近两年的政策为例，2014 年 9 月以来，我国先后实施信息电网油气等重大网络以及生态环保、清洁能源、粮食水利、交通运输、健康养老服务、能源矿产资源保障、现代物流、城市轨道交通、增强制造业核心竞争力、新兴产业、制造业升级改造等 12 大类以稳增长惠民生为主要内容的重大工程包，截至 2016 年年底累计已开工 48 个专项、507 个项目，完成固定资产投资 7.9 万亿元①。此外，通过适当扩大财政赤字规模和动用以前年度结转资金，加大直接支出力度，2015 年全年，一般公共预算收支相抵后，财政赤字首次突破 2 万亿元，达到 23609 亿元，高于年初预算数字（16200 亿元）7409 亿元；2016 年则比 2.18 万亿元的预算赤字目标超出了 6489 亿元②。同时，中央政府还通过安排地方专项债券和发行地方政府置换债券扩大了财政支出。

这些需求侧管理的政策主要是通过调节税收、财政支出、货币

---

① 国家发展改革委网站投资司子网站：《截至 2016 年底 12 大类重大工程包进展情况》，2017 年 2 月 6 日，见 http://tzs.ndrc.gov.cn/tzgz/201702/t20170216_ 838007.html。

② 中国政府网：《财政部就 2016 年财政赤字有关问题答问》，2017 年 1 月 24 日，见 http://www.gov.cn/xinwen/2017-01/24/content_ 5163058.html。

信贷等来刺激需求，它主要是解决总量性问题，注重短期调控，虽然在短期内起到了防止经济增速下降较快等作用，但对于解决上述长期性、体制性问题并无裨益，随着需求结构快速变化，单纯刺激需求的政策的边际效应递减。2010 年我国每增加一个单位 GDP 生产量，需要增加 M2 供应量 1.07 个单位，2015 年这一比例上升为 3.3。经济增长高度依赖货币发行，而货币超发使得社会信用风险累积，资产泡沫膨胀，企业杠杆率不断推高，金融风险越积越多，越积越大。

五、解决结构性失衡问题需要推进供给侧结构性改革

习近平同志 2016 年 1 月 18 日在省部级主要领导干部学习贯彻党的十八届五中全会精神专题研讨班上曾指出："需求管理边际效益不断递减，单纯依靠刺激内需难以解决产能过剩等结构性矛盾"，并在 2016 年中央经济工作会议上提出"必须从供给侧结构性改革上想办法，努力实现供求关系新的动态均衡"。这些表明，解决前文提及的生产要素供给不足问题的关键是以结构性问题入手，注重激发经济增长动力，通过优化要素配置和调整生产结构来提高供给体系的质量和效率，消除发展中存在的不平衡、不协调和不可持续因素，减少无效和低端供给，创造适应新的消费需求、适应产业结构升级的有效供给，增强供给结构对需求变化的适应性和灵活性，打通供求渠道，实现供求关系新的动态均衡。

（一）以供给侧结构性改革释放新的改革红利

20 世纪 70 年代末以来我国经济社会发展成就的取得，主要是在以经济建设为中心的正确基本路线指导下，在总供给管理角度开创性地实现了从计划经济向市场经济转轨的变革，极大地释放了供给

潜力。回顾历史，我国改革不断深化的进程正是不断调整落后、僵化的生产关系以适应不断发展变化的生产力的过程，正是不断自觉进行供给端改革、释放微观市场主体潜力、提升经济社会发展活力的过程。

1978年，党的十一届三中全会开启了我国改革开放的历史新时期，改革从农村向城市、从农业向工业、从农民向企业、从沿海向内地推进，集体经济和个体经济逐步恢复和发展，国有企业扩大自主权试点，市场经济开始得到发展。此后我国经济体制改革进程中召开过数次意义重大的"三中全会"。1984年10月召开的党的十二届三中全会通过了《中共中央关于经济体制改革的决定》，作出了中国的社会主义经济不是计划经济，而是以公有制为基础的有计划的商品经济的重大判断，标志着改革开始由农村走向城市和整个经济领域，明确了经济体制改革的大方向、性质、任务和各项基本方针政策。随后，全国各地积极进行以厂长负责制、工效挂钩、劳动合同制为内容的企业领导、分配、用工等管理制度的改革，大大增强企业的内在活力。1993年11月召开的党的十四届三中全会作出《建立社会主义市场经济体制的决定》，里程碑式地提出了建立社会主义市场经济体制的总体思路与目标模式，正式确立社会主义市场经济的改革方向和基本体制框架，其提出的使市场在社会主义国家宏观调控下对资源配置起基础性作用，是社会主义认识史上一次历史性飞跃。此后，理清中央和地方责权的分税制财政管理体制、依托市场的住房制度、政策性金融与商业性金融分离的金融体制，建立适应市场经济要求的现代企业制度改革开始推进。

2003年10月召开的党的十六届三中全会作出《完善社会主义市场经济体制若干问题的决定》，对建设完善的社会主义市场经济体制作出全面部署。随后农村经济体制、投资体制、财税体制、涉外经济体制的改革进一步深化。2013 年，党的十八届三中全会作出《关于全面深化改革若干重大问题的决定》，市场在资源配置中总体而言的决定性作用终于表述到位，并形成了具体操作点多达 336 项的改革顶层规划（即"六十条"），这是在新时期、新形势下进一步释放经济社会潜力、活力的重大举措，也为供给管理注入了新时代背景下的新内容、新要求。

总体来看，发端于 1979 年的以解放生产力为核心的改革和制度供给，表现为资源配置由国家集中组织在边际上不断向各类微观、中观主体渐进式让渡①。这些改革和制度创新增加了市场交易在资源配置中的比重，提高了要素利用效率，降低了社会整体交易成本，从而增强了经济活力、竞争力。这些改革联同与之配套的法律规章、交易网络、信用体系等市场基础设施的构建与不断完善，为经济发展提供了体系化的保障，系统性的制度红利就此迸发。这些打破体制枷锁、激发要素动力，唤醒沉睡效率的改革红利也由此成为支撑我国创新经济奇迹的重要因素。在新的历史时期，需要进一步推进供给侧结构性改革，以形成新的改革红利，推动经济社会持续健康发展。

（二）以优质要素供给满足新的有效需求

习近平同志 2016 年 12 月在 2016 年中央经济工作会议上指出，供给侧结构性改革"最终目的是满足需求，就是要深入研究市场变化，理解现实需求和潜在需求，在解放和发展社会生产力中更好满足人民日益增长的物质文化需要"。从生产端来看，实现这一目的的

---

① 均衡博弈（北京）研究院：《中国供给侧改革（宏观战略篇）——与危机赛跑的制度重构》。

前提是所供给的生产要素是高质量的、配置是高效率的，即提升供给体系的质量和效率。

1. 保障高素质人力资本供给。我国劳动年龄人口已出现下降，在调整和完善生育政策，提高我国人口生育率以及加快农业转移人口市民化，提高劳动参与率之外，将人口红利转化为人才红利和人力资本优势，是提高劳动力供给质量的必然途径。人力资本是指体现在劳动者身上的知识、技能和经验等，通过创业和就业创造财富和收入的能力。新增长经济理论表明，与传统生产要素对经济增长的贡献呈现递减趋势不同，人力资本则具有报酬递增的特征，是可持续的增长源泉，能够强化人力资本这个关键要素，就能够实现有质量有效益的中高速增长。

2. 使土地资源供给满足新型城镇化及高效配置要求。十八届三中全会《决定》对于深化土地制度改革有了非常明确的要求，当前需要加以有效落实。一是开展好以土地征收、农村集体经营性建设用地流转和宅基地制度为主要内容的改革试点。二是总结和推广实践中行之有效的试点和探索经验。例如，积极总结借鉴重庆等区域以"地票"制度处理远离城市中心区的农民在农地"占补平衡"框架下分享城镇化红利的经验。再如，重视深圳特区"先行先试"环境下形成的"国有平台，整合分类，权益求平，渐进归一"土地制度改革经验，在逐步建立城乡统一的土地产权框架和流转制度过程中形成兼顾国家、单位、个人的土地增值收益分配机制。

3. 增加资本供给对经济结构调整的适应性。一是按照发挥市场机制在资本配置中决定性作用的要求，推进银行体系改革，优化信贷资源配置结构，提高配置效率。二是改革股票市场发行、交易、退市等制度，在继续完善主板、中小企业板和创业板市场的基础上，积极探索覆盖全国的股权交易市场（三板），发展多层次资本市场，完善资本市场功能，增强资本市场的效率和稳定性。三是在政策性融资机制创新中构建多层次、广覆盖、可持续的开发性金融、农村金融、绿色金融、科技金融等服务体系。四是建立全国统一的债券发行和交易制度，包括统一准入条件、信息披露标准、资信评级要求等制度。五是加强金融业监管，界定中央和地方金融监管职责和风险处置责任。

4. 以提高知识对经济增长贡献为目标加强创新体系建设。习近平同志2016年1月18日在省部级主要领导干部学习贯彻党的十八届五中全会精神专题研讨班上曾指出的，"推进供给侧改革，必须牢固树立创新发展理念，推动新技术、新产业、新业态蓬勃发展，为经济持续健康发展提供源源不断的内生动力"，面对新一轮科技革命，需要深化科技体制改革，完善支持自主创新和成果转化的政策体系，调动社会各方面参与和推动自主创新的积极性。一是完善以企业为主体、市场为导向、产学研结合的技术创新体系，强化企业创新主体地位和主导作用，使骨干企业在高端技术领域具有原始、自主创新能力，在中高端技术领域具有"引进、消化吸收再创新"与"集成创新"能力。二是推进企业创新与科教融合发展，形成企业主导、院校协作、多元投入、成果分享的产业创新中心、创新平台和创新网络。三是培育创新文化，保护创新热情，宽容创新挫折，形成有利于创新的全社会氛围。四是切实加强知识产权保护，实施更加严格的知识产权保护和执法制度。

5. 激发微观经济活力。激发微观经济活力是改革开放以来我国经济竞争力得以提高的成功经验之一。新的历史时期的供给侧改革则需要切实转变政府职能，持续推进简政放权、放管结合、优化服务。同时，完善政府权力清单和责任清单制度，明确政府行政职能边界。同时，以自贸区为标杆，进一步简政放权，降低门槛，减少准入控制，同时改革监管方式，优化服务，建立覆盖所有法人、自然人的全国性信息信用系统，执行统一的市场监管规则，推动全国统一的行政审批标准化改革，最大限度地减少社会交易成本。

习近平同志 2016 年 5 月 23—25 日在黑龙江调研时指出，"我国经济发展正处在转方式调结构的紧要关口，既是爬坡过坎的攻坚期，也是大有作为的窗口期"。深入推进供给侧改革，是能否爬上坡、越过坎的关键，是中华民族能否再次抓住机遇、在世界舞台大有作为的根本保障。

第二节　为全球走出发展困境提供中国方案和范式

2008 年爆发的国际金融危机影响深远，当前全球经济形势虽有所好转，但整体仍处于低增长状态，尚未走出长周期的调整期。美欧日等发达国家都曾实施大规模刺激需求措施，甚至采取负利率政策，也出台了不少结构性改革举措，然而到目前为止，这些政策未能有效解决制约世界经济中长期增长的结构性问题，世界经济仍面临很大不确定性、不稳定性和不平衡性。供给侧结构性改革强调通过体制机制改革创新，解决经济发展过程中带有中长期特征的结构性问题，引导资源高效配置，提高潜在增长率和可持续发展动力，既是解决我国经济发展深层次矛盾的治本良策，也是破解世界经济结构性矛盾的可用药方。在二十国集团（G20）杭州峰会上，我国适时提出了促进世界经济增长的"中国方案",推动制定了《二十国集团深化结构性改革议程》。巩固杭州峰会成果,推动中国方案和范式为世界经济复苏作出更大贡献,是未来的一个重要课题。

一、世界经济周期出现新的变化趋势

国际金融危机从根本上改变了世界经济周期发展趋势。虽然短周期已经出现复苏,但是,中周期调整时间延长,长周期下降调整仍在进行之中。

(一)长周期调整延续

在技术创新周期、信贷周期和制度变迁等因素交织作用下,工业革命以来世界经济大体经历了五轮长周期,每轮周期约为50年。国际学术界普遍认为,2008年国际金融危机爆发是第五轮周期从上升阶段(1990—2008年)到下行阶段的转折点,世界经济从危机前近6%的中高速增长转向衰退、萧条和曲折复苏[①]。据IMF测算,2016—2020年全球货物和服务贸易量年均增长4.5%,远低于2004—2007年9%的年均增速。未来5—10年,人口加速老龄化、通用技术创新难有新突破以及发达经济体宏观政策空间大幅收窄等因素将继续抑制消费、投资和供给,加之经济全球化面临新的结构性挑战、国际贸易仍将疲软,世界经济预计持续呈现弱增长态势,再次进入新长周期扩张期尚需时日。

---

① 陈漓高、齐俊妍、韦军亮:《第五轮世界经济长波进入衰退期的趋势、原因和特点分析》,《世界经济研究》2009年第5期。

表1-1 工业革命以来世界经济长周期概况

类别	上升阶段	下行阶段	标志性技术和产业
第一轮	1795—1825	1825—1850	蒸汽机、纺织业
第二轮	1850—1873	1873—1890	钢铁、煤炭、铁路
第三轮	1890—1913	1913—1945	电气、汽车、化学
第四轮	1945—1971	1971—1990	计算机、汽车、生物
第五轮	1990—2008	2008—	信息技术、生产性服务业

资料来源：笔者整理。

表1-2 2014—2016年全球经济走势

地区	国家	GDP 增长率			CPI 涨幅			失业率		
		2014	2015	2016	2014	2015	2016	2014	2015	2016
美洲	美国	2.4	2.6	1.6	1.6	0.1	1.3	6.2	4.9	4.8
	加拿大	2.4	0.9	1.4	1.9	1.1	1.4	6.9	7.0	7.1
	墨西哥	2.1	2.6	2.3	4.0	2.7	2.8	4.8	3.9	4.0
	巴西	0.0	−3.8	−3.6	6.3	9.0	8.7	4.8	11.0	11.5
	智利	1.9	2.3	1.8	1.9	4.3	3.8	5.9	6.5	7.6
	阿根廷	0.5	2.6	−1.8	21.3	16.0	25.0	7.1	9.2	8.5
亚太	日本	−0.1	1.2	1.0	2.7	0.8	−0.1	3.6	3.1	3.2
	澳大利亚	2.7	2.4	2.4	2.5	1.5	1.3	6.1	5.7	5.7
	中国	7.3	6.9	6.7	2.5	1.4	2.0	4.1	4.1	4.1
	印度	7.3	7.5	7.5	5.9	5.9	4.9	—	—	—
	韩国	3.3	2.6	2.7	1.3	0.7	1.0	3.5	3.7	3.3
	印度尼西亚	5.0	4.9	5.0	6.4	6.4	3.5	6.1	5.6	5.6
欧非	欧元区	0.9	2.0	1.7	0.4	0.0	0.2	11.6	10.0	9.5
	英国	2.9	2.2	1.8	1.5	0.0	0.7	6.2	5.0	5.2
	俄罗斯	1.9	−3.7	−0.6	0.0	15.5	7.0	3.2	5.5	5.4
	土耳其	0.6	6.1	2.0	7.8	7.7	7.8	5.2	10.9	10.5
	尼日利亚	2.9	2.7	−1.7	8.9	9.0	15.4	9.9	12.1	—
	南非	1.5	1.3	0.3	6.1	4.5	6.6	25.1	26.7	27.0
全球		2.7	2.7	2.4	3.5	2.8	2.9	—	—	—

资料来源：IMF。

（二）中周期调整时间延长

由法国经济学家朱格拉提出的朱格拉周期属于典型的中周期，平均周期长度为8—10年[①]。影响中周期的主要因素是设备更新换代从而导致资本开支的周期性变化，在设备更替与投资高峰期拉动经济快速增长，随着设备投资完成经济陷入低迷，从而形成有规律的周期变化。由于中周期以设备更替和资本投资为主要驱动因素，而这两个因素受机械设备使用年限、技术进度和实体产能利用率、投资回报率等因素影响，可以用设备投资增速、设备投资占 GDP 比重或者资本开支增加的情况来进行判断。

1980 年以来，美国存在 1982—1991 年、1991—2001 年、2001—2009 年、2009 年至今四轮投资周期，每轮周期时间跨度在8—10 年。显然，目前美国经济正处于第四轮经济周期下行阶段即将结束，第五轮经济周期上行周期将要开始的阶段。

根据日本私人企业设备投资的数据，1980 年以来，日本存在1983—1993 年、1993—2002 年、2002—2009 年、2009 年至今四轮朱格拉周期，周期跨度在8—11 年，最短是 2002—2009 年，长为 8年，最长是 1983—1993 年，长达 11 年。日本当前同样处于第四轮朱格拉周期的下行阶段末期。

根据韩国设备投资的数据，1980 年以来，韩国存在 1980—1993年、1993—1998 年、1998—2009 年、2009 年至今，共出现了四轮朱格拉周期，最短的是 1993—1998 年的 6 年，最长的是 1980—1993 年的 13 年，韩国目前处于第四轮朱格拉周期下行阶段末期。

世界各国，特别是工业发达国家朱格拉周期的时间跨度为 8—10

[①]　安宇宏：《朱格拉周期》，《宏观经济管理》2013 年第 4 期。

年。2008 年国际金融危机之后，在各国所实施的刺激性政策作用下，大多数国家已经经历了一轮固定资产投资的朱格拉周期波动，目前处在该周期的扩张阶段。

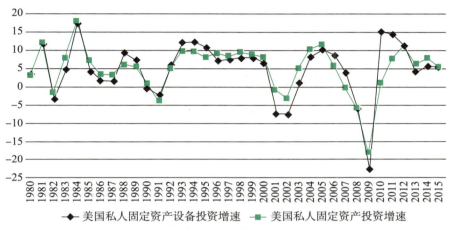

图 1-1　美国固定资产投资增速走势

资料来源：WIND 数据库。

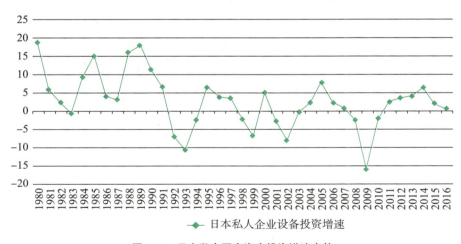

图 1-2　日本私人固定资产投资增速走势

资料来源：WIND 数据库。

图 1-3　韩国私人固定资产投资增速走势

资料来源：WIND 数据库。

（三）短周期复苏，但力度不大

一般来讲，当经济处于去库存阶段时，经济增速往往会下行；当经济处于补库存阶段时，经济增速往往会回升。历史经验表明，大部分国家具有 3—5 年的存货周期。1993 年至今，美国经历了 1993—1997 年、1997—1999 年、1999—2002 年、2002—2004 年、2004—2006 年、2006—2007 年、2008—2010 年、2010—2013 年、2013—2016 年共 9 轮存货周期，部分存货周期短至 2 年，大部分存货周期在 3—5 年；1990 年至今，日本经历了 1991—1993 年、1993—1997 年、1997—1999 年、1999—2002 年、2002—2006 年、2007—2010 年、2010—2014 年、2014 年至今 8 轮存货周期，除了个别周期时间跨度短至 2 年外，每轮周期跨度也大致在 3—5 年；韩国则经历了 1991—1993 年、1994—1999 年、1999—2002 年、2002—2004 年、2004—2005 年、2004—2005 年、2005—2007 年、2007—2010 年、2010—2013 年、2013—2015 年、2015 至今 10 轮存货周期，大部分存货周期的时间跨度在 3—5 年。整体上看，世界各国在 2008

年金融危机之后均已经历了 2—3 轮的短周期，目前处在短周期中力度不大的扩张期。

— 美国库存同比增长率（%）

图 1-4 美国库存同比增长率走势图

资料来源：WIND 数据库。

— 日本:生产者产成品库存指数:采矿业和制造业:同比

图 1-5 日本库存同比增长率走势图

资料来源：WIND 数据库。

— 韩国：存货指数：季调：所有行业：同比

图 1-6 韩国库存同比增长率走势图

资料来源：WIND 数据库。

二、反周期政策解决不了结构性矛盾

为摆脱国际金融危机的影响，提振经济增长，重塑竞争优势，主要经济体都实施了大规模经济刺激政策。客观地讲，这些政策的确为稳定全球经济形势发挥了重要作用，但时至今日，这些反周期政策难以解决各国的结构性矛盾，与以往以刺激需求为主要内容的反周期政策相比，本轮反周期政策效果大幅减弱，其负面影响越来越明显。面对各国共同面临的结构性矛盾，唯有强化结构性改革，重塑全球经济增长新动力，才是走出发展困境的根本出路。

（一）结构性改革与需求调控政策有区别，也有联系

一般来讲，政府对经济的干预措施包括结构性改革和调控需求的周期性经济政策两大类。结构性改革主要指政府为解决经济发展过程中遇到的产业发展、收入分配、技术创新、地区平衡、所有制构成等中长期结构性问题而采取的干预措施，其内涵经历了不断丰

富的过程，与财政货币政策既有区别又相辅相成①。

1. 结构性改革的政策内涵。20 世纪 70 年代西方发达经济体普遍经历滞胀，凯恩斯主义逐渐褪色，新自由主义大行其道，结构性改革开始进入西方经济理论和政策实践视野，主要内涵是减税和放松管制。20 世纪 80 年代后期，国际货币基金组织、世界银行等国际组织提出"华盛顿共识"，包括利率汇率市场化、贸易投资自由化、国有企业私有化、政府监管松弛化等核心内容，作为发展中国家结构性改革的主要建议。此后，虽然欧盟曾力推以劳动力市场为主要内容的结构性改革，但从全球看，市场化、自由化和私有化为核心的"华盛顿共识"长期成为结构性改革的主要内涵。这带有强烈的意识形态色彩，在拉美等地的实践结果也饱受争议。

新世纪以来特别是国际金融危机爆发以来，随着我国改革发展取得巨大成就和欧美西方经济发展模式弊端日益暴露，主要国际组织在推行结构性改革时注重吸收我国等新兴经济体的实践经验和政策主张，承认结构性改革要符合各国国情、照顾不同关切，使得这一概念的内涵更加丰富、立场趋于中性，从而更容易为国际社会广泛接受。始于 2016 年的供给侧结构性改革的重点是"三去一降一补"、农业供给侧结构性改革、振兴实体经济和促进房地产健康发展，这些内容是针对我国国情和经济发展态势确定的，相对于传统意义上的结构性改革内涵更丰富、重点更突出、政策更完整，可以将其看作对结构性改革内涵的重要拓展。

2. 结构性改革与需求调控政策的区别。一是理论依据不同。前者主要源于新古典经济增长理论和制度经济学，强调要素生产率和

———————
① 弗朗索瓦·格罗普、司马亚玺、罗栋：《以结构性改革推进经济增长》，《中国金融》2013年第20期。

制度供给对经济增长的作用；后者主要源于凯恩斯主义理论，强调有效需求对经济增长的作用。二是政策目标不同。前者主要着眼于改善资源配置的体制机制环境，提高资源利用效率和经济潜在增长率，推动经济中长期持续增长；后者主要着眼于熨平经济短期波动、保持充分就业，实现经济平稳增长。三是政策重点不同。前者侧重于激发要素、产业等供给端活力，通过体制机制改革提高要素配置效率和供给体系质量；后者侧重于激发消费、投资等需求端活力，通过扩大有效需求拉动经济增长。四是政策措施不同。前者主要运用改革措施调整政府与市场、资本与劳动、国企与私企等各种结构性关系；后者主要通过调节税收、财政支出、货币供给等措施影响总需求。五是政策周期不同。前者多涉及中长期的体制机制问题，更强调政策的连续性和稳定性；后者强调相机抉择和逆周期操作，政策持续时间相对较短。

3. 结构性改革与调控需求政策的联系。一方面，结构性改革可以为财政货币政策发挥效力创造更好的体制机制环境。通过结构性改革完善现代市场体系、规范政府与市场关系、减少制度性交易成本，有利于提高财政货币政策的科学性、透明度和精准性，加快政策效应传导，实现预期政策目标。纵观世界各国，市场体系越发达、政府与市场关系越规范，财政货币政策就越成熟，对宏观经济的影响越容易预判。我国财政和货币政策在宏观调控中逐步占据主要地位，也是建立在社会主义市场经济体制逐步完善的基础上。财政货币政策落实中出现的问题，多与体制机制不健全和结构性政策不完善有关。比如，信贷资金向实体经济传导渠道不畅，很大程度源于产业政策不准、实体企业不活、盈利能力不强。另一方面，财政货币政策可以为结构性改革创造相对宽松的宏观经济环境。特别是一些需要经历阵痛、让部分社会群体付出较高代价的改革，更需要灵活财政货币政策的支持。比如，去产能给部分行业员工带来就业压力，需要通过扩大公共培训支出、增加创业信贷支持等方式，帮助其顺利转业转岗，促进去产能顺利进行。

（二）单纯需求调控政策难为中长期增长提供新动能

财政政策、货币政策和结构性改革都是推动经济复苏的重要动力，结构性改革一般会带来短期需求不足等影响，需要通过积极的财政政策和货币政策予以对冲。国际金融危机爆发后，美欧日发达经济体及主要新兴市场国家采取了一系列宽松财政货币政策，对于推动世界经济摆脱衰退实现复苏发挥了重要作用，但也面临前所未有的严峻挑战，难以对结构性改革形成有效支撑。

1. 近 10 年全球需求刺激政策效果不理想。作为金融危机爆发所在地的美国，所采取的量化宽松的货币政策最为迅速。美联储自 2007 年 9 月 18 日第一次降息开始，自 2007 年 9 月 18 日开始到 2009 年 1 月，在一年多的时间里美联储连续十次降息，将联邦基金利率从 5.25% 下调到 0.25%，且一直至 2016 年初，实际上等于启动了零利率政策。随后，2009 年 3 月 18 日，美联储正式启动了第一轮的定量宽松货币政策（QE1），即在未来六个月收购 3000 亿美元的长期国债来支持联邦政府的救市计划，并通过增加购买 7500 亿美元的抵押贷款支持证券（MBS）和 1000 亿美元的机构债，为抵押贷款市场和房地产市场提供流动性支持①。由于第一轮量化宽松政策取得的效果并不令人满意，美联储在 2010 年推出了第二轮量化宽松货币政策（QE2），其政策核心是在保持 0—0.25% 利率水平的前提下，于 2011

① 苗迎春、周茂荣、杨继梅：《美国政府应对金融危机的机制及启示》，《财政研究》2009 年第 12 期。

年6月底前购买6000亿美元的中长期国债。2012年9月14日和12月13日，美联储再次提出了第三轮和第四轮量化宽松政策，将美联储每月资产采购额度提高到850亿美元。直到2014年美国经济整体形势有所好转后，美联储才宣布逐步退出QE，并开启了加息和缩表进程。

欧盟的需求侧管理政策较美国更加持久。在国际金融危机爆发后，欧洲中央银行迅速将欧元区主导利率由金融危机前的4%左右降至1%，存款利率降至0.25%，边际贷款利率降至1.75%。随后，虽然欧央行一度升息，但由于欧债危机程度加深，欧洲中央银行从2011年11月至2012年7月间，多次下调利率，当前仍然将再融资利率、隔夜存款利率、隔夜贷款利率维持在0%、-0.4%、0.25%的极低水平，甚至通过实施负隔夜存款利率迫使银行增加货币供给以刺激经济增长。除此之外，欧盟在危机之后为了满足金融机构再融资的需要，不仅增加了备用贷款便利额度，将贷款期限也从原来的3个月延长到一年，也加大了对金融机构再融资的操作力度，有效缓解了银行体系流动性紧张的局面。最为重要的是，2015年1月欧央行正式出台了资产购买计划，即欧洲版QE，允许欧洲央行每月购买600亿欧元以内的欧元区成员国中央政府、机构和欧盟机构所发行的债券，这一计划实施至今。

除欧盟外，日本、韩国也采取了大量的需求端刺激政策以刺激经济增长。如日本为应对金融危机在2009年4月推出的总额高达56.8万亿日元的经济刺激计划，是有史以来的最大规模的经济刺激计划，其规模达到了日本GDP的3%左右，日本央行也迅速降低利率。在日本经济持续复苏乏力的背景下，2013年年初，日本政府推出了大规模的财政刺激计划与"数量和质量"双宽松货币政策，力图通过"三支箭"重塑日本经济增长动力。而韩国在金融危机之后，也采取了加大社会基础设施建设、采取传统和非传统货币政策增加金融市场流动性等措施。

2. 需求刺激政策空间缩小，风险增大。单纯依靠需求侧管理政策，固然能够使总需求在短期内出现明显增长，但若受生产要素流动障碍、生产要素结构缺陷等因素影响，供给无法满足潜在需求结构的变化，则会导致严重的供需结构不适应，经济不仅难以实现可持续增长，而且可能增加新的风险。

从实践中看，国际金融危机以来各国大幅度增加货币增速，但大量的货币无法转化为新型的、能够满足潜在需求的新供给，反而往往进入虚拟经济领域，造成了严重的资产泡沫。例如，美国货币增速在6%以上，但实际经济增速却在2%左右；欧元区货币增速在5%左右，而实际经济增速却不足2%；日本货币增速接近3%，但经济几乎无增长。过剩的流动性大规模涌入了金融市场，2009年以来，美国、德国股市上涨幅度高达170%以上，日本股市上涨134%，英国、法国也都接近80%。当前，主要发达经济体政府债务和央行资产负债表都达到前所未有的规模，一些新兴市场外债急剧增加、企业杠杆率攀升、资产泡沫抬头，一旦宽松货币环境逆转，很可能引发债务违约、企业去杠杆和资产泡沫破灭，不排除局部地区发生经济危机的可能性，将给世界经济复苏带来新的干扰。

同时，需求调控政策空间大幅收窄、效应边际递减。从货币政策看，欧元区和日本已实施负利率，俄罗斯、巴西等新兴市场通胀率高企，降息余地都很小。从财政政策看，2016年发达经济体政府债务负担率达106.5%的历史高位，较2008年上升27.8个百分点，其中美国、欧元区和日本债务负担率分别达107.4%、91.3%和

239.2%，财政整顿压力很大；俄罗斯、巴西等新兴市场经济持续衰退、出口收入锐减、财政陷入窘境，实施积极财政政策受到显著制约。从趋势上看，世界经济仍处在危机后的深度调整期，经济复苏整体依然乏力。不少经济体仍在实施宽松的宏观经济政策，财政货币政策刺激总需求、拉动经济增长的效果呈减弱态势。国际金融协会（IIF）发布的报告显示，2016 年全球债务与 GDP 的比值升至 325%，总额达到 215 万亿美元，这主要是受新兴市场发债规模快速增长所推动。在这种情况下，再像以往靠"加杠杆"刺激经济增长，不但会面临"边际效应"递减的窘境，而且还会积累更多的风险。当前，虽然世界经济好转迹象增多，但内生增长动力依然不足，未来走势仍存在较大的不确定性。

3. 发达经济体货币政策负外溢扩大。20 世纪 90 年代以来，经济全球化水平不断提升，世界贸易和投资规模迅速扩张，世界经济一体化进程持续加快。20 世纪 30 年代大萧条、两次石油危机主要影响西方工业化国家，拉美国家债务危机、1998 年东南亚金融危机则主要影响了新兴经济体。2008 年爆发的国际金融危机影响几乎涵盖了所有发达经济体和新兴经济体。

发达经济体国内宏观政策特别是货币政策往往能在国际上产生很强的"溢出效应"，理应为促进世界经济复苏作出积极贡献。然而，实际情况是，美国等发达国家只顾自身利益，实施大规模的量化宽松货币政策和零利率政策刺激经济复苏，导致大量廉价资本涌入新兴市场和发展中国家，造成股市、房市等在内的虚假繁荣，延缓了这些经济体推进结构性改革的步伐。

此后，随着美联储货币政策逐步转向并开始加息，美元汇率持续大幅走强，国际资本大量回流美国，石油等大宗商品价格也承受更大的下降压力，许多新兴经济体和发展中国家都面临资本外逃、本币贬值、国际收支和财政收支恶化的巨大压力。发达经济体不负责任的货币政策对其他国家产生了严重的负面"溢出效应"，加剧了新兴经济体和发展中国家经济面临的困难，导致这些国家经济减速甚至出现衰退。

此外，在美联储开始加息后，日本却开始实施负利率政策，欧洲央行也在酝酿扩大量化宽松货币政策规模，主要发达经济体货币政策分化再度引发国际金融市场动荡，全球股市、汇市、债市和大宗商品市场波动加剧，严重影响世界经济的稳定和复苏。

三、世界经济增长乏力的根源在于供给侧动力不足

世界经济仍处于国际金融危机后的深度调整期，复苏动力明显不足。一方面，经过多年调整，各种系统性风险基本得到充分释放，再爆发大的动荡或危机的可能性不大。但另一方面，劳动生产率增速逐步放缓，美国、欧盟、日本劳动生产率增速从2000—2008年的2.5%、0.7%、1.4%，降至2009—2015年的1.5%、0.3%、0.4%。从供给侧层面看，全球经济能否实现稳定可持续增长，主要取决于如下两个方面：一是生产要素的规模和质量是否有效提升；二是阻碍生产要素有效配置的因素是否有所加强。整体上看，受老龄化等因素影响，全球劳动力要素整体改善较为缓慢，部分国家人力资本水平甚至有所下降；新一轮科技革命正在孕育之中，短期内尚难以产生重大通用技术突破，制约了全要素生产率提升；欧美发达国家国内各类深层次结构性矛盾凸显，新兴市场国家体制机制改革也远未完成，生产要素在各国国内乃至跨国优化配置均存在诸多制度性障碍。这些供给侧的因素应成为制约全球经济增长的最主要因素。

（一）人口老龄化，限制居民消费和劳动力供给

这已成为发达经济体和主要新兴市场共同面临的难题。联合国数据显示，2005 年全球 65 岁以上人口占比达 7.3%，已进入老龄化社会，未来 15 年人口老龄化将进一步提速。受生理特点、消费倾向和收入水平等影响，老年人消费意愿和消费能力总体低于中青年，人口加速老龄化将给居民消费带来复杂影响和制约。同时，人口加速老龄化降低劳动参与率，抵消人口总量增长对劳动供给的积极作用。国际货币基金组织测算，2015 年至 2020 年发达经济体和新兴市场潜在增长率为 1.6% 和 5.2%，较 2001—2007 年分别下降 0.65 和 2.2 个百分点，人口老龄化是一个共同主因①。

欧元区和日本是人口老龄化问题最为严重的地区。根据欧洲统计局估计，从 2013 年到 2030 年，欧盟整体人口将仅增长 2.2%，人口抚养比②将从 27.5% 上升到 39.0%。其中，法国、意大利和葡萄牙将分别上升到 39.0%、40.8% 和 43.1%，德国情况最为严峻，或将上升到 47%。据日本统计，2016 年日本出生的婴儿仅为 97.7 万人，自 1899 年以来首次跌破 100 万人大关；而年满 65 岁人口数量已经突破 3300 万人，占总人口比例超过 26%，创下自 1950 年采用现行标准统计以来的新高。

（二）通用技术创新不足，限制要素生产率和企业投资

作为世界最大的创新发源地美国，近期全要素生产率增速整体呈现放缓趋势。在 1890—1920 年、1920—1970 年、1970—2014 年这三个时间段里③，资本深化和教育对 GDP 增长的贡献差不多，而 1920—1970 年间经济增长快，主要是因为效率提高快，尤其是出现

---

① 姚淑梅、杨长湧、李大伟：《世界经济处弱复苏周期》，《中国发展观察》2016 年第 15 期。
② 超过 65 岁的人口与 15—64 岁的劳动人口比率。
③ 根据经济学家 Robert Gordon 的测算。

了电和内燃机这两项重大发明。电和内燃机是一般用途的发明，但可以激发很多其他专用发明，比如内燃机激发了卡车、高速公路的发展。这样的重要发明只会发生一次，不可重复。1970 年以后，美国全要素生产率增速趋势性放缓，此后技术进步的领域主要是娱乐、信息技术行业，但是人们生活的大部分领域并没有革命性的进展，因此全要素生产率增速下降的态势难以扭转。而进入 21 世纪之后，由于大量的人才、资金投入到虚拟经济领域，美国全要素增长率的下降进一步持续。多项测算也表明，虽然欧元区各国各自的全要素生产率状况不尽相同，但也同样处于下降趋势，并且欧元区的全要素生产率明显低于其他发达经济体。

国际金融危机爆发后，主要经济体纷纷意识到加大创新的重要性，加大研发创新投入，但新一轮科技革命和产业变革仍处在量变阶段和突破前夜，距离真正爆发预计还需要 10—20 年[①]。从目前看，迄今为止的创新仍以新能源技术、生物技术、信息技术智能化应用为主，属于信息技术革命的延续和深化。如，2000—2014 年美国专利申请居于前十位的技术领域中，与信息技术密切相关的就有 4 个领域。其中，计算机技术居第一位，专利申请占比 11.11%；数字化通信、半导体、电信等技术领域的专利申请占比共 11.92%。虽然新能源产业、信息技术相关产业、生物产业和其他新兴产业均有着非常好的发展前景，但新兴产业逐渐取代传统产业，新兴生产方式逐渐取代传统生产方式是一个长期的、渐进的过程。从历史经验看，只有通用技术创新才能广泛促进全要素生产率提高和资本深化，进而推动经济增长，特定领域的专用技术创新很难发挥这样的作用。

---

① 吴润生、李大伟、杨长湧：《第三次工业革命的前景及对国际经济格局的影响》，《中国发展观察》2013 年第 10 期。

在通用技术创新难有新突破的形势下，发达经济体和新兴市场全要素生产率增速明显放缓甚至下降，成为全球潜在增长率下降的重要原因。同时，通用技术创新难有新突破导致新产业难以集群式成长，企业投资空间缩小、收益率降低，经营目标普遍从利润最大化转向负债最小化，去杠杆化加快、信用收缩加剧，对经济上行形成拖累和阻滞。

表1-3　代表性通用技术创新对经济增长的年均贡献

	时期	全要素生产率（%）	资本深化（%）	对经济增长的总贡献（%）
蒸汽机（英国）	1780—1860年	0.32	0.19	0.51
铁路（英国）	1840—1870年	0.1	0.13	0.23
	1870—1890年	0.09	0.14	0.23
铁路（美国）	1839—1870年	0.09	0.12	0.21
	1870—1890年	0.24	0.32	0.56
电力（美国）	1899—1919年	0.07	0.34	0.41
	1919—1929年	0.75	0.23	0.98
信息技术（美国）	1974—1990年	0.27	0.41	0.68
	1991—1995年	0.41	0.46	0.87
	1996—2001年	0.77	1.02	1.79

资料来源：世界知识产权组织《World Intellectual Property Report 2015》、吴敬琏《中国经济增长模式抉择（增订版）》，上海远东出版社2011年版。

技术创新对经济增长的另一个重要带动作用在于创造出新的生产方式，从而推动新兴企业加大投资规模。当前，经历前两次产业革命形成的大规模定制的生产方式能够实现高效地生产大多数人所需要的产品，在第二次世界大战以来的半个多世纪里为全球经济的发展发挥了重要的作用。新兴的分散化、非中心、个性化的生产方式虽然有着面向长尾人群（指不属于主流需求的人群）、灵活性更强等诸多优点，但也存在一定的局限性：一是对参与者的素质具有较高的要求，要求参与者具备设计或生产的能力，显然超过了大多数人群现有的知识水准；二是在相当一部分产业，如钢铁、石化等基础工业并不直接生产消费品，因此从目前情况看不可能采取个性化的生产方式；三是目前技术基础尚不足以支持这种个性化的生产方式。从目前技术发展趋势看，在无形的服务领域，这种 P2P、个性化的经济组织方式开展的速度要快于在制造业环节。3D 打印技术虽然前景广阔，但目前应用仍受诸多限制。虽然在技术上已经能够实现用 3D 打印技术制造飞机、汽车、建筑乃至肉类，3D 打印技术和生物技术的结合从长远看甚至可能创造出新的生命体，但从目前的技术发展状况看，3D 打印的这些产品是否能够真正意义上投入使用，对材料的限制能否放宽都存在很多不确定因素。因此，新型生产方式取代传统生产方式也需要很长的过程，对企业加大投资规模的刺激作用在短期内并不明显。

（三）体制机制缺陷，限制供给结构优化

1. 西方劳动力市场趋于僵化。在人口老龄化的大趋势下，发达国家劳动力市场僵化使得问题"雪上加霜"，从深层次抑制了经济中长期增长。欧洲是传统上以税收支撑高福利的"福利社会"。高税收一定程度上打击了劳动者努力工作获取高回报的意愿，而高福利反而会鼓励劳动者不去工作等待政府的补贴。例如，法国财政开支有43%用于社会福利，对富裕阶层征收高达75%的超高税率，这不仅让许多投资人深感疑虑，一些高技能的富裕阶层甚至移民国外，也固化了劳动力结构，一定程度上导致了失业率居高不下。

受这一因素影响，以欧元区为代表的部分发达国家劳动力市场体制僵化，失业率高企与劳动力闲置共存。如今欧元区失业率超过

10%的国家将近一半，较低的劳动力参与水平影响了欧洲国家企业进行生产、制造和研发的能力，并对经济增长造成了负面影响。除此以外，劳动力市场结构性矛盾颇多。以法国为例，法国《劳工法》要求在法企业解雇员工要经过非常冗长的程序，并要承担为员工找到新工作的职责，僵化的机制导致企业在雇员和解雇时非常谨慎，企业产业升级和结构调整都因此而费用高昂。西班牙劳动力市场矛盾更加尖锐，集体协商的工资协调机制、政府繁冗的劳动力市场管制导致了自 20 世纪 80 年代以来，每当经济萧条，西班牙失业水平便上升到 25%左右。除欧元区外，印度等发展中经济体受传统文化习俗等因素影响，也不同程度地存在着劳动力市场僵化的问题。

2. 各国收入分配差距扩大。托马斯·皮凯蒂在著名经济学著作《21 世纪资本主义》中论述到，在自由主义理念指引下的资本主义制度可以被认为是"不加制约的资本主义"，在促进经济增长的同时将显著加大收入差距。其原因在于，在当前的制度框架下，资本的回报率必然高于劳动回报率，也高于实际财富的增长率，因此经济发展必然会带有一定的灵活游戏特征，导致"富人愈富，穷人愈穷"。同时，当前的很多技术进步是"赢者通吃"型，只能够为技术的拥有者提供高额回报，但并不一定能够带来就业的大规模增加和普通居民收入水平的普遍提升，此外，全球化和国际贸易的收益在国与国之间以及一国内部的分配也高度不均。上述因素导致高收入人群与低收入人群收入差距进一步拉大，全球最富有的 1%人口拥有的财富量超过其余 99%人口财富的总和，极端贫困人口数仍超过 7 亿。整体上看，世界各国的基尼系数过去几十年呈上升势头，如美国的基尼系数从 1990 年的 0.369 上升到 2012 年的 0.451，英国、德国等发达国家的基尼系数也呈现相对增长态势。

斯坦福大学经济学家哈吉·柴提（Raj Chetty）与其合作者对美国 1940 年以来收入流动性①的测算表明，20 世纪 40 年代出生的人口有 90% 能够比其父辈挣得更高的收入，而这一比例对于 20 世纪 80 年代出生的人口只有 50%。尤为重要的是，仅仅通过提高 GDP 增长率并不能扭转收入流动性的大幅下降，收入分配格局的变化是导致收入流动性下降的主要原因。比如让 20 世纪 80 年代出生的人口面对跟 20 世纪 40 年代出生人口一样的收入分配格局，那么他们的收入流动性会上升到 80%。

3. 发达国家政府工作效率降低。许多欧洲国家公共部门庞大而效率低下，影响了劳动生产效率。根据 IMF 估计，2012 年法国政府拥有的非金融资产（含土地、公共建筑、国企股权等）占 GDP 比重超过 70%，诸多国有企业受到了运营效率低下攫取垄断利润的指责。欧元区政府支出的效率也有待提高。大量政府支出用于支付国民福利，意大利、西班牙等国在基础设施投资、科技研发投资方面反而出现了不足的情况，影响了全要素生产效率的提高。欧盟统计局的数据显示，2013 年意大利、荷兰、爱尔兰等国的劳动生产率甚至低于 2010 年。上述表现与日本受困于"僵尸企业"和大量利益集团，过去的二十年间全要素生产效率停滞不前的表现如出一辙。而印度、巴西以及很多新兴经济体同样存在严重的官僚主义和政府效率低下问题，营商环境改善较为缓慢，已经成为制约其提升经济活力，促进经济增长的"顽疾"。

（四）逆全球化，制约全球要素和商品自由流动

要素、商品和服务的跨境自由流动是在全球范围内有效配置资源，优化供给结构的重要前提。2008 年国际金融危机爆发后，全球

---

① 即有多大比例的孩子能够比他们的父母挣得更多的收入。

化开始遭遇新的波折。多哈回合谈判长期停滞不前，全球多边贸易体系面临严峻挑战，发达国家国内的反全球化思潮和逆全球化行为层出不穷，贸易投资保护主义倾向明显抬头。受反全球化思想影响，英国已经明确宣布要退出欧洲单一市场，荷兰、法国等经济体的分离主义势力也有所抬头，欧盟未来发展前景面临不确定性。特朗普政府上台以来，明确宣布退出 TPP，并声称要对中国、墨西哥出口商品征收高额关税，在气候变化等全球治理问题上也不愿意承担国际责任，已经明确宣布退出《巴黎协定》，贸易保护主义和孤立主义倾向明显。在这一背景下，全球贸易投资规模增速明显放缓。2009—2016 年，全球商品和服务贸易规模年均增速仅为 2.99%，低于同期全球 GDP 增速。2011—2016 年中有四年全球直接投资规模呈现负增长，其中 2016 年增幅为 - 13%，总规模甚至低于 2011 年水平。

四、西方结构性改革效果不佳，中国供给侧结构性改革为全球走出发展困境提供新方案和范式

从经济总量情况看，根据国际货币基金组织按照购买力平价测算，美欧日三大经济体占全球经济总量的 32.5%，是我国占比的两倍多，理应对世界经济增长作出更大贡献。世界经济复苏乏力，追根溯源，主要是美欧等发达经济体过分依赖量化宽松货币政策刺激经济复苏，经济发展方式转变和结构性改革进展迟缓。当前，经济刺激政策效应减弱和结构性矛盾日益凸显，世界经济复苏的基础依然格外脆弱，经济增速低位徘徊。近年来，虽然发达经济体都采取了一系列结构性改革举措，但或因体制弊端进展不明显，"雷声大、雨点小"，或虽改革成效明显但在逐步走出困境后不仅没有让其他国

家分享改革红利，反而利用其先行优势和对国际金融体系的控制力，采取贸易保护主义等措施试图从新兴经济体抢夺发展空间。在这种情况下，我国推进供给侧结构性改革取得积极进展，在国际上倡导提出各国加强结构性改革合作的"中国方案"，更具有全球性示范意义。

（一）美国结构性改革缺乏连续性

2008 年以来，美国已经经历了两届政府，其都实施了不少结构性改革措施。整体看，美国经济形势在发达国家中"一枝独秀"，复苏增长基础日益巩固，这与其在实施大规模量化宽松货币政策的同时，大力推进结构性改革密切相关，也是美联储在全球率先加息的重要原因。然而，奥巴马政府时期，美国结构性改革的正外溢效应不明显，财政货币政策负外溢反而很明显，同时试图建立超大型高标准自贸区把包括我国在内的广大发展中国家排除在外。特朗普上台后，政策主张相对于上届政府大幅"反转"，不但增加了美国经济走势的不确定性，也难以为全球树立持续推进结构性改革的范例。

1. 奥巴马结构性改革政策的局限。从实施财政整顿增强财政可持续性看，2011 年《预算控制法案》提出十年内联邦政府削减 2.5 万亿美元赤字，并引入自动减赤机制。2014 财年联邦政府预算赤字约占 GDP 的 2.8%。改革税制增加财政收入并促进社会公平，提高高收入阶层个人所得税、资本利得税，以及 500 万美元以上的遗产税，同时为中产阶级提供减税和补贴措施。改革农业补贴制度，2014 年农业法案削减了部分根据历史收获情况提供的固定补贴，调整棉花补贴制度减少产量和贸易扭曲，但引进了新的粮食保险方案，实际上是加强了对粮食补贴。

从加强金融监管防范系统性风险看，针对危机中暴露出来的金融系统风险，美国政府从两方面入手对金融市场进行了改革。在加强监管方面，美国先后颁布《金融改革框架》和《金融监管改革：新的基础》白皮书，开启了美国自1932年以来最大规模金融监管改革；在完善法律方面，2010年7月美国《多德—弗兰克华尔街改革和个人消费者保护法案》正式实施，赋予政府更大权力以防范系统性风险的同时，重点保护消费者免受不当金融行为损害。

从鼓励实体经济发展和扩大出口看，以改变美国经济过度依赖金融创新和债务为目标，美国政府先后制定了《重振美国制造业框架》《制造业促进法案》《选择美国倡议》《先进制造业国家战略计划》等，采取的措施主要包括提高劳动力技术水平、鼓励企业投资、促进科技创新、改善市场环境、提供金融支持、加快新兴产业发展等。同时，制定《国家出口振兴计划》，核心是用五年时间使美国出口规模翻一番，八大重点任务分别为促进中小企业出口、增加联邦出口援助、加大贸易推广力度、扩大商业宣传、提供出口信贷、实现宏观经济再平衡、消除贸易壁垒和提高服务出口。

从支持新兴产业发展和技术创新看，以2011年《美国创新战略：确保我们的经济增长与繁荣》为指导，美国政府在创新基础、市场调节、关键领域三个层面，采取了包括对基本要素进行投资、推进以市场为基础的创新、促进国家优先领域突破在内的13项具体措施。同时，通过强化技能培训促进就业。实施"社区大学协助及职业培训资助计划"，每年投入5亿美元推动社区学校按照企业需求有针对性加强劳动力培训。设立专门基金用于失业青年再就业培训，并帮助失业者自主创业。

从其他政策看，实施自贸区战略推动贸易自由化，落实美韩自贸区协定，加快推进跨太平洋伙伴协定和跨大西洋贸易与投资伙伴协定谈判。通过《贸易促进授权法案》，给予政府最长六年的贸易谈判权限，要求实现最高水平的贸易自由化。改革移民体系，允许境内非法移民缴纳罚款以获得合法居留权；推出企业家创业签证；增加高技术移民名额，改进工人和农业工人签证计划，并加强边境管理，通过信息核实系统加强管理，严禁雇佣非法移民。推进医保改革实现扩面减支目标，《可负担医保法案》对夹层人群补贴扩大医保覆盖面，同时降低医疗成本，力争在 10 年内削减医疗支出 4000 亿美元。完善住房融资市场改革，减少政府对住房融资支持，引入私人部门建立市场化机制，初步建议政府仅为中低收入人群提供住房抵押贷款担保，只在危机时扩大担保范围，不再通过"两房"提供贷款担保。

2. 特朗普结构性改革政策的倒退。特朗普经济政策对内以低税收、低福利和振兴实体经济为重点，对外以贸易保护和构建于已有利双边经贸关系为重点。虽然经常被冠以"大嘴"称呼，但特朗普经济政策形成与美国社会各阶层差距拉大、中产阶级收入下降就业机会减少、逆全球化和民粹主义思潮泛起等基本面因素密切相关，至少对美国而言具有相当合理性，也更多是结构性改革措施。

减税方面，特朗普认为美国税法过于烦琐，主张简化税制并降低税负。将个人所得税税阶从 7 个减至 3 个，分别为 12%、25% 和 33%，同时简化税务表格；把企业所得税税率从 35% 降至 15%。

基础设施建设方面，特朗普计划十年内投入 5500 亿美元资金，加大道路、机场、能源等基础设施建设力度，并更多采用"美国制造"商品，从而拉动美国经济增长。

放松管制和吸引制造业回流方面，特朗普认为奥巴马出台的《多德—弗兰克华尔街改革和个人消费者保护法案》导致金融系统监管成本急剧增加，主张放松管制、促进金融自由化。特朗普宣称要取消页岩气、石油、天然气、洁净炭等能源生产和出口限制，并承诺今后白宫每新增一条联邦监管，必须先取消两条现有监管措施。特朗普计划将跨国公司海外利润汇回的所得税率由当前的35%降至10%，并提出要改善美国营商环境，从而吸引制造业回流和跨国公司扩大对美投资。

贸易政策方面，特朗普认为，现行的自由贸易体系对美国经济发展和就业整体产生了显著负面影响，需要建立"把美国利益放在首位"的贸易体系。为此，特朗普及其幕僚声称将对美国贸易政策作出重大调整，包括退出跨太平洋伙伴关系协定（Trans-Pacific Partnership Agreement，简称 TPP）、重新谈判或终止北美自由贸易协定（North American Free Trade Agreement，简称 NAFTA）、将中国和墨西哥等主要贸易伙伴列为汇率操纵国并征收45%的惩罚性关税、停止一切的"不公平贸易活动"并寻求构建所谓更为"公平"的双边经贸关系等①。

社会福利相关政策方面，特朗普认为奥巴马医改提高了企业负担，限制了中产阶级、保险公司、雇主等的选择自由，主张废除《可负担医保法案》。同时，特朗普提出采取在南部边境修墙、严格打击偷渡入境、取消奥巴马政府"暂缓遣返令"等十项措施，对非法移民实施严格限制，以保护美国工人的就业岗位。考虑到美国上届政府在非法移民上的财政支出不断扩大，特朗普这项措施也可以看作是对社会福利进行结构性调整的政策。

3. 美国政策缺乏连续性、稳定性。奥巴马政府在实施大规模量化宽松货币政策的同时，推进了以改革财税金融体制、振兴实体经

① 宋泓：《特朗普上台后美国贸易及相关政策的变化和影响》，《国际经济评论》2017 年第 1 期。

济、促进贸易自由化为重点的结构性改革，两方面政策共同作用，效果比较明显，劳动力市场得到修复，失业率基本接近自然失业率水平，企业资产负债表和盈利能力逐步恢复，金融系统稳定性增强，银行业流动性和资产负债表显著改善，投资组合风险降低，美国经济复苏在发达国家中可谓"一枝独秀"。但是，奥巴马政策的局限性也非常明显，就是单纯从美国自身利益考虑，没有站在一个负责任大国的角度向全球提出一套可行的结构性改革解决方案。

特朗普政府的不少措施都有"回头"之势，政策实施与否及其对美国和全球经济的影响都存在较大不确定性。在 2018 年中期选举前，共和党控制白宫和两院，特朗普处于"手脚自由期"。低税收是共和党各路人马为数不多、争议很小的领域，也是特朗普拉拢一直对自己心存芥蒂的"财富圈"人士的法宝，是自里根时代以来"美国梦"的核心价值观之一。这样一箭多雕的事情，特朗普必将积极推动落实，经过必要程序后形成一个"打折"方案、实现"适度"减税是可期的。考虑到减税兹事体大，需要国会批准，其间各种利益集团博弈难以避免，很快取得实质性进展的可能性不大。特朗普已签署命令废除《可负担医保法案》，但在国内引起轩然大波，估计废除这个法案不会一帆风顺。

大型基础设施从设计、立项、各类评定，到实际开工，建设周期漫长，预计即使特朗普推动落实这项竞选承诺，实际能够启动的项目也将有限，对美国经济的刺激作用也难以有显著影响。"十年"时间已经超过特朗普可能的最长执政周期，加上经济环境、投融资条件、政府债务水平等因素的发展变化，这项竞选承诺最终也会出现较大"折扣"。

特朗普放松管制的种种承诺"说起来容易、做起来难"，况且这些措施未必使其主要支持者，即所谓"沉默的大多数"的中产阶级直接获益。比较可能的情况是，特朗普将会选择废掉几个相对容易的管制措施，表明他是说话算数的，短期内全盘落实的可能性不大。TPP 本身尚未落地，加上具有鲜明的"奥巴马—希拉里"标签，已成为"党争"的牺牲品而"胎死腹中"。虽然 TPP 已被搁置，但美国绝不会放弃高标准经贸规则这张既是自身竞争优势所在，又可以牵制新兴大国发展，还能巩固其对全球治理领导权的牌。因此，在可预见的未来，美国还将在双边、多边等领域以这样或那样的形式推行 TPP 这套规则，这将牵引国际经贸规则标准提升，甚至对 WTO 主渠道地位构成挑战。从这个角度讲，TPP 摇身一变、卷土重来是可期的。NAFTA 成型已久，预计特朗普"砸锅"可能性不大，但会趁机提高对加拿大和墨西哥要价，包括墨西哥非法移民问题等。

汇率操纵国一般指人为压低汇率不进行升值的国家，目前人民币汇率处于贬值通道，且这种贬值更多由美元升值引起，因此指责"中国是汇率操纵国"本身不成立，美国也已宣布不认定中国为"汇率操纵国"。美国贸易保护无外乎反倾销、反补贴、提高关税以及特别"337 条款"等手段，美国国际贸易委员会（USITC）是主要执行者。考虑到美国国际贸易委员会人员有限，而"双反"措施程序十分复杂，因此特朗普不可能无限制地加以实施，预计大约 5 起诉讼即将达到美国国际贸易委员会可以承受的上限。美国单方面大幅度提高关税必将遭到反制，预计特朗普将比较谨慎。

整体看，特朗普的减税、扩大基建投资等所谓"美国优先"政策有可能巩固美国经济强劲复苏势头，进而使得世界经济低增长态势出现一定改观。但另一方面，放松管制、吸引制造业回流、贸易保护等措施也将对全球经济复苏造成新的不确定影响。从趋势上看，特朗普结构性改革政策综合效应如何依然有待观察，但"美国优先"理念及其指引下出台的政策，很难为全球合力推进结构性改革提供有力的指引和成功的范式。

（二）欧盟结构性改革成效甚微

欧盟是世界上经济发展水平和区域一体化程度较高的经济板块，国际金融危机爆发后实施了以加强科技创新、统筹区域发展、发展绿色新兴产业、整顿财政等在内的一系列结构性改革举措。欧盟采取的一些结构性改革举措取得了进展，也具有参考价值，但考虑到内部协调等难题及"脱欧"等因素影响，欧盟结构性改革依然任重道远，整体上难以产生明显示范效应。

从推出"欧洲2020"新战略聚焦中长期结构性改革看，欧盟制定和实施指导各成员国经济社会发展的中长期战略，在实践中根据战略实施的情况灵活调整战略方向和政策协调方式。一方面积极推动"欧洲2020"战略，加快欧洲结构性改革国际协调的战略聚焦和定向。2000年欧盟启动"里斯本战略"，力图将欧盟在2010年前建成"世界上最具竞争力和活力的知识经济体"。然而，"里斯本战略"的各项目标的实施效果并不理想。为此，欧洲理事会于2020年推出"欧洲2020"战略，进行新的战略定向。"欧洲2020"战略不再局限于短期内的危机应对，而是放眼中长期改革来实现创新能力和竞争力提升、就业改善和财政的可持续性提高。另一方面不断优化结构性政策协调的国际协调方式和"松紧"度，克服政策协调的"实施缺口"。"里斯本战略"创造性地提出了"开放式协调"方法，采用软治理手段，力图通过共享政策经验和实践、基准化、监督和同行评议以及相互学习等方式实现政策协调对接。然而，无约束的政策协调机造成各项举措难以实施落地、出现"实施缺口"。为此，

"欧洲 2020"战略积极精简指导性意见的数量，提高建议的明确性和可操作性，增加欧盟委员会的警告权力和约束力，积极改善政策协调的执行力。

从加快"创新型联盟"项目建设和"地平线 2020"战略推进看，欧盟结构性政策的重要成就是在创新政策的国际协调方面的相关安排。2008 年金融危机之后，欧盟更加重视提高本区域创新水平和竞争力，力图通过加快创新性政策的国际协调提高欧洲的中长期经济增长能力。为此，欧盟积极推进"创新型联盟"计划，并制定"地平线 2020"计划为协调创新政策提供融资保障。

"创新型联盟"是"欧洲 2020"战略的七大旗舰项目之首，旨在积极加强欧盟和各成员国的科学研究与创新系统之间的联系，努力使科研人员和创新者能够像在同一个国家内一样在欧盟层面工作和合作，克服条块分割，加快知识自由流动。从融资安排方面，欧盟在 2013 年底"第七框架计划"结束之后，于 2014 年推出为期七年的"地平线 2020"创新框架计划，从加大资助力度、强化资助整合、简化管理流程和探索资助新机制等四个方面对基础科学领域、工业技术领域、社会挑战领域的创新活动进行资助。欧盟通过完善的融资保障破除条块分割、加快创新政策国际协调的经验对中国具有重要的启发意义。

从推动"欧洲学期"（European Semester）看，欧洲主权债务危机暴露了经济治理和政策协调方面的严重缺陷，加快欧洲经济治理框架改革尤其是加快结构性政策的国际协调，成为欧洲保持经济金融秩序稳定的当务之急。"欧洲学期"就是在此背景下出台的重要的政策协调制度安排。每个"欧洲学期"以每年 1 月份欧盟委员会发布的《年度增长调查》为开端，欧盟加强对各国的预算方案和结构性改革方案进行磋商，之后各成员国据此制订本国的预算方案和结构性改革方案，提交欧盟委员会评估和提出指导性意见，并交由欧盟理事会通过。各成员国根据这些指导性意见制定本国的预算和改革方案提交国会批准。"欧洲学期"制度强化了对各成员国财政预算和结构性改革的事前协调与监督，强化了对过度赤字问题的预警，对于加强各成员国的财政可持续性水平和结构性改革协调具有重要意义。

从产业结构调整看，欧盟长期重视新能源和节能环保产业的发展，先后于 2007 年、2009 年通过的"三个 20%"法案和"环保型经济"中期规划，旨在发展具有全球竞争力的绿色产业。欧盟于2009 年 4 月通过了新的可再生能源立法，规定对新能源产业的补贴由各成员国自主决定。德国在 1990 年颁布法律，首次规定可再生能源发电可免费接入电网，政府提供补贴，补贴额度按照终端用户购电价格的百分比确定，如太阳能和风能发电最高可获得零售电价90% 的补贴，生物燃料和水力发电可获得 65% 到 80% 的补贴。此外，欧盟还制定了支持数字经济、生物技术、纳米新材料等领域的中长期发展计划。

从金融和财税体制改革看，为彻底打破银行业、金融市场和保险业监管体系改革所面临的僵局，欧盟以加强监管协调为重点，对欧元区金融监管体系进行了改革。2010 年 9 月欧盟通过的泛欧金融监管法案，是危机爆发后欧盟最重大的改革举措之一，该法案提出了四项改革措施并新设欧洲系统性风险委员会等四个监管机构。针对引爆欧债危机的政府债务问题，欧盟对问题成员国的援助附加了很多限制性条件，最重要的就是整顿财政秩序。在此推动下，主要问题国家纷纷推出财政改革计划。希腊大幅减少福利开支和削减公共部门工资，甚至将国有企业私有化；爱尔兰推出了削减150亿欧元赤字的计划；西班牙则提高了个人所得税和烟草消费税税率；葡萄牙在接受救助过程中进行了劳动力市场改革、推进能源等行业私有化、提高财政可持续性等结构性改革；意大利则将改革重点放在了财政整顿、劳动力市场自由化、反腐败等方面。

当前，欧盟经济形势总体向好，其中既有大规模货币刺激的原因，也有结构性改革的原因。未来，欧盟及欧元区国家有三方面长期问题有待解决，加上英国"脱欧"、难民、恐怖袭击等影响，经济发展前景仍不容乐观。一是欧盟内部的区域不平衡。最明显的表现是"核心国家"与"边缘国家"经常项目的差别，"边缘国家"的经常项目长期维持逆差，而以德国为首的"核心国家"则基本保持了经常项目顺差，使得欧央行统一的货币政策操作面临十分复杂的局面。二是欧盟经济增长仍显乏力。主要原因在于战略性产业尚未对欧盟经济形成有效支撑，不仅关系到欧盟复苏进程的稳定，更直接影响财政、金融等领域改革的顺利进行。三是政府保障性支出负担过重。欧元区人口老龄化问题普遍存在，不仅导致劳动人口年龄增加，制约潜在经济增长率，更为重要的是退休人口大幅增长，将使得养老金及医疗保健需求呈刚性增加，各国政府在没有独立货币政策的情况下提供超出财政能力的福利保障，必然会积累沉重的债务负担，为债务危机埋下隐患。

（三）日本结构性改革举步维艰

国际金融危机严重冲击日本经济，加上海啸、地震、核泄漏等因素影响，日本经济增长乏力、通缩严重、贸易顺差减少，逐步陷入困境。日本第96任首相安倍晋三上台后，实施了被称为"安倍经济学"的刺激政策。"安倍经济学"有"三支箭"，其中第一、第二支箭主要是大规模财政货币刺激，包括大规模发钞、加大政府举债力度等，第三支箭则主要是结构性改革措施，主要通过"经济增长战略"和"经济财政运行基本方针"加以实施。从效果看，日本短劳动力市场得到优化，公司监管改革取得一定进展，通缩状况也一段出现缓解，但由于长期结构性问题积弊很深，加上外部环境不佳，结构性改革进展总体不明显，整体经济形势也不及美欧。考虑到日本经济的全球影响力趋于下降，其滞缓的结构性改革也难以在全球形成示范和带动作用①。

2013年安倍的结构性改革，主要包括重塑企业竞争力的"产业振兴计划"，开拓健康、医疗和农业等成长领域的"战略市场创造计划"以及拓展和分享海外市场发展成果的"国际市场开拓战略"。产业振兴计划的重点，一是设立国际战略特区，明确各自功能定位，放宽限制突破性改革。二是促进妇女就业，延长产假至3年并提供更多儿童看护。三是放宽引进外国人才限制。四是用三年时间将企业固定资产投资由每年63万亿日元恢复到雷曼破产前的70万亿日元。五是推行电力市场化改革，降低电价和增加供应。六是促进社会资本投资，10年政府和社会资本合作模式（Public-Private Partnership，简称PPP）和私人部门融资计划（PFI）规模拓展至每年12万亿日元。战略市场创造计划选定四大领域来开辟新的增长点，一是大力发展医疗产业，开发癌症和基因治疗等新疗法和尖端医疗器械，服务国内医疗体系并推动开展国际市场。二是以独特的本地禀赋发展区域经济。三是清洁经济的能源开发。四是建造安全便利而且经济的新一代基础设施。国际市场开拓战略的目标是2020年实现30万亿日元的基建出口，国内直接投资增加至35万亿日元，将中小

---

① 伞锋、张晓兰：《安倍经济学能拯救日本经济吗？》，《东北亚论坛》2014年第1期。

企业出口额提高至 2010 年的两倍，2018 年自由贸易协定框架内贸易比重提高到 70%（2013 年为 19%），海外广播内容销售增加 3 倍。从实践看，2013 年安倍的结构性改革并没有达到预期目标，结构性矛盾没有缓解，反而是债务率进一步提高，经济风险增加了。这又迫使安倍在 2014 年继续推进结构性改革。

2014 年安倍结构性改革增加了新内容，一是减轻企业负担，将企业税从高于 35% 下调到低于 30%，并鼓励企业通过积极努力进行技术创新和提升盈利能力；调整税收抵扣比重，以促进公司在日投资并振兴本国经济。二是加强日本企业监管，要求列入名单公司任命外部董事，实行"遵循或解释"的方法，上市公司未达标准的会被要求进行解释。三是劳动市场改革，提高女性在管理层中的数量鼓励女性就业；加大高素质人才移民力度；引入更加灵活的雇佣、解雇和补偿机制。推动政府、企业和劳动者三方工资协商机制，鼓励企业提高工资来提升就业吸引力。四是农业领域改革，逐步探索减少大米补贴，允许土地买卖、合并为大农田，并通过逐步放开农业市场推动自由贸易谈判，加大贸易自由化力度。五是改变以东京电力公司为首的地方垄断局面，完成国内电力市场改革。六是放松服务业准入和外商投资限制，促进私人和外国投资。七是推进财政整顿。统筹经济复苏和财政整顿双重目标，实现在 2020 年中央和地方政府财政双盈余，采取三方面措施，坚决实施"三支箭"战略推动经济复苏和对抗通缩；优化和改革财政支出结构；引入提高消费税 5%—8% 等增收措施。然而这些措施不仅没有改变人口老龄化、过度依赖外需、内生动力不足、财政负担沉重等结构性问题，没有消除制约日本经济持续发展的病因，反而增加了债务，使日本政府债务率超过了 200%，这给实体经济和金融系统带来巨大的隐患。日本亟待明确"经济增长战略"的具体实施办法，把周期性经济政策和经济结构改革协调好，在短期经济刺激的同时，激发内生动力，促进经济实现可持续增长。

（四）新兴经济体改革滞缓，结构性矛盾仍很突出

长期以来，新兴市场和发展中国家面临的普遍问题有经济结构二元化、生产力水平低下、产业结构相对落后、对外部市场依赖较高。在金融危机和欧债危机的冲击下，世界经济格局发生了显著的变化，也使得新兴市场和发展中国家的经济结构问题具体化为产业结构失衡、经济增长乏力、出口竞争力减弱、国际资本外逃等。近年来，新兴市场和发展中国家采取了各种结构性改革措施，但缺乏系统性。

为解决经济增长乏力问题，俄罗斯2010年1月公布了"2010年反危机计划"，在继续采取反危机措施的同时，实施部分经济结构改革，2013年决定动用4500亿卢布（约合140亿美元）的储备基金和国家福利基金用于基础设施建设。巴西2010年8月推出了总规模1330亿雷亚尔（约合665亿美元）的一揽子经济刺激计划，其中大部分用于铁路公路等基础设施建设。印度2012年颁布"第十二个五年规划（2012—2017年）"，提出投资1万亿—1.2万亿美元用于道路、电力、供水等基础设施领域；启动了一揽子金融部门改革计划，以金融行业市场化改革为核心，放松银行业管制，普及金融服务，提高外资银行参与度，发放更多国内私营牌照，并推动国有银行全面改组。南非2011年11月公布《2030年国家发展规划》，提出加大公路、铁路、港口、电力等基础设施领域投资，支持经济快速发展的计划；2012年6月启动了刺激生产、增加就业和提振制造业信心的制造业竞争力提升计划；2013年4月发布了旨在调整经济结构、促进经济发展和增加就业的 "2013—2014 年工业政策行动计划"，具体措施包括加强采购本国工业产品，促进制造业发展，提高矿产品附加值，开辟出口市场，加强与其他金砖国家的合作等。这些 "计划" 遏制了危机，但仍未解决制约结构转型和可持续增长的深层次矛盾。

综合地看，国际金融危机打破了原有的世界经济格局，给新兴经济体和发展中国家经济带来了深远的影响，产业结构调整、打造国际竞争新优势、发掘经济增长新潜力均是较为漫长的过程，经济结构改革效果的显现尚有待时日。2013 年以来，新兴经济体和发展中国家经济持续下滑的根本原因是结构性改革滞缓，而 2016 年下半年以来经济形势好转则更多是由大宗产品价格回调等外部因素造成的，如果不能下大力气深化结构性改革，发展中经济体难以摆脱由结构矛盾造成的低增长困局。

（五）中国供给侧结构性改革的全球范式意义

习近平主席在国际会议上最早于 2013 年提出 "结构改革"，2015 年 11 月在中央财经领导小组第十一次会议上首次提出 "供给侧结构性改革"，作出了在适度扩大总需求的同时，着力加强供给侧结构性改革的战略部署。此后一年多，我国供给侧结构性改革取得了积极进展和初步成效，无效供给减少，有效供给增加，供给结构优化，供给体系的质量和效率提高，经济在 2016 年第四季度和 2017 年上半年温和复苏，并为全球摆脱发展困局，缓解结构性矛盾，实现经济复苏，树立了结构改革的榜样，提供了可资借鉴的解决方案和范式。在 2016 年 9 月的二十国集团杭州峰会上，中国推动制定了《二十国集团深化结构性改革议程》，提出了促进贸易和投资开放、推进劳动力市场改革及获取教育与技能、鼓励创新、改善基础设施、促进财政改革、促进竞争并改善商业环境、改善并强化金融体系、增强环境可持续性、促进包容性增长等 9 大结构性改革优先领域及相关指标。国内供给侧结构性改革为世界提出中长期经济转型和增长的"中国方案"提供了有力支撑。

表 1-4　九大结构性改革优先领域主张

类别	主要主张
促进贸易和投资开放	减少关税和非关税贸易壁垒；减少对外国直接投资的壁垒和限制；实施贸易便利化措施以降低边境成本；适当减少贸易和投资的边境后限制，促进更广泛的跨境协调；通过多边、诸边和双边协议最小化对第三方的歧视性措施，减少贸易和投资壁垒。
推进劳动力市场改革及获取教育与技能	减少对低参与率群体的劳动参与障碍，如女性、青年和老年工人；扩大并改善积极劳动力市场政策的有效性；从保护工作岗位向保护工人进行再平衡，降低劳动力市场的二元性和不规范性；改善职业教育、职业培训、高等教育和技能培训与再培训的普及与效率；通过提高早期幼儿教育、基础教育和中等教育的普及性与质量来改善教育产出；推动创造高质量的就业岗位，提高劳动生产率。
鼓励创新	确保并维持研发支出；提高研发及创新支持政策的有效性和效率；增强研究机构/大学与产业界的合作；加强国际研究合作；提高早期风险投资的可得性。
改善基础设施	提高公共基础设施投资质量（同时确保基础设施及其维护所需的充足资金），并通过包括政府和社会资本合作在内的方式促进私人部门参与；提高基础设施项目的监管审批效率，同时确保投标过程透明；促进在公共基础设施项目中使用成本收益及"物有所值"分析，可采用多标准分析作为补充；减少机构投资者长期投资融资的制度障碍和监管障碍，并推广新的融资工具，同时确保财务稳定。
促进财政改革	通过增长友好型税收/缴费和支出措施的支持，推动可持续的、全面的社会保障项目；拓宽税基，并逐步消除低效的税收支出；确定增长友好型支出的重点，保持生产性公共投资并提高支出效率；提高税款征收的透明度和效率；改善公共行政管理及公共服务供给的效率；加强财政框架、规则和制度的作用；重点打击骗税和逃税。

续表

类别	主要主张
促进竞争并改善商业环境	强化竞争法律及落实；减少开办企业和扩大经营的行政及法律障碍；促进公平的市场竞争；实施高效的破产程序；减少妨碍竞争的限制性规定，减少额外的监管合规负担，并对监管政策进行有效监督；加强法治，提高司法效率，打击腐败。
改善并强化金融体系	确保金融稳定；支持增长，加强竞争和创新，同时保持审慎目标；确保有利于市场融资的制度框架，同时确保金融稳定并保护投资者；改善并强化传统银行融资和创新融资渠道，同时确保金融稳定；防范金融机构活动的内生系统性风险，强化宏观审慎政策框架。
增强环境可持续性	推广市场机制以减少污染并提高资源效率；促进清洁和可再生能源以及气候适应性基础设施的发展；推动与环境有关的创新的开发及运用；提高能源效率。
促进包容性增长	通过降低就业壁垒以及改善教育和培训产出，改善机会平等；扩大学前、初等教育和中等教育的覆盖面并提高效率；以增长和就业友好的方式开展有针对性的、设计完善的社会转移支付及收入再分配计划；推进普惠金融和金融知识普及；减少性别平等障碍，特别是在教育、就业和创业领域；采取措施减少某些促增长政策对不平等问题可能造成的负面影响。

资料来源：二十国集团官方网站，笔者整理。

在 2017 年 1 月达沃斯论坛开幕式上，习近平主席在主旨演讲中提出，中国将积极营造宽松有序的投资环境，放宽外商投资准入，建设高标准自由贸易试验区，加强产权保护，促进公平竞争，让中国市场更加透明、更加规范。这表明，中国既为世界经济结构转型和持续增长，提供可资借鉴的供给侧结构性改革方案和范式，也为推进世界供给侧结构性改革作出贡献，采取实质性措施和行动。

当前，世界经济在深度调整中曲折复苏，正处于新旧增长动能转换的关键时期，上一轮科技和产业革命提供的动能面临消退，新一轮增长动能尚在孕育。国际金融危机爆发以来各国的应对实践证明，单纯依靠扩张性财政和货币政策难以解决制约增长的结构性障碍，也可能带来较多负面效应。加快结构性改革、提升中长期潜在增长率，是世界经济实现新旧动能接续的关键，这已成为国际社会共识，主要经济体也在各自实施结构性改革措施。我国积极推进结构性改革国际合作，有利于将各国分散的努力凝聚起来形成合力，有效避免政策不一致产生相互拖累或相互抵消的问题，共同推动全球创新和新工业革命，共同扩大开放、减少乃至消除贸易投资壁垒，共同应对环境可持续性问题，共同缩小贫富差距、实现包容性增长，推动世界经济尽快走出低谷，步入新一轮长周期增长。

全球经济治理体系正在深刻调整，日益呈现多元化和复杂化特征。一方面，新兴经济体和发展中国家在全球经济治理中的地位明显提升，各国合作共同应对全球挑战的机制增多、能力增强。另一方面，全球经济治理面临的问题层出不穷。贸易投资保护主义抬头，区域贸易安排丛生，导致规则碎片化。国际金融和商品市场宽幅震荡，跨境资本大规模流动带来风险和不稳定因素。收入分配差距已超过危险线，消除贫困任重道远。全球经济治理需要新理念和新举措，以推动世界经济强劲、可持续、平衡和包容增长。我国积极推进结构性改革政策国际合作，有利于推动构建开放透明的全球贸易投资治理格局、公正高效的全球金融治理格局、绿色低碳的全球环境治理格局和包容联动的全球发展治理格局，使我国成为贸易投资自由化的主要推动者，国际货币金融体系的主要改革者，缩小贫富差距和消除贫困的主要先行者，为全球治理贡献更多中国智慧和中国方案，由全球发展的跟跑并跑者向并跑领跑者转变，进一步提升我国在世界治理中的话语权和影响力。

第 二 章

理论创新

第一节　思想形成

党的十八大以来，为了积极适应和引领经济社会发展新常态，从根本上转变发展理念和发展方式，加快全面小康社会建设步伐，实现中华民族伟大复兴的中国梦，以习近平同志为核心的党中央明确提出了全面深化改革的战略任务。"全面深化"什么？怎样"全面深化"？以习近平同志为核心的党中央作出了科学回答，提出了将供给侧结构性改革作为全面深化改革的关键工作和核心任务。自从2013年首提"结构改革"和2015年11月10日明确提出"供给侧结构性改革"以来，习近平同志不断完善和充实供给侧结构性改革的内涵、内容和实施路径等方面的思想。从中央财经领导小组会议到中央经济工作会议，从亚太经合组织工商领导人峰会到世界经济论坛，从省部级主要领导干部专题研讨班到中共中央政治局集体学习，从人大会议地方代表团审议会到党外人士座谈会，从江西考察到广西调研，习近平同志逐渐形成和完善了供给侧结构性改革理论，丰富和发展了中国特色社会主义政治经济学。

一、从"结构改革"到"供给侧结构性改革"

为了从根本上解决我国经济长远发展中的结构性矛盾和问题，习近平主席于2013年9月5日在二十国集团领导人峰会第一阶段会议上发言时强调，"我们认识到，为了从根本上解决经济的长远发展问题，必须坚定推动结构改革，宁可将增长速度降下来一些。任何一项事业，都需要远近兼顾、深谋远虑，杀鸡取卵、竭泽而渔式的发展是不会长久的。"习近平同志向世界表明了中国可以容忍用减速来推动结构改革的决心。

在2015年11月中央财经领导小组第十一次会议上，习近平总书记首次明确提到"供给侧结构性改革"，他指出："在适度扩大总需求的同时，着力加强供给侧结构性改革，着力提高供给体系质量和效率，增强经济持续增长动力，推动我国社会生产力水平实现整体跃升。"这也是习近平同志首次对供给侧结构性改革的科学内涵、主要内容和政策思想等进行的整体论述。

在2016年1月省部级主要领导干部学习贯彻党的十八届五中全会精神专题研讨班上，习近平同志进一步阐述了为什么要推进供给侧结构性改革，怎样认识和解决当前及今后一段时期供需失衡这个最基本的结构性矛盾，重点论述了供给和需求、供给侧和需求侧之间的关系。他指出："供给和需求是市场经济内在关系的两个基本方面，供给侧和需求侧是管理和调控宏观经济的两个基本手段"，"当前和今后一个时期，我国经济发展面临的问题，供给和需求两侧都有，但矛盾的主要方面在供给侧"，目前"我国不是需求不足，或没有需求，而是需求变了，供给的产品却没有变，质量、服务跟不上。有效供给能力不足带来大量'需求外溢'，消费能力严重外流。解决这些结构性问题，必须推进供给侧改革"。同时，习近平同志强调我国供给侧结构性改革不是西方供给学派和结构主义的翻版，不是里根经济学和撒切尔主义的翻版。他指出，与西方供给学派只强调减税、供给和市场功能的思想方法不同，供给侧结构性改革"既强调供给又关注需求，既突出发展社会生产力又注重完善生产关系，既发挥市场在资源配置中的决定性作用又更好发挥政府作用，既着眼当前又立足长远"。这些论述表明，供给侧结构性改革是从中国经济社会发展新常态实际出发作出的判断部署，是马克思主义、毛泽东思想、邓小平理论在 21 世纪中国经济新实践的科学体现，是解决经济社会发展新常态的中长期结构性矛盾的必然选择。

二、供给侧结构性改革的根本、根本目的和最终目的

关于供给侧结构性改革的目的，习近平同志在 2016 年有四次论述。第一次是在 1 月 18 日召开的省部级主要领导干部学习贯彻党的十八届五中全会精神专题研讨班上，习近平指出："从政治经济学的角度看，供给侧结构性改革的根本，是使我国供给能力更好满足广大人民日益增长、不断升级和个性化的物质文化和生态环境需要，从而实现社会主义生产目的。"第二次是在 1 月 26 日召开的中央财经领导小组第十二次会议会上，习近平同志强调："供给侧结构性改革的根本目的是提高社会生产力水平，落实好以人民为中心的发展思想。"第三次是在 5 月 16 日召开的中央财经领导小组第十三次会议上，习近平同志指出："供给侧结构性改革的根本目的是提高供给质量满足需要，使供给能力更好满足人民日益增长的物质文化需要。"第四次是在 12 月中旬召开的中央经济工作会上提出，供给侧结构性改革，"最终目的是满足需求，就是要深入研究市场变化，理解现实需求和潜在需求，在解放和发展社会生产力中更好满足人民日益增长的物质文化需要。"四次表述一脉相承，认识逐步深入，明确了供给侧结构性改革要体现以人民为中心的发展思想，根本上是要解放和发展社会生产力，提升供给能力，提高供给质量，最终目的是更好地满足人民日益增长的物质文化需求。

三、"主攻方向"：从"改善供给结构"到"提高供给质量"

关于供给侧结构性改革的主攻方向，习近平同志也有四次论述。第一次也是在 2016 年 1 月 18 日召开的省部级主要领导干部学习贯彻党的十八届五中全会精神专题研讨班上，习近平同志指出："必须把改善供给结构作为主攻方向，实现由低水平供需平衡向高水平供需平衡跃升。"第二次是在 5 月 16 日召开的中央财经领导小组第十三次会议上，习近平同志强调："主攻方向是减少无效供给，扩大有效供给，提高供给结构对需求结构的适应性。"第三次是在 12 月中旬召开的中央经济工作会上指出，"主攻方向是提高供给质量，就是要减少无效供给、扩大有效供给，着力提升整个供给体系质量，提高供给结构对需求结构的适应性。"第四次是在 2017 年 1 月 22 日中共中央政治局第三十八次集体学习时，习近平同志再次强调，"必须把改善供给侧结构作为主攻方向，从生产端入手，提高供给体系质量和效率，扩大有效和中高端供给，增强供给侧结构对需求变化的适应性，推动我国经济朝着更高质量、更有效率、更加公平、更可持续的方向发展"。由此可见，关于供给侧结构性改革的主攻方向的论述，从"改善供给结构"到"扩大有效供给"，又到"提高供给质量"，再到"改善供给侧结构"，一个"侧"字之差，强调了生产端主体、要素和制度的重要性，我们的主攻方向不仅要扩大有效供给，更重要的是要提高供给体系质量和效率，让生产端的主体、要素和制度都要适应需求的变化。

四、从"本质属性"到"根本途径"

习近平同志在 2015 年中央经济工作会议上指出，"推进结构性改革，必须依靠全面深化改革。要加大重要领域和关键环节改革力度，推出一批具有重大牵引作用的改革举措"。在 2016 年 4 月 18 日召开的中央全面深化改革领导小组第二十三次会议上，习近平同志进一步提出"供给侧结构性改革与全面深化改革、落实新发展理念是相通的，核心是体制机制创新，最终目标是形成经济增长新机制"。在 5 月 16 日召开的中央财经领导小组第十三次会议上，习近平同志强调，供给侧结构性改革"本质属性是深化改革，推进国有企业改革，加快政府职能转变，深化价格、财税、金融、社保等领域基础性改革。"在 5 月 20 日召开的中央全面深化改革领导小组第二十四次会议上，习近平同志指出，"供给侧结构性改革本质是一场改革，要用改革的办法推进结构调整，为提高供给质量激发内生动力、营造外部环境。各地区各部门要把依靠全面深化改革推进供给侧结构性改革摆上重要位置，坚定改革信心，突出问题导向，加强分类指导，注重精准施策，提高改革效应，放大制度优势。"在 2016 年中央经济工作会议上，习近平同志再次强调，供给侧结构性改革"根本途径是深化改革，就是要完善市场在资源配置中起决定性作用的体制机制，深化行政管理体制改革，打破垄断，健全要素市场，使价格机制真正引导资源配置"。习近平同志在一年的时间里五次提到深化改革与结构性改革、供给侧结构性改革的关系，明确了推进供给侧结构性改革的本质属性和根本途径都是深化改革，要依靠全面深化改革推进供给侧结构性改革，不断完善市场在资源配置中起决定性作用的体制机制。

五、从"四大关键点"到"五大任务"到"四项举措"

2015 年 11 月，在第十一次中央财经领导小组会议上，习近平同志针对突出问题，提出推进经济结构性改革的四大关键点，包括促进过剩产能有效化解、降低成本、化解房地产库存、防范化解金融风险。12月下旬召开的2015年中央经济工作会议进一步把关键点拓展为"去产能、去库存、去杠杆、降成本、补短板"（即"三去一降一补"），并作为2016年供给侧结构性改革的五大任务，提出了在适度扩大总需求的同时，用"三去一降一补"来提高供给体系质量和效率的改革思路。经过一年的实践，2016年中央经济工作会议作出继续深化供给侧结构性改革的决定，列出了深入推进"三去一降一补"、深入推进农业供给侧结构性改革、着力振兴实体经济、促进房地产市场平稳健康发展的四项重大举措。

在这个过程中，"三去一降一补"的改革内涵也在进一步深化，指向更准，举措更实。去产能方面，从"促进过剩产能有效化解"到"积极稳妥化解产能过剩"再到"深入推进去产能"，从强调"促进产业优化重组"到指出"坚定不移处置僵尸企业"。去库存方面，从"化解房地产库存"到"重点解决三四线城市房地产库存过多问题"，从"促进房地产业持续发展"到明确要增强三四线城市"对农业转移人口的吸引力"。去杠杆方面，从"防范化解金融风险"到"有效化解地方政府债务风险"再到"重点降低企业杠杆率"，从关注"加快形成融资功能完备、基础制度扎实、市场监管有效、投资者权益得到充分保护的股票市场"到强调"在控制总杠杆率的前提下，把降低企业杠杆率作为重中之重"。降成本方面，从"要降低成本"到"帮助企业降低成本"再到"推动企业降本增效"，从提出"帮助企业保持竞争优势"到强调"要在减税、降费、降低要素成本上加大工作力度""要降低各类交易成本特别是制度性交易成本"。补短板方面，从"扩大有效供给"到"集中力量攻克薄弱环节"，列举精准扶贫、企业技改、基础设施建设、人力资本投资、农业生产等方面，到强调"要从严重制约经济社会发展的重要领域和关键环节、从人民群众迫切需要解决的突出问题着手，既补硬短板也补软短板，既补发展短板也补制度短板"。

供给侧结构性改革的内容在实践中不断被丰富和完善，一方面表现在对关键点内容的补充，从"四"到"五"的变化，从"五"到"一"的归并，进而提出四点新举措。另一方面表现为对每个关键点的认识深化，对突出问题的认识越来越清晰，措施更加有针对性和可操作性。

六、对"重要领域和关键环节改革"认识的深化

2015年经济工作会议上强调，"要加大重要领域和关键环节改革力度，推出一批具有重大牵引作用的改革举措"，对推进国有企业、财税体制、金融体制、养老保险制度、医药卫生体制等方面的改革进行了安排。在2016年4月18日召开的中央全面深化改革领导小组第二十三次会议上，习近平同志再次指出"要加快推进国有企业改革、财税体制改革、金融体制改革、构建开放型经济新体制等，发挥其对供给侧结构性改革的基础性作用"。2016年中央经济工作会议进而对各项改革提出新要求，强调"要按照统筹推进、重点突破的要求加快改革步伐，更好发挥改革牵引作用"。在深化供给侧结构性改革的同时，重要领域和关键环节的改革内容也进一步得到深化。

国企改革方面，从提出"加快改组组建国有资本投资、运营公司"到"加快推动国有资本投资、运营公司改革试点"；从强调"加快推进垄断行业改革"，到进一步指出"混合所有制改革是国企

改革的重要突破口"，要"在电力、石油、天然气、铁路、民航、电信、军工等领域迈出实质性步伐"，同时，更加强调用法治化、市场化手段推进国企业改革，提出了"加强产权保护制度建设，抓紧编纂民法典，加强对各种所有制组织和自然人财产权的保护"，"保护企业家精神，支持企业家专心创新创业"等要求。

财税体制改革方面，从加快推进"划分中央和地方事权和支出责任"到"落实推动中央与地方财政事权和支出责任划分改革，加快制定中央和地方收入划分总体方案"；从"完善地方税体系"到"抓紧提出健全地方税体系方案"，从改革方向落实到具体方案。

金融体制改革方面，从"尽快形成融资功能完备、基础制度扎实、市场监管有效、投资者合法权益得到充分保护的股票市场"到"深化多层次资本市场体系改革"，从"加快推进银行体系改革，深化国有商业银行改革，加快发展绿色金融"到"完善国有商业银行治理结构，有序推动民营银行发展"；从"抓紧研究提出金融监管体制改革方案"到"深入研究并积极稳妥推进金融监管体制改革"。由此可见，从股票市场的完善到多层次资本市场体系的改革，视野更加开阔；从国有商业银行改革到推动民营银行发展，改革更加包容；金融监管从要求提出方案到深入研究，体现更加审慎的态度。

养老保险制度改革方面，从强调"完善个人账户，坚持精算平衡，提高统筹层次"的改革重点，到进一步明确提出"加快出台养老保险制度改革方案"，突出了养老保险制度改革的全面性和紧迫性。

七、改革中要处理好的几大关系

习近平同志多次谈到推进供给侧结构性改革要处理好几个关系，

先后提到节奏和力度、供给和需求、供给侧和需求侧、加法和减法、当前和长远、主要矛盾和次要矛盾、政府和市场、短期和长期等多个方面。

"节奏和力度"是习近平同志最早强调要把握好的一组关系。2015年中央经济工作会议曾提到推进供给侧结构性改革，"战略上要坚持稳中求进，把握好节奏和力度"。在2016年3月参与十二届全国人大四次会议湖南代表团审议时，习近平同志再次指出要把握好"力度和节奏"的关系，并在当年5月召开的中央财经领导小组第十三次会议上强调，"要平衡好各方面关系，把握好节奏和力度，注意减少风险隐患"。在2017年1月22日召开的中共中央政治局第三十八次集体学习活动上，习近平同志把"当前和长远""节奏和力度"的关系概括为"短期和长期"的关系，他强调，"要立足当前、着眼长远，从化解当前突出矛盾入手，从构建长效体制机制、重塑中长期经济增长动力着眼，既要在战略上坚持持久战，又要在战术上打好歼灭战。""战略上要坚持稳中求进，搞好顶层设计，把握好节奏和力度，久久为功。战术上要抓落实干实事，注重实效，步步为营，一仗接着一仗打。""供给侧结构性改革出现的短期阵痛是必须承受的阵痛，不能因为有阵痛就止步不前。""要合理引导社会预期，尽量控制和减少阵痛，妥善处置企业债务，做好人员安置工作，做好社会托底工作，维护社会和谐稳定。"同时"要在培育新的动力机制上做好文章、下足功夫，着力推进体制机制建设，激发市场主体内生动力和活力。"

习近平同志系统论述了"供给和需求"和"供给侧和需求侧"的关系。在2016年1月召开的省部级主要领导干部学习贯彻党的十八届五中全会精神专题研讨班上，他指出，"供给和需求是市场经济内在关系的两个基本方面"，"是既对立又统一的辩证关系，二者你离不开我、我离不开你，相互依存、互为条件。没有需求，供给就无从实现，新的需求可以催生新的供给；没有供给，需求就无法满足，新的供给可以创造新的需求。""供给侧和需求侧是管理和调控宏观经济的两个基本手段""放弃需求侧谈供给侧或放弃供给侧谈需求侧都是片面的，二者不是非此即彼、一去一存的替代关系，而是要相互配合、协调推进"。在2017年1月22日召开的中共中央政治局第三十八次集体学习活动上，习近平同志进一步强调，"推进供给侧结构性改革，要用好需求侧管理这个重要工具，使供给侧改革和需求侧管理相辅相成、相得益彰，为供给侧结构性改革提供良好环境和条件"。

习近平同志曾两次与地方同志谈到"加法和减法"的关系。在2016年2月江西考察期间，他首次提出"要着力推进供给侧结构性改革，加法、减法一起做，既做大做强优势产业、培育壮大新兴产业、加快改造传统产业、发展现代服务业，又主动淘汰落后产能，腾出更多资源用于发展新的产业，在产业结构优化升级上获得更大主动"。在3月8日上午参加十二届全国人大四次会议湖南省代表团审议时又强调，"推进供给侧结构性改革是一场硬仗，要把握好加法和减法，增加要素投入，促进经济总量增加，减少无效和低端供给，扩大有效和中高端供给，提高全要素生产率。"在2017年1月22日召开的中共中央政治局第三十八次集体学习活动上，习近平同志再次强调要处理好减法和加法的关系，他指出，"做减法，就是减少低端供给和无效供给，去产能、去库存、去杠杆，为经济发展留出新空间。""做加法，就是扩大有效供给和中高端供给，补短板、惠民生，加快发展新技术、新产业、新产品，为经济增长培育新动力"。

"无论做减法还是做加法，都要把握症结、用力得当，突出定向、精准、有度。""做减法不能'一刀切'，要减得准、不误伤。""做加法不要一拥而上，避免强刺激和撒胡椒面，避免形成新的重复建设"。

习近平同志在 2016 年 3 月参与十二届全国人大四次会议湖南代表团审议时也提到要把握好"政府和市场"关系。在 2016 年 5 月召开的中央财经领导小组第十三次会议上，他指出，"要发挥好市场和政府作用，一方面遵循市场规律，善于用市场机制解决问题，另一方面政府要勇于承担责任，各部门各级地方政府都要勇于担当，干好自己该干的事"。7 月在宁夏调研期间，他强调，"推进供给侧结构性改革，发达地区要有新作为，欠发达地区也要有新作为。要处理好供给和需求、政府和市场的关系，把发挥市场在资源配置中的决定性作用和更好发挥政府作用有机结合起来"。在 2017 年 1 月 22 日召开的中共中央政治局第三十八次集体学习活动上，习近平同志详细论述了政府和市场的作用，他指出，"市场作用和政府作用是相辅相成、相互促进、互为补充的。""要坚持使市场在资源配置中起决定性作用，完善市场机制，打破行业垄断、进入壁垒、地方保护，增强企业对市场需求变化的反应和调整能力，提高企业资源要素配置效率和竞争力"。"发挥政府作用，不是简单下达行政命令，要在尊重市场规律的基础上，用改革激发市场活力，用政策引导市场预期，用规划明确投资方向，用法治规范市场行为"。

习近平同志最近一次对处理好几大关系的论述是在 2017 年 1 月进行的中共中央政治局第三十八次集体学习上，他系统论述了推进供给侧结构性改革要处理好的几个重大关系，分别是：政府和市场的关系、短期和长期的关系、减法和加法的关系、供给和需求的关系，成为各级政府做好深化供给侧结构性改革工作的方法指南。

第二节　深刻内涵

推进供给侧结构性改革，是以习近平同志为核心的党中央在综合分析世界经济长周期和我国发展阶段性特征及其相互作用的基础上，集中全党和全国人民智慧，不懈进行理论探索和实践总结的结晶。供给侧结构性改革，继承了马克思主义政治经济学的传统，也借鉴和吸收了西方经济学中的有益思想，理论联系实际，立足中国发展新阶段实际，不仅在理论上丰富了经济发展新常态理论，为中国特色社会主义政治经济学书写了新篇章，而且在实践中开创了创新质量导向、科学宏观管理的新纪元。

一、马克思主义政治经济学中国化的重要成果

习近平同志指出，"我们提的供给侧改革，完整地说是'供给侧结构性改革'，'结构性'3个字十分重要，简称'供给侧改革'也可以，但不能忘了'结构性'3个字。供给侧结构性改革，重点是解放和发展社会生产力，用改革的办法推进结构调整，减少无效和低端供给，扩大有效和中高端供给，增强供给结构对需求变化的适应性和灵活性，提高全要素生产率"[1]。马克思主义政治经济学是中国特色社会主义的理论基础，供给侧结构性改革理论正是立于这一基础并在此基础之上加以创新、加以发展的。

一是对供给侧生产的高度重视。马克思主义政治经济学将经济

---

[1]　《习近平总书记在省部级主要领导干部学习贯彻党的十八届五中全会精神专题研讨班上的讲话》（2016年1月18日）。

发展过程分为生产、分配、交换和消费四个环节，分配和交换是中间环节，生产和消费是起点和终点。这四个环节互相联系、互相制约，是对立统一的关系，而生产在经济发展过程中居于决定性地位、起着支配性作用，既决定着消费的内容、消费的方式和消费的性质，又与消费直接统一、与消费互为前提、与消费相互创造对方。马克思主义政治经济学这种有关生产决定消费以及消费反作用于生产的思想，为认识供给与需求之间的辩证关系提供了理论基础，供给侧结构性改革理论正是在这个基础上强调：在新常态经济发展阶段，解决供求矛盾要在扩大需求的同时，着力从供给侧发力，着力从生产环节解决结构和质量低下问题。

二是对供需平衡的深刻分析。供给与需求保持平衡以及如何实现这种平衡，是马克思主义政治经济学极其重要的思想。马克思主义政治经济学从社会总产品视角把全部生产在物质上划分为生产资料和消费品两大部类，在价值上划分为不变资本、可变资本和剩余价值三个部分，找出了简单再生产和扩大再生产如何在实物和价值两方面都得到补偿，即不存在过剩亦不存在短缺的实现条件，指出无论是简单再生产还是扩大再生产，两大部类间必须保持平衡的比例关系，并提出了按比例分配社会劳动以及在社会生产各个部分之间保持比例关系的思想。供给侧结构性改革理论正是基于这个思想，强调新常态下实现总供给和总需求平衡的关键是：不断提高供给质量，优化供给结构，提高供给体系的运行效率，以更高质量的供给满足水准档次不断提升的需求，只有这样才能实现避免资源浪费、减少环境代价的绿色平衡。

三是对改革手段的辩证思考。马克思主义政治经济学认为，社会生产中始终存在着生产力与生产关系两个方面，二者之间存在对立统一关系，生产力的不同发展阶段决定着生产关系的不同性质。同时，在一定的社会形态下，生产关系及其具体形式又对生产力具有巨大的能动作用甚至决定性作用。一定性质的社会生产关系构成了一定社会的基本经济制度，一定经济制度下的不同发展阶段，社会生产关系具有不同的具体形式，从而形成不同的经济体制，而一定的经济体制决定了一定的经济增长和发展模式。马克思主义政治经济学强调生产关系必须适应生产力性质和发展阶段，相关制度和体制应适时调整以适应生产力发展的新特点，从而进一步解放和发展生产力，供给侧结构性改革理论正是基于这一基本原理强调：改革的关键在于体制机制创新，以体制机制创新调整优化生产关系，并最终解放生产力，促进生产力更好更快地发展。

供给侧结构性改革是将马克思主义政治经济学理论与中国实际相结合的，并借鉴吸收其他相关经济理论精华的重大理论创新。供给侧结构性改革是"供给侧＋结构性＋改革"，即从提高供给质量出发，用改革的办法推进结构调整，矫正要素配置扭曲，扩大有效供给，提高供给结构对需求变化的适应性和灵活性，提高全要素生产率，更好满足广大人民群众的需要，促进经济社会持续健康发展①。具体来看：

一是注重从供给侧发力。国际金融危机爆发后，随着国际国内条件的重大变化，我国经济发展中出现了一系列新情况、新特征、新问题，最突出的矛盾和问题就是出现了经济增速下降、工业品价格下降、实体企业盈利下降、财政收入增幅下降、经济风险发生概率上升等"四降一升"问题，经济发展处于速度换挡、结构调整、

---

① 龚雯、许志峰、王珂：《七问供给侧结构性改革——权威人士谈当前经济怎么看怎么干》，《人民日报》2016年1月4日。

动力转换的关键节点。面对错综复杂的国内外经济形势，习近平同志指出，"当前和今后一个时期，我国经济发展面临的问题，供给和需求两侧都有，但矛盾的主要方面在供给侧。"① 为此，习近平同志又指出，"在适度扩大总需求的同时，着力加强供给侧结构性改革，着力提高供给体系质量和效率，增强经济持续增长动力，推动我国社会生产力水平实现整体跃升"②，并要求"加大结构性改革力度，矫正要素配置扭曲，扩大有效供给，提高供给结构适应性和灵活性，提高全要素生产率"③。供给侧结构性改革对症下药，从生产端入手、从供给侧发力，强调提高全要素生产率、改善产品供给质量，着力提高供给体系质量和效率，释放经济发展潜力。这是马克思主义政治经济学关于生产决定消费及消费反作用于生产思想的实际应用，同时也借鉴和吸收了西方经济学关于生产和消费、供给和需求、增长和创新理论中的有益思想，并根据现代中国经济发展的最新实践作出的科学概括和提炼，是与时俱进的理论创新。

　　二是关注供需结构协调发展。我国经济发展进入新常态后，经济运行面临的"四降一升"等突出矛盾和问题，虽然有周期性、总量性因素，但根源是重大结构性失衡，集中体现在结构性产能过剩严重，居民多样化、个性化、高端化需求难以满足。大力推动供给结构调整，增强供给结构对需求变化的适应性和灵活性，实现供需由低水平平衡向高水平平衡跃升，是供给侧结构性改革的关键和要义。习近平同志分析指出，推进供给侧结构性改革"主攻方向是减

---

①　《习近平总书记在省部级主要领导干部学习贯彻党的十八届五中全会精神专题研讨班上的讲话》（2016 年 1 月 18 日）。
②　《习近平总书记在 2015 年中央经济工作会议上的讲话》。
③　《习近平总书记在 2015 年中央经济工作会议上的讲话》。

少无效供给，扩大有效供给，提高供给结构对需求结构的适应性"①。供给侧结构性改革关注调整经济结构、实现经济协调发展，是马克思主义政治经济学关于供给与需求保持平衡及如何实现这种平衡等思想的实际应用和发展，同时也吸收借鉴了发展经济学关于产业结构、区域结构、技术结构等相关理论精华。

三是将改革作为主要途径。我国供给结构调整之所以滞后于需求变化，供需结构性矛盾之所以突出，根源还是体制机制问题，还是在于存在不少束缚市场主体活力、阻碍市场和价值规律充分发挥作用的弊端。解决经济结构不合理问题，必须依靠全面深化改革。习近平同志强调，"供给侧结构性改革本质是一场改革，要用改革的办法推进结构调整，为提高供给质量激发内生动力、营造外部环境"②。供给侧结构性改革强调深化体制机制改革手段，是马克思主义政治经济学关于生产力与生产关系相互作用等辩证统一思想的深化应用和发展，同时也借鉴了制度经济学关于制度内生于经济发展等理论精华。

二、不是西方供给经济学的翻版，而是一个重大理论创建

西方经济学对供给的重视由来已久，在凯恩斯主义出现之前，甚至整个西方经济学理论都在强调供给，认为供给比需求重要。早期的古典经济学认为，经济活动的目的就是生产③。亚当·斯密及其他古典经济学家也认为，一国财富决定于实际产量、取决于供给④。

① 《习近平总书记在中央财经领导小组第十三次会议上的讲话》（2016年5月16日）。
② 《习近平总书记在中央全面深化改革领导小组第二十四次会议上的讲话》（2016年5月20日）。
③ 《马克思恩格斯选集》第2卷，人民出版社2012年版。
④ 亚当·斯密：《国富论》，杨敬年译，陕西人民出版社2001年版。

供给学派的"鼻祖"萨伊，更是进一步发扬了古典经济学思想，提出了"供给自动创造对其自身的需求"的著名论断，主张打破垄断、减少管制、减少税收，通过市场机制来实现供求均衡①。20 世纪 30 年代的世界经济大危机使得"萨伊定理"失效，凯恩斯主义"国家调节经济"的宏观需求管理理论兴起，指出"消费不足是造成经济危机的根源"，主张通过政府刺激消费、实施投资等需求管理政策拉动经济增长②。20 世纪 70 年代，主要发达经济体相继陷入经济停滞与通货膨胀并存的"滞胀"困境，凯恩斯主义需求管理政策失效，强调供给会自动创造需求的供给学派登上历史舞台，提出减税、削减政府开支、限制货币发行量等结构性改革政策，美国以里根经济学为代表、英国以撒切尔主义为代表，之后其他欧美国家也采用过类似政策③。西方供给学派的政策主张和结构性改革帮助英美摆脱"滞胀"困局，在一定阶段产生了一些积极效果，但也带了巨额财政赤字增加、收入分配差距扩大、实体经济与虚拟经济脱节等负面影响。

我国推进的供给侧结构性改革，虽吸收了西方经济学中的有益思想，但与西方供给学派在理论背景和理论基础、政策手段和政策机制，特别是背后蕴含的思维方法方面存在本质区别，是中国特色社会主义政治经济学的重要理论创新成果。正如习近平同志指出，"我们讲的供给侧结构性改革，同西方经济学的供给学派不是一回事，不能把供给侧结构性改革看成是西方供给学派的翻版，更要防止有些人

---

① 萨伊:《政治经济学概论》，陈福生、陈振骅译，商务印书馆 1963 年版。
② 约翰·梅纳德·凯恩斯:《就业、利息和货币通论》，高鸿业译，商务印书馆 1999 年版。
③ 外国经济学说研究会编:《现代国外经济学论文集》第 17 辑，商务印书馆 1997 年版。

用他们的解释来宣扬'新自由主义',借机制造负面舆论。"①

一是理论背景和理论基础不同。西方供给学派产生的背景是英美等发达经济体突发"滞胀",而凯恩斯主义应对"滞胀"时效果不尽人意,使得部分学者开始倡导并恢复对传统古典政治经济学中"萨伊定律"的信仰,极力宣扬供给自动创造需求的信条,认为经济增长的唯一源泉在供给侧、发展生产才能消除经济不均衡,主张经济应当由市场自动调节,并极力反对凯恩斯主义的需求管理政策。与之理论背景和理论基础不同,我国实施供给侧结构性改革的背景是面临经济发展阶段转换过程中的中长期增长和结构调整的瓶颈制约,要求解决新阶段的动力机制转换和优化问题,构建经济转型升级的新动力机制,主张通过体制机制改革解决经济发展中积累的结构性问题,使得生产关系适应生产力的发展,是马克思主义政治经济学中国化的重大理论创新。

二是政策手段和政策机制不同。供给学派强调自由市场经济、反对政府干预,极力推崇刺激供给的政策,而我国的供给侧结构性改革则强调"市场有效、政府有为",要求需求政策和管理政策的协调配合。供给学派旨在通过改善微观经济效率来解决短期宏观经济失衡问题,提出以减税和减少政府管制为基本内容的政策主张,辅之以相应的经济和社会机制改革,政策涉及面较窄。与之不同,我国的供给侧结构性改革贯穿"创新、协调、绿色、开放、共享"五大发展理念和"宏观政策要稳、微观政策要活、产业政策要准、改革政策要实、社会政策要托底"五大政策支柱,政策涉及面更为广泛,影响也更加深远。此外,我国的供给侧结构性改革与供给学派

---

① 《习近平总书记在省部级主要领导干部学习贯彻党的十八届五中全会精神专题研讨班上的讲话》(2016 年 1 月 18 日)。

的政策实现机制也存在很大差异。英美等国家推行供给学派政策时期，已完成工业化和市场化进程，经济结构和制度较为成熟和僵化，结构调整的灵活性不足，改革空间较为有限，短期释放经济发展潜力的难度也就较大。与之不同，我国当前总体仍处于中高等收入水平，与高收入国家还存在很大差距，进一步增长仍存在强烈需求。我国经济结构不平衡、不协调的矛盾仍较为突出，诸多体制机制和制度尚处于构建和变化之中，通过结构优化和改革创新仍有望能够释放出很大的发展潜力。

三是思维方法和哲学基础不同。西方供给学派是在新自由主义经济学思想影响下，反对凯恩斯主义的基础上发展起来的，导致其思维的局限性甚至绝对化，片面强调供给管理、轻视需求管理，过分强调自由市场经济、反对政府干预。与之相反，我国供给侧结构性改革则是遵循对立统一规律，坚持具体问题具体分析，坚持整体性关联性设计，"既强调供给又关注需求，既突出发展社会生产力又注重完善生产关系，既发挥市场在资源配置中的决定性作用又更好发挥政府作用，既着眼当前又立足长远"①，是对唯物辩证法的具体运用和生动实践。

总体而言，推进供给侧结构性改革是综合研判世界经济形势和我国经济发展进入新常态后促进经济持续稳定发展而作出的重大决策。供给侧结构性改革的理论思维和战略举措，其理论基础既不是供给学派，也不是结构主义，而是马克思主义理论观点和方法论在新常态下的具体运用，是中国特色社会主义政治经济学在新的历史时期的发展和创新，它标志着我国经济工作的指导思想和发展战略进入到一个新的阶段。其目的是通过改革生产关系，解放和发展生

---

① 《习近平总书记在省部级主要领导干部学习贯彻党的十八届五中全会精神专题研讨班上的讲话》（2016 年 1 月 18 日）。

产力，促进我国社会主义制度的自我完善，为跨越"中等收入陷阱"，到 2020 年全面建成小康社会创造条件，并为中华民族伟大复兴的中国梦奠定坚实的基础。

第三节　主要内容

供给侧结构性改革是着力解决我国经济发展进入新常态后出现的结构性失衡问题，尤其是对供给不适应需求结构变化问题的重大理论创新。其改革内容既体现了目标导向也体现了问题导向，既全面系统又重点突出，既具有理论高度又具有很强的实践操作性，随着经济形势动态变化和对问题的认识不断深化，改革内容与时俱进，在实践中不断丰富和发展。

一、供给侧结构性改革的主要内容体现了目标导向和问题导向相结合

供给侧结构性改革的主要内容，是依据目标导向和问题导向相结合的原则来确定的。供给侧结构性改革的目标，也就是最终目的，是满足需求。我国仍处于社会主义初级阶段，面临的主要矛盾仍然是人民日益增长的物质文化需要同落后的社会生产力之间的矛盾，因此改革的目标也没有变。习近平同志指出，"供给侧结构性改革的根本，是使我国供给能力更好满足广大人民日益增长、不断升级和个性化的物质文化和生态环境需要，从而实现社会主义生产目的。"[1]

---

[1] 《习近平总书记在省部级主要领导干部学习贯彻党的十八届五中全会精神专题研讨班上的讲话》（2016 年 1 月 18 日）。

供给侧结构性改革要解决的问题，是在我国经济发展进入新常态的背景下，经济运行面临的一系列突出矛盾和问题。这些问题与改革开放初期或社会主义市场经济体制建立初期的突出问题明显不同，主要的表现，包括经济增长速度下降、企业利润下降、工业生产品出厂价格下降、财政收入增幅下降以及潜在风险特别是金融风险逐步上升。在上述经济运行的总体表现下，还有一些具体问题，如产能过剩、高房地产库存和高杠杆等。导致这些问题的，虽然有周期性、总量性因素，但根源是供给与需求之间的重大结构性失衡。

明确了最终目的、突出问题及其背后的根源，依据目标导向和问题导向的共同要求，供给侧结构性改革的主攻方向和主要内容也得以明晰。其中，主攻方向以高度概括的表述，指明供给侧结构性改革是要提高供给质量，包括减少无效供给和扩大有效供给，使整个供给体系的质量得以提升，使供给结构更加适应需求结构。主要内容是在主攻方向上需要推进落实的一系列具体任务，是回答习近平同志强调的"搞清楚到底要干什么"的问题。

二、供给侧结构性改革的主要内容具有全面、系统的特点

供给侧结构性改革是一项全面的改革，也是一项系统工程。从主要内容看，全面表现在内容丰富，涉及经济发展的方方面面，涵盖不同层次的结构问题；系统表现在内容中包含了"加减乘除"四则运算，统筹兼顾了不同领域的不同问题。

供给侧结构性改革的主要内容覆盖总供给的各组成部分。国民生产总值的构成，从需求侧看是投资、消费和净出口，从供给侧看是三次产业。供给侧结构性改革的主要内容中，农业供给侧结构性改革基本覆盖第一产业，振兴实体经济覆盖第二和第三产业。对经

济、社会影响都比较显著，特别是针对与经济金融风险密切相关的房地产业，还单独提出了改革内容。

供给侧结构性改革的主要内容涵盖不同层次的结构问题。作为供给侧结构性改革首要抓手的"三去一降一补"，针对的是产业、产品和服务层次的供给侧结构性问题，而在重要领域和关键环节的体制机制改革内容，包括政府体制改革、国有企业改革、财税金融体制改革及土地、资本、劳动力要素改革等，针对的是解决供给主体及供给制度等更深层次的供给侧结构性问题。

供给侧结构性改革的主要内容涉及"加减乘除"的运用。"加法"的运用，包括补齐短板，扩大要素供给，发展新兴产业，提高经济增长质量与效益。培育经济增长新动力，拓展经济发展新空间，增加人口供给、提升全员素质、提升创新能力、增加公共产品供给、加强政策制度协调性，为经济增长提供支撑。"减法"的运用，有政府层面的简政放权，最大限度减少政府对微观经济事务的管理，为经济松绑减负；还有企业层面的降成本，通过降低企业的运营成本，减轻企业所受成本约束，提高企业的供给能力。"乘法"的运用，主要是以创新发展理念，挖掘经济发展新动力，开拓新空间，创造新产业，培育经济增长的"乘数因子"，以新产业的"几何式增长"推动经济发展。"除法"的运用，包括化解产能过剩，以壮士断腕的精神，为供给结构调整扫除障碍；还包括化解房地产库存，使房地产发展不仅与当期经济增长相联系，更与新型城镇化等长期战略相联系。

三、供给侧结构性改革的主要内容体现了"具体化、可操作"的要求

习近平总书记就做好供给侧结构性改革工作方案，提出了"确

定的任务要具体化、可操作"① 的要求。供给侧结构性改革要解决我国经济发展面临的诸多现实问题，其中一些问题是迫切需要解决的。任务具体化，才能使改革举措对现实问题有针对性，任务可操作，才能落到实处、产生效果。从已经明确的供给侧结构性改革任务来看，很好地贯彻了"具体化、可操作"的要求。

关于"三去一降一补"，去产能方面，明确了钢铁、煤炭等重点行业，并制定包含明确目标、系列措施和全面保障的实施方案。去库存方面，提出允许农业转移人口等非户籍人口在就业地落户、把公租房扩大到非户籍人口、鼓励发展以住房租赁为主营业务的专业化企业等具体措施，将加快农民工市民化、建立购租并举的住房制度等任务推向具体、可操作层面。去杠杆方面，提出市场化、法治化债转股、加强企业债务杠杆约束、规范政府举债行为等举措，不仅具体，对杠杆率的结构性问题即企业杠杆率高也具有很强针对性。降成本方面，提出打"组合拳"，内容包括简政放权、清理规范中介服务，正税清费、清理各种不合理收费，降低社会保险费，降低电力价格、降低物流成本等。补短板方面，将脱贫攻坚、企业技术改造和培育发展新产业作为近期的重点任务。

关于推进农业供给侧结构性改革，提出狠抓农产品标准化生产、品牌创建、质量安全监管，作为增加绿色优质农产品供给的具体措施；明确提出粮食等重要农产品价格形成机制和收储制度、承包土地"三权分置"、农村土地征收、集体经营性建设用地入市、宅基地制度等具体的改革任务。

关于振兴实体经济，提出开展质量提升行动，加强品牌建设、培育"百年老店"，兼顾战略性新兴产业发展和传统产业改造提升，

---

① 《习近平总书记在中央财经领导小组第十二次会议上的讲话》（2016 年 1 月 26 日）。

优化产业组织、实现大中小企业公平竞争等，以专项行动作为落实改革任务的抓手，鼓励、支持的政策指向明确，以具体化增强了对市场主体预期和行为的引导力。

关于促进房地产市场平稳健康发展，提出落实人地挂钩政策，根据人口流动情况分配建设用地指标，房价上涨压力大的城市合理增加土地供应，提高住宅用地比例，盘活城市闲置和低效用地，加快住房租赁市场立法，发展机构化、规模化租赁企业等具体政策，便于地方政府"对号入座"地落实"因城施策"要求。

四、供给侧结构性改革的主要内容是发展变化的

推进供给侧结构性改革，既要打持久战，又要打歼灭战。打持久战，绵绵用力、久久为功，一方面是由于供给侧结构性改革要解决的很多问题，都是长期形成的，解决起来不可能一蹴而就；另一方面，面向"两个一百年"目标，需要改革"进行到底"。打歼灭战，集中精力攻克某些任务，则是由于一些突出矛盾和问题，已经严重威胁或阻碍了经济的平稳健康发展，久拖不决将带来较大的负面影响。通过打歼灭战，在已有任务的落实上取得突破性进展、缓解乃至解决了某方面的突出矛盾，并不意味着供给侧结构性改革的任务就变少了，还可能有新矛盾、新问题凸显出来。这意味着供给侧结构性改革的重点任务将随着改革推进和形势变化，不断发生新的变化，同时也表明打持久战十分必要。

"三去一降一补"是供给侧结构性改革的首要抓手，是歼灭战运用的典型。如在去产能方面，针对问题突出的钢铁、煤炭行业，制定了未来3—5年退出、压减产能的量化指标，并将依法依规退出、引导主动退出等化解过剩产能的措施，与控制新增产能、推进企业改革重

组、推动行业转型升级、治理不安全生产等手段并用，形成合力，在较短时间集中力量实现预定目标。而在去产能的歼灭战期间和基本完成后，包括钢铁、煤炭在内的产业结构、供给结构优化，还需要落实更多改革任务，包括运用新技术新业态促进传统产业改造升级、发展新兴产业等，以改革任务的接力实现持久战的胜利，使供给结构跟上需求结构的变化，使供给结构对需求结构的适应性得以提高。

第四节　政策主张

2013 年 4 月 25 日，习近平同志在中共中央政治局常务委员会会议上首次提到"宏观政策要稳、微观政策要活、社会政策要托底"。2015 年 11 月 10 日，习近平同志在中央财经领导小组第十一次会议上提到，要适应经济发展新常态，坚持稳中求进，坚持改革开放，实行宏观政策要稳、产业政策要准、微观政策要活、改革政策要实、社会政策要托底的政策。2015 年 12 月 1 日，在中共中央在中南海召开党外人士座谈会上，习近平同志再次提到，实现经济发展目标，关键要保持稳增长和调结构平衡，坚持宏观政策要稳、微观政策要活、社会政策要托底的总体思路。

宏观政策、产业政策、微观政策、改革政策、社会政策构成了供给侧结构性改革的政策体系，这些政策目标、方向和内容各有侧重，相互配合、协同发力，为供给侧结构性改革提供保障。

一、稳健的宏观政策营造稳定的发展环境

面对新常态下经济发展的复杂局面，以货币政策和财政政策为主要内容的宏观政策需要保持连续性、稳定性。在宏观调控中，既

要对经济运行可能出现大的起伏做足应对准备，也要在经济指标一时变化时稳住政策取向，既不盲目收紧，也不轻易放松，只要经济运行保持在合理区间内，应保持战略定力，把工作重点放在推动经济结构战略性调整上，避免政策大幅调整和来回摆动。通过释放推进结构调整的坚定信号，稳定市场预期和市场主体信心，为供给侧改革提供稳定的宏观环境。

保持宏观政策的稳健，一是需要提高宏观政策的预见性和针对性。面对经济新常态，应树立危机应对和风险管控意识，密切关注形势变化，敏锐、准确地把握经济走势出现的趋势性变化，加强政策前瞻性；需要掌控好宏观调控的方向、力度和节奏，适时适度进行预调和微调，果断处理可能发生的各类矛盾和风险，防止危及改革发展稳定大局，增强宏观政策灵活性。

保持宏观政策的稳健，二是需要加强宏观调控的创新。2013 年我国提出了区间调控的思路，既把稳物价作为上限，把保就业作为下限；2014 年又在区间调控的基础上提出了定向调控，即通过对不同部门、不同群体有针对性地降税、降费、降准、降息，有针对性地解决小微企业、"三农"和新型行业的困难，增强其活力。这些创新有利于政府在多重约束条件下提高宏观调控的精准化、定向化，使经济获得可持续的平衡增长。

保持宏观政策的稳健，三是需要完善宏观调控手段。目前具有中国特色的宏观调控工具体系正在形成，如在货币政策中在适时适度交替使用降低准备金率、公开市场业务等数量工具和降息等价格工具的同时，增加了常备借贷便利、短期抵押贷款、中长期融资债券等新的工具①。调控工具和手段的创新，有利于提高宏观政策的实

① 参见马建堂、慕海平、王小广：《新常态下我国宏观调控思路和方式的重大创新》，《国家行政学院学报》2015 年第 5 期。

施效果。

二、准确的产业政策定位结构优化的方向

产业政策是国家为提高本国产业竞争力而对产业内资源配置进行的引导和调控。与解决总需求与总供给总量问题的宏观政策相比，产业政策更直接地影响和作用于产业结构的调整，因此，其对供给侧的引导和调控指向更加明确和具体。只有方向、方式和手段更加准确的产业政策，才能促进产业结构的优化、供给体系质量的改善和供给效率的提高。

产业政策的"准"首先体现在政策引导方向的准确。产业政策应根据科技革命和产业创新方向、世界主要经济体产业的结构调整以及我国产业发展的阶段和优势，指出我国产业转型升级的目标和总体思路。不同类型的产业以及不同经济社会发展阶段，产业发展规律不尽相同，产业政策需要把握好要素供给与配置流向，引导资源流向薄弱环节与关键领域，促进我国产业结构优化和调整。

产业政策的"准"还体现在作用方式的正确。产业政策的作用是弥补市场失灵，而非替代市场，应以健全和完善市场机制为核心内容，构建普惠性、功能性产业政策，改变过去以对企业过多直接干预为特征的选择性产业政策，重在着力营造公平竞争的市场环境，引导资源合理配置、激发市场主体活力①。同时，还需要利用大数据为企业、行业和地区，提供全面、权威、及时的产业发展和调整信息，优化对市场主体的服务，引导市场主体理性决策。

产业政策的"准"也体现在施策对象的精确。在经济增速换挡、结构优化、动力转换时期，不同行业、不同地区之间表现不尽相同，

---

① 参见冯飞：《以精准的产业政策推进供给侧结构性改革》，《求是》2016年第10期。

面临的困难和任务也各有所异。产业政策应要针对行业和地区，因业施策、因地施策，提高政策措施的针对性和有效性。

三、以放活为核心的微观政策激发市场主体的活力

微观主体是国家或地区经济运行的细胞，微观主体缺乏生机，宏观经济运行的健康就无从谈起。微观政策放活，才能有效增强千千万万市场主体的活力，激发全社会创新的积极性。微观活，宏观就会更稳，发展后劲就会更足，各项改革措施也会更为有效地发挥作用。

微观政策"活"的根本在于政府向市场放权。放权是放活的基础和前提。政府需要进一步转变职能，简政放权，为市场主体松绑，在不该管的微观市场领域坚决退出，将经营决策等自主权还给市场主体，发挥市场在资源配置中的基础性作用，使经济要素依据市场规律自由流动，激发微观主体的积极性和创造性。同时，应进一步取消一些行业或领域的进入门槛，促进各种所有制经济依法平等吸引生产要素流入，营造公平竞争的市场环境。

微观政策"活"的路径是为中小型市场主体提供必要的政策扶持。中小微企业是微观经济主体的最重要组织部分，微观政策要特别加强对中小微企业的支持。针对中小微企业技术升级和创新问题，引导企业进行存量调整，促进生产要素优化组合，加快企业转型升级。针对中小微企业普遍存在的融资难、融资贵等问题，要加强和改善信用制度建设，促进金融产品创新，扩大适合中小微企业金融工具的供给，扩展中小微企业融资渠道。与此同时，有针对性加强对中小微企业的财税扶持力度，减轻企业、劳动者的税费负担。

四、务实的改革政策确保改有实为、革有实效

我国正处在改革的攻坚阶段和发展的关键时期，也是一个矛盾突发和利益格局深度调整的时期，深化改革的难度很大。在此背景下，相较于提出改革方向和思路，制定能够使思路转化为行动的改革政策相对更难。而只有改革政策真正落实，改革才能带来发展新突破。

改革政策的"实"体现于谋划要实。要通过深入实际调查研究，查找经济社会发展中突出问题和现实困难，总结地方政府和基层群众的有益探索，了解广大群众的所想所盼，掌握社会各界对改革的各种意见和建议，理清改革思路，把准发展脉搏。

改革政策的"实"体现于政策举措的可操作性。改革政策的制定需要坚持问题导向，制定相关的实施细则和配套措施，需要建立扎实有效的落实机制，完善评估把关、改革督察等机制，提高改革精确发力和精准落地能力，让每一条改革举措对症下药，落地生根，做到改有所成，革有实效。

五、托底社会政策为推进改革夯实社会基础

社会政策要托底，是要守住民生底线。经济转型升级要经历社会变革带来的阵痛，只有更好地发挥社会保障的社会稳定器作用，兜住底线、保住基本，才能在改革进程中使民生得以改善、阵痛得以舒缓，从而为推进改革化解阻力，夯实改革攻坚的社会基础①。

社会政策首先应托住人民基本生活的底。在我国经济增长取得

---

① 参见关信平：《"论当前我国社会政策托底的主要任务和实践方略"》，《国家行政学院学报》2016 年第 3 期。

巨大成就的同时，我国的社会保障水平和公共服务水平却总体较低，为此，需要进一步完善社会保障制度体系和公共服务均等化政策体系，使不同收入水平、不同地区的人民群众最基本生活有所保障、能够享受到均等的基本公共服务。只有有效地托起人民群众民生的底，才能扩展人民群众对于改革所带来的利益调整等社会阵痛的宽容度，才能争取到广大人民群众对于改革的支持。

社会政策还应托住社会和谐稳定的底。在社会总体财富增加的同时，我国地区之间、群体之间的社会分化和不平等逐步扩大，社会矛盾也由此增多和加深。社会政策应发挥好收入再次分配、社会公平保障等方面的作用，降低社会群体之间的矛盾冲突，保障执政基础和维护社会和谐稳定。

第 三 章

实施进展

2016 年以来，我国经济出现稳中求进、稳中向好新趋势，其重要的动力源是供给侧结构性改革，是"三去一降一补"中"去产能"和"补短板"形成的增长效应，这种增长效应至今仍在释放。虽然改革中产生了一些新矛盾、新问题，但这些矛盾和问题离不开"提高供给质量"的基本方向。供给侧结构性改革，需要花几年甚至更长时间来推进，需要在总结过去一年多实践经验基础上，逐年加以深化和完善。

第一节　提质增效去产能

一、背景和原因

（一）去产能的背景

在市场经济条件下，供给适当大于需求是市场竞争的前提，有利于调节供需，促进创新和增加社会福利，但如果供给严重超过有效需求，将会造成社会资源巨大浪费，降低资源配置效率，阻碍产业结构升级。"产能过剩"这一概念自 20 世纪 80 年代提出以来就一直是政策关注的焦点，我国先后经历了三次大规模产能过剩，1998—2001 年、2003—2006 年以及 2009 年至今。国务院也曾出台多项政策措施应对产能过剩，如 2005 年出台的《关于发布实施〈促进产业结构调整暂行规定〉的决定》、2006 年颁布的《关于加快推进产能过剩行业结构调整的通知》、2009 年出台的《关于抑制部分行业产能过剩和重复建设引导产业健康发展若干意见的通知》和2013 年颁布的《国务院关于化解产能严重过剩矛盾的指导意见》。

自 2008 年国际金融危机以来，随着全球经济增速放缓，国际市场持续低迷，国内需求增速趋缓，我国部分产业供过于求矛盾日益凸显，传统制造业产能普遍过剩，特别是钢铁、水泥、电解铝等高消耗、高排放行业尤为突出。2012 年底，我国钢铁、水泥、电解铝、平板玻璃、船舶产能利用率分别仅为 72%、73.7%、71.9%、73.1%和 75%，明显低于国际通常水平。钢铁、电解铝、船舶等行业利润大幅下滑，企业普遍经营困难。值得关注的是，这些产能严重过剩行业仍有一批在建、拟建项目，产能过剩呈加剧之势。如不及时采取措施加以化解，势必会加剧市场恶性竞争，造成行业亏损面扩大、企业职工失业、银行不良资产增加、能源资源瓶颈加剧、生态环境恶化等问题，直接危及产业健康发展，甚至影响到民生改善和社会稳定大局。

（二）产能过剩的原因

对于多年来产能过剩成因的解释，主要有四类认识：

第一类，从企业角度出发，认为较低的进入壁垒与较高退出壁垒的行业结构性特征会造成"过度进入"；同时，在位企业为了阻止潜在进入者，通常也会提高产能、形成过剩的局面以阻吓进入，从而减少竞争，获得超额利润。

第二类，基于信息不对称理论以及由此引申出来的"潮涌"理论，认为发展中国家出于对发达国家过去成功经验的认知，容易对本国下一个可能迅速起飞的产业形成共识，对市场预期过于乐观，盲目投资，在对新进入企业数目信息不确知的前提下，就很可能会带来产能过剩以及一系列问题。

第三类，从转轨经济学的角度出发，认为在不同经济体制的转换过程中公有制经济容易形成预算"软约束"、地方政府行政干预企业投资，资源要素市场化改革滞后，政策、规划、标准、环保等引导和约束不强，投资体制和管理方式不完善，监督检查和责任追究不到位，导致生产要素价格扭曲和资源错配，信贷市场的所有制歧视和规模歧视，公平竞争的市场环境不健全，市场机制作用未能有效发挥，落后产能退出渠道不畅等不完善的市场体系造成了产能过剩。

第四类，从地方政府之间的竞争出发，认为地方政府的相互竞争会使得政府对当地企业投资进行过度补贴，为了政绩不顾条件盲目攀比，违背市场规律，许多项目在明显面临亏损的情况下仍然一哄而上，从而引发行业性的重复建设，形成产能过剩。

实际上，我国当前严重的产能过剩问题是多种因素综合作用的结果，受到发展阶段、发展理念、体制机制等方面影响。内外冲击是产能过剩的直接原因，过度投资和低效投资则是产能过剩的形成渠道，体制性扭曲是产能过剩的根源。

二、去产能的进展和成效

去产能是供给侧结构性改革中的一道"减法"题，但这道"减法"至关重要，不仅因其实施难度较大，更因其会直接影响到中长期经济增长的"加法"，影响到产业转型升级的"乘法"。2016 年以来，尽管时间紧、任务重、难度大，以钢铁、煤炭为代表的去产能工作取得了重要阶段性成果，更重要的是，通过摸索与实践，形成了一套较为科学、行之有效的去产能工作机制和制度体系，较为妥善地处理了去产能涉及的短期利益和长远利益、局部利益和整体利益、化解了产能过剩和产业优化升级之间的关系。

（一）在探索中形成去产能工作机制

我国各地、各行业产能过剩情况千差万别，去产能重点、着力点不尽相同，需要有的放矢、精准发力、因地制宜、统筹规划去产能的步骤、力度，做到事前有规划、事中有监督、事后有验收，提高工作效率与实效。2016 年以来，各地方、各部门、充分注重钢铁、煤炭去产能的地方、行业特点，充分发挥市场力量，注重运用市场机制、经济手段和法治办法来化解产能过剩，同时做好社会政策托底。制定细化了去产能政策。通过加强顶层设计，印发了关于钢铁、煤炭行业化解过剩产能的文件，对一个时期内化解钢铁煤炭行业过剩产能、推动实现脱困发展提出了要求，明确了任务，作出了部署。相关部门陆续出台关于奖补资金、职工安置、财税、金融、国土、环保、质量、安全等 8 个方面的配套文件及落实措施，通过印发去产能公示公告、产能退出验收标准等文件，进一步统一了标准，明确了要求，为做实做细相关工作奠定了基础。去产能联席会议充分发挥了统筹协调作用。国务院为强化统筹协调和协作配合，建立了由 25 个成员部门和单位组成的钢铁煤炭行业化解过剩产能和脱困发展工作部际联席会议制度，针对不同阶段重点任务，及时做好对地方的指导和督促，对实施方案编制、目标分解落实、通报工作进度、严格关闭标准、治理违规建设等工作，作出了一系列具体部署。科学分解落实去产能具体目标任务。通过组织各地制定化解过剩产能实施方案，经过自下而上、自上而下的三轮衔接和综合平衡，联席会议有关成员单位与省级政府、国资委与中央企业分别签订目标责任书。为督促目标任务落实，联席会议多次组织开展专项督察，加快工作进度，组织各地开展去产能验收并进行抽查，确保产能退出到位。去产能政策对市场的调控具有前瞻性和灵活性。煤炭去产能工作中，通过尝试完善 276 个工作日产能储备制度、减量置换和产能交易制度、煤炭最低和最高储备制度、中长期合同制度和平抑煤炭价格异常波动机制等五大制度，使得煤炭市场总体稳定，煤炭价格得到合理控制，并随需求季节性变化而合理波动，与煤炭市场需求保持了基本同步。妥善处理好去产能与保供应关系。针对煤炭价格上涨过快，及时采取了释放安全高效先进产能、强化铁路运输保障、引导推动签订中长期合同、整顿规范煤炭市场秩序等措施，保障煤炭稳定供应，促进煤价趋稳。

（二）钢铁煤炭去产能快速推进

在政府引导和企业努力下，2016 年全国压减粗钢产能 6500 万吨，超额完成全年 4500 万吨的既定任务目标，完成率 144.4%；煤炭退出产能约 3.4 亿吨，为目标责任书汇总数量 2.96 亿吨的 115%。其中，河北、辽宁、吉林、河南、云南、陕西超额完成了中央下达的"去产能"任务。人员安置方面，2016 年全国各类企业分流安置员工 65 万人，其中煤炭行业 47.8 万人。此后，工信部等 16 个部门联合发布指导意见，将去产能重点扩大到水泥、电解铝、平板玻璃等行业。进入 2017 年，去产能进展更加快速，截至 6 月末，钢铁去产能已经完成 5000 万吨的全年目标；煤炭去产能共退出 1.11 亿吨，完成年度目标任务量的 74%。伴随去产能进程加速推进，钢铁煤炭产能利用率也大幅提升，截至 2017 年 6 月末，钢铁、煤炭行业产能利用率已分别回落到 78% 和 69%，分别较 2016 年年末上升 2.1 和 3 个百分点。同时，2017 年的去产能牢牢抓住"僵尸企业"这个牛鼻子，各地、各部门通过严格执行环保、能耗、质量、安全等相关法律法规和标准，创造条件不断推动企业兼并重组，妥善处置企业债务，做好人员安置工作，有效防止了已经化解的过剩产能死灰复燃。钢铁去产能方面，严厉打击取缔"地条钢"等违法违规生产行为，值得注意的是，随着"地条钢"的逐渐出清，我国钢铁行业效益明显回升，但产量并未下降。数据显示，2017 年上半年，我国粗钢产量同比增长 4.6%，平均日产粗钢为 203 万吨，略高于 2016 年全年粗钢产量；特别是 3 月份日产水平达到 232.25 万吨，创历史新高。

（三）行业经营改善

去产能使得钢铁煤炭行业企业利润和经营状况普遍好转。2016 年，钢铁工业协会会员企业利润由 2015 年的亏损 847 亿元转为盈利 350 亿元左右；规模以上煤炭企业实现利润约为 2015 年的 2.1 倍，均实现了较大幅度的扭亏为盈。煤炭企业现金流紧张、安全投入欠账、欠发缓发工资等矛盾和问题明显缓解。去产能带动了工业企业整体盈利能力显著提升。2016 年，全国规模以上工业企业实现利润总额比上年增长 8.5%，扭转了 2015 年利润下降的局面；在 41 个工业大类行业中，利润总额比上年增加的为 29 个行业，1 个持平，11 个减少；规模以上工业企业实现主营业务收入比上年增长 4.9%，主营业务成本同比增长 4.8%；主营业务收入利润率为 6.0%。在钢铁煤炭价格回升等因素作用下，带动了工业生产者出厂价格指数（PPI）由负转正，有效改善了价格预期，带动了关联行业出现普遍回升。2016 年，规模以上钢铁、煤炭企业分别实现利润 2014 亿元和 1092 亿元，同比增长 202% 和 223%。2016 年规模以上工业企业利润由上年下降 2.3% 转为增长 8.5%，2017 年上半年又大幅增长 22.7%；其中钢铁行业规模以上企业利润同比增长 1.5 倍；煤炭行业增长 85.9 倍。钢铁、煤炭等产能过剩行业产能利用率由降转升，带动钢铁、煤炭价格合理回升。2015 年年末至 2017 年 6 月底，钢材综合价格指数由 56.37 回升至 99.27，秦皇岛港 5500 大卡市场煤价由 370 元/吨回升至 580 元/吨。2017 年上半年，钢铁行业运行良好，会员钢铁企业累计实现销售收入同比增长 36.7%，规模以上工业产能利润率达到了 77.1%，比 2016 年第一季度和第四季度分别高出了 3.4 和 3.1 个百分点。去产能持续推进使得市场供求改善、价格稳步回升、企业成本降低，在此推动下，钢铁、煤炭行业呈现新面貌，2017 年上市公司上半年业绩及预报显示，一些大型钢厂、煤矿利润出现较大幅度的上升。

（四）产业结构逐步转型

通过深入开展淘汰落后、违法建设项目清理和联合执法三个专项行动，违法违规建设生产、超能力生产得到有效遏制，行业建设生产秩序得到进一步规范。煤炭违规新增产能基本未再发生，减量化生产得到严格落实。搭建煤炭资产管理公司平台，推动中央企业涉煤板块资源开发转型和优化。制定实施鼓励煤电联营的指导意见，印发了实施发挥先进产能作用促进煤炭行业转型升级的意见。制定了煤炭行业"僵尸企业"处置工作方案和推进煤炭企业兼并重组转型升级的意见。鼓励大型煤炭企业兼并重组中小型企业，培育一批大型煤炭企业集团，进一步提高安全、环保、能耗、工艺等办矿标准和生产水平。战略性兼并重组开始实施，宝钢、武钢联合重组，形成具有较强竞争力的超大型钢铁企业集团。其他一些钢铁企业兼并重组工作也在积极研究推进。去产能也有效促进了产业转型升级和供给质量提升，落后产能和"僵尸企业"逐步退出，为先进产能腾出了发展空间；企业盈利水平的持续改善，为加大技改投入促进转型升级提供了条件。2016 年，工业战略性新兴产业和高技术制造业增加值分别同比增长 10.5% 和 10.8%，增速比规模以上工业分别快 4.5 个和 4.8 个百分点；清洁能源消费量占比达到 19.7%，同比上升 1.7 个百分点。

（五）国际社会评价

我国化解钢铁煤炭产能过剩的决心、目标、举措、成效及对世界经济的贡献，逐渐得到许多国家的理解认可和积极评价。国际社会有关方面认为，我国煤炭去产能顺应了绿色发展、低碳发展和可持续发展的大势，优化了供给结构，提高了生产力水平。通过大数据分析可知，在"去产能"相关内容的国内搜索热度上，"去产能"这个词从 2015 年搜索热度为 0，到 2016 年以来一度成为搜索热词，"去产能"中的"新动能""新动力""新能源"这三"新"词汇也成为搜索热词，与 2015 年相比，搜索热度分别上升了 57%、31% 和 23%。在国外搜索热度上，"Address Overcapacity"（去产能）也成为国外网站的搜索热词，2016 年年均搜索热度比 2015 年年均搜索热度上升了 117%，2017 年上半年再度上升 214%；与此同时，"去产能"也频繁地出现在国外的媒体和门户网站上。

山西省煤炭产业去产能的做法与成效

煤炭产业是山西省的支柱产业，山西因煤而兴，山西因煤而困。推进供给侧结构性改革，在山西的重点就是积极推进煤炭供给侧结构性改革。2016 年，山西省委、省政府联合出台了《山西省煤炭供给侧结构性改革实施意见》及 32 项实施细则，省级领导小组和有关市政府、企业负责人签订了目标责任书，进一步细化任务、明确责任。国有七大煤炭集团步调一致，承担应有的责任和义务，扎实推进煤炭去产能。截至 2016 年 10 月底，山西年度煤炭去产能提前收官，省内钢铁、煤炭去产能验收工作比国家要求提前 1 个月完成，提前超额完成了年度目标任务。2016 年全年共关闭 25 座煤矿，退出煤炭产能 2325 万吨，居全国第一位。率先实施煤炭减量化生产，全年压减煤炭产量 1.43 亿吨，占全国煤炭减量的 40% 左右，为促进工业止跌回升、企业扭亏为盈发挥了关键作用，为改善全国煤炭市场供求关系作出了重要贡献。

在化解煤炭过剩产能工作过程中，山西始终把职工安置工作作为重中之重，坚持企业主体作用与社会保障相结合，细化措施方案，落实保障政策，切实维护职工合法权益。截至 2016 年 12 月 31 日，山西省共安置职工 31586 人，安置率 99.76%。

山西经济也随着去产能的全面推进，呈现出低位企稳、逐步向好的态势。2016 年全年规模以上工业增加值比上年增长 1.1%，12 月份当月增长 2.9%。全省规模以上工业增加值继 10 月份结束了 21 个月的累计负增长后，增速持续回升；全省工业实现利润 121.9 亿元，在 10 月份结束了 16 个月的累计净亏损后效益继续好转。

煤炭去产能和减量化生产成效不断显现，煤炭经济运行向好，煤炭销售收入 2016 年 10 月份同比增速由负转正，结束了 2014 年年初以来的持续负增长态势。企业经营状况逐步改善，2016 年 9 月实现扭亏为盈，全行业结束了连续 26 个月亏损的局面。

河北省钢铁产业去产能的主要成效

河北钢铁产业历史悠久，改革开放以来经过近 20 年"排浪式"的高速发展，使河北钢铁产业从年产钢不足千万吨，发展成为年产 2 亿吨左右的钢铁大省，有效地满足了国民经济发展对钢材的需求，为全省经济发展作出了积极贡献。但各种问题与矛盾也在不断积聚，产能过剩问题突出，困扰了产业健康发展。2015 年，河北省炼铁产能 2.85 亿吨，生铁产量 1.74 亿吨，生铁产能利用率为 61.05%；炼钢产能 2.83 亿吨，粗钢产量 1.88 亿吨，粗钢产能利用率为 66.43%。同年，全国粗钢产能为 12 亿吨，粗钢产量为 8.06 亿吨，产能利用率为 67.17%。

为了贯彻落实中央要求，河北省以壮士断腕的决心强力实施"6643"计划，即到 2017 年压减 6000 万吨钢铁、6000 万吨水泥、4000 万吨煤和 3600 万标准重量箱玻璃。2016 年，河北省压减炼铁产能 1761 万吨、炼钢产能 1624 万吨，分别占当年国家下达任务的 169.5% 和 198%；退出煤矿 54 处、产能 1400 万吨，分别占当年国家下达任务的 108% 和 107%，提前两个月超额完成国家下达的年度目标任务，去产能取得阶段性显著效果。

河北去产能的主要做法：一是率先启动化解过剩产能。从 2011 年开始，在国家没有明确要求、钢铁市场形势较好的情况下，河北就开启了钢铁产业结构调整进程。2013 年谋划实施"6643"计划，并与国家签订了责任书，成为首个与国家签订去产能责任书的省份。2014 年国家批复《河北省钢铁产业结构调整方案》后，在进一步加大钢铁产能压减力度的同时，整合重组、优化布局、转型升级、国际产能合作等工作同步展开。二是全面开展去产能攻坚战。强化目标责任，将完成情况纳入设区市党政领导班子和主要领导干部考核评价体系。强化了依法监管和行政问责措施，对 2013—2015 年列入压减计划的 21 家企业封停的 21 座高炉、19 座转炉逐个进行检查，均未发现复产情况。在落后产能已基本淘汰的情况下，率先提高高炉、转炉淘汰标准，对能耗电耗不达标企业实施差别电价、惩罚性电价，对污染物超标或超总量排放企业征收惩罚性排污费。2016 年开展两次化解过剩产能集中行动，关停拆除高炉、转炉各 9 座，涉及炼铁产能 462 万吨、炼钢产能 546 万吨。三是大力推动产业转型升级。积极推动企业兼并重组，已初步完成国有钢铁企业整合重组，将 32 家民营钢铁企业整合为 5 家。大力实施创新驱动发展战略和钢铁精品化战略，高铁用钢、汽车用钢、造船用钢等高端产品成为企业利润重要增长点，高附加值钢材比例接近40%。鼓励钢铁企业大力发展非钢产业，延伸产业链，发展钢铁深加工和相关服务业，妥善安置去产能富余职工。四是不断加强国际产能合作。省政府制定了一系列政策措施，推动优势产能国际合作。目前，河北境外已建成、在建和筹建的钢铁产能895万吨。"十三五"期间，河北省将继续加快推进钢铁企业兼并重组，力争到2020年形成以河钢、首钢两大集团为龙头，3家地方集团为重点，10家左右特色企业为支撑的"2310"钢铁产业格局。

需要指出的是，河北虽然去产能力度很大，但生铁和粗钢产量波动不大，2011—2015年基本维持在1.6亿—1.9亿吨之间。特别是2016年以来钢材品种价格普遍上涨。数据显示，截止到2016年12月1日，河北地区钢坯价格为2730元/吨。比2015年同期上涨80%以上。同期三级螺纹、热卷的价格分别为3030元和3550元，分别比2015年同期上涨70%和100%。受价格上涨的影响，河北省钢铁产量出现了明显回升。这一方面说明河北钢铁产业具有一定的比较优势，有市场需求；另一方面，因为产能和产量是两个完全不同的概念。产能是指生产能力，是潜在的产量，产量则是实际产出。这种情况说明河北省原有产能存量较大，去产能尚未"伤筋动骨"，产能利用率未达饱和，在价格上涨时，部分产能有可能增加产量。

（六）去产能中的问题

虽然当前去产能工作取得一系列重要成果，形成了行之有效的工作机制、以钢铁煤炭为代表的行业去产能目标任务超额完成、行业经营状况好转以及发展环境改善，但是依然存在一些不足，制约了去产能工作进一步进行：

第一，去产能工作进行过程中行政力量依然有重要影响，市场机制并未充分发挥作用。目前我国统一开放、竞争有序的市场体系还没有完全建立起来，在进行资源配置以及市场优化过程中不免会使用一些行政手段和选择性产业政策。但是政府部门并没有确定什么是最优经济结构的能力，企业数量众多，无法一一甄别企业效率，在压缩产能和降低产量过程中，往往是根据指标来完成任务，而不是根据优胜劣汰来进行，用行政手段进行"去"和"补"的资源再配置具有很大的局限性，甚至有不小的副作用。

第二，去产能触及深层次的利益格局调整，涉及国有企业以及地方政府利益问题。产能过剩多集中在煤炭、钢铁、水泥、电解铝等行业，其中尤以煤炭和钢铁情况最为严重，国有企业在这些行业中占据了较大比重，有研究表明国有企业产能利用率只有非国有企业的70%，这也加大了去产能工作的难度；与此同时，这些产能过剩行业同时又是很多地方的经济支柱。去产能工作在一定程度上影响了相关国企和地方政府的利益，因此在执行中央政策的时候难免会打折扣。在实际工作中，出现了各地进展不够平衡、有的任务完成得不够规范以及公示公告还不够到位等问题。

第二节　因城施策去库存

2016年以来，各地方、各部门认真贯彻中央决策部署，在房地产去库存方面有方案、有目标、有措施、有力度，坚持分类调控，因城因地施策，重点解决三四线城市房地产库存过多问题，经过共同努力，去库存取得了初步成效。进入2017年，三四线城市房地产去库存分化加大，部分去库存充分，部分压力仍然很大。

一、多种措施并用，库存水平分化

2016 年以来，各部门动用多种去库存政策措施，效果逐步实施，库存水平有所下降，但从库存绝对量看情况不容乐观。有关部门和地方积极采取加快推进新型城镇化、鼓励农民工和农民进城购房、支持住房合理消费、加大棚改货币化安置支持力度等措施，加大房地产去库存力度：一是推进新型城镇化去库存，新型城镇化是房地产去库存的根本途径，大力支持、引导农民工和农民进城买房。据调查，2016 年有一些城市农民工和农民买房占整个市场买房量的 50%，有的县城达到 70%，2017 年上半年，随着三四线城市房地产市场火热，农民工和农民进城买房的比例进一步上升，库存下降速度明显快于 2016 年。总体看，三四线城市去库存工作，改善了城镇居民住房条件，满足了进城农民等新市民住房需求，为新型城镇化提供了有力的住房保障。二是推进棚改货币化安置去库存。2016 年保障性安居工程建设中央预算内投资 850 亿元，加大了对棚改货币化安置的支持力度，专项建设基金共安排 3313 亿元用于棚改，明确可以用于棚改货币化安置项目，并基本实现了应保尽保。2017 年以来，财政部下达两批保障性安居工程建设中央预算内投资计划，预算内投资共计 868 亿元。据统计，2016 年全年棚改货币化安置占全年棚改开工量的 52%，比 2015 年提高了 22.1 个百分点，棚改货币化安置比例达到 48.5%，同比提高了 18.6 个百分点。棚改货币化安置的方式既推动了房地产去库存工作，又减少了重复建设，提高了效率。三是推进跨界地产发展去库存，如利用存量房推动创新创业，发展健康、旅游、养老、教育等产业。

　　以上多种措施并举有力地促进了房地产整体库存水平的下降。房地产库存的统计通常有两个口径，一个是狭义库存，以国家统计局对各城市商品房待售面积作为代表，为已竣工商品房至报告期尚未售出或出租的面积。另一个是广义库存，即累计新开工面积和销售面积差额，包括已竣工未售面积和在建未售面积。由于包含了尚未进入销售的潜在库存，广义库存能反映更长时间内地区的库存情况。

　　在狭义库存方面，房地产库存历史最高为 2016 年 2 月末，此后出现了连续 13 个月的库存水平下降，国家统计局数据显示 2016 年末，狭义库存水平较 2015 年年末下降 3.2 个百分点，2017 年 6 月末，狭义库存水平相比 2016 年年末再度下降 2.5 个百分点。广义库存方面，以累计新开工面积减去累计销售面积计算，并扣除非住宅的自持部分（假定比例为 30%），2016 年年末全国商品房广义库存为 43.2 亿平方米，较 2015 年年末下降 1.3%；2017 年 6 月末，全国商品房广义库存为 41.8 亿平方米，较 2016 年年末下降 3.2%。从区域特点来看，东北、西北地区广义库存高企，中南、西南地区库存较为合理。东北、西北地区多数省份去化周期最长，去化压力大；其次是浙江、福建、河北、甘肃；再次是云南、山东、江苏、安徽、陕西等地；广东、广西、江西、湖南、湖北、四川、贵州、重庆等地区的去化周期则比较合理。此外，商品住宅去库存速度较快，但办公楼和商业营业用房库存规模仍较大。

　　虽然整体库存水平下降明显，但是从库存量绝对值来看，去库存情况并没有那么乐观。除一二线城市库存量确实下降以外，三四线城市的库存量绝对值仅比 2015 年底有小幅下降，仍然高于去库存政策开始时的 2014 年 9 月水平。但值得注意的是，进入 2017

年，全国三四线城市房地产销售面积、销售额都在快速上升，库存水平下降明显提速。由于三四线城市占全国新房销售面积以及库存量的比重高达70%，这一部分的去库存未来仍将是一项长期的任务。

因此，房地产去库存应该分类展开，因城施策。对于一线城市以及热点的二线城市，在限购措施下控制住房需求释放节奏的同时，应该适当增加城市住宅用地的供给规模，三四线城市应适度控制土地供给规模，降低交易环节税收，加快去库存进程。从根本上说，去库存应该更有效地与人的城镇化结合起来，在人口净流出地区控制房地产用地供给量，逐步提高棚改货币化安置比例；发展批量化租赁，房地产公司可以转化为房地产租赁公司，面向新市民搞批量化租赁，发展房地产租赁业。与此同时，增加三四线城市教育、医疗等公共服务支出，提高三四线城市吸引力，减少人口净流出。

二、三四线城市库存下降，但仍在高位

去库存政策带动了房地产销售速度超预期发展，但三四线城市房地产库存的绝对消化周期依然处于较高水平。房地产库存主要集中在三四线城市，但从整体来看，2016年以来尤其是2017年上半年，去库存速度均超预期，而且三四线城市去库存的加快速度明显高于一二线城市。2016年，全国商品房销售面积增速达22.5%，较2015年加快16个百分点，为2010年以来最高值。其中，一线城市商品房销量增速为9.0%，较2015年下降6.3个百分点；二线城市商品房销量增速为27.1%，上升18.1个百分点；三四线城市商品房销售面积增速为21.6%，上升16.6个百分点。三四线城市内部的房

地产去库存出现明显分化。浙、闽、粤、琼等地区三四线城市商品房销量火爆，辽、黑、陕、蒙、新等地区销量低迷甚至负增长。销售火爆的三四线城市主要分为两类，一是大都市圈及部分核心二线城市周边的三四线城市，主要受益于核心城市限购和高房价的溢出效应，以及本地大力度的去库存政策。如，珠三角区域的惠州、东莞、佛山、珠海、江门、汕头、汕尾等地，2016 年销售增速多在80% 以上；长三角的嘉兴、湖州、镇江、宁波、台州、马鞍山等地，销售增速多在 70% 以上；京津附近的廊坊，销售增速也在 50% 以上。二是传统农民工主要输出区域、且自身资源环境条件较好的三四线城市，受益于去库存政策刺激和农民工回流进城购房，如湖南的邵阳、怀化、郴州、永州、岳阳、衡阳等，江西的萍乡、宜春、吉安，安徽的阜阳、安庆，四川的内江、宜宾、泸州，广西的南宁，2016年销售增速多超过 60%，甚至超过 80%。2017 年以来房地产市场分化更加明显，一二线城市量跌价稳，三四线城市得益于去库存政策的推动，保持量价齐升态势。2017 年 1—6 月，全国商品房累计销售金额 5.92 万亿元、销售面积 7.47 万平方米，同比分别增长 21.5%和 16.1%，增速较 2016 年同期增速 42.1% 有所下降。

由于库存消化周期是由存量和销售速度两个指标共同决定的，2016 年以来楼市销售大幅反弹，自然加快了去库存速度。从库存消化周期来看，虽然 2016 年以来一二线城市的消化周期以及全国库存消化周期都有明显的下降，但三四线城市的库存消化周期依然处于较高水平。截至 2017 年 6 月末，三四线城市去化周期为 18.3 个月，一二线城市的去化周期为 9.1 个月。因此，库存消化周期的下降还不足以说明"去库存"完成，去库存任务，特别是三四线城市去库存任务依然具有较大的压力。

所以，去库存工作的重点应该放在三四线城市。除了上述一些建议外，还可鼓励房地产企业间的兼并重组，这样有利于形成寡头垄断的市场结构，便于政府指导其进行价格调整。产业经济学原理告诉我们如果房地产市场竞争过度，达不到规模经济标准的企业进入越多，市场总产出量就越高，库存积压就越严重。而且，企业数目过多无法形成垄断竞争，也无法让市场自我协调。如果通过兼并重组，房地产市场形成垄断竞争的市场结构，就会有利于产量的自我控制，同时也便于政府进行窗口指导。

三、房地产过热矛盾初步缓解

尽管热点城市房地产市场量价变化趋于稳定，但对全国市场的影响有限，且热点城市聚集过多信贷资金加剧了金融资源配置扭曲。2017 年以来，针对北京、上海、深圳及部分二线热点城市房价快速上涨现象，党中央、国务院迅速部署，有关城市采取严格限购、收紧贷款、增加土地供应、整顿市场秩序等措施，2017 年 4 月，住建部和国土资源部进一步提出要强化住宅用地供应"五类"调控目标管理，即各地要根据商品住房库存消化周期，适时调整住宅用地供应规模、结构和时序，对消化周期在 36 个月以上的，应停止供地；18—36 个月的，要减少供地；6—12 个月的，要增加供地；6 个月以下的，不仅要显著增加供地，还要加快供地节奏。2016 年 10 月以来的一系列措施稳定了房地产市场，社会预期有所转变，市场走势出现积极变化，截至 2017 年 6 月末，16 个热点城市中，13 个城市房价环比下降，2 个城市房价环比持平，1 个城市房价环比上升，环比最大涨幅 1.3%。

虽然一二线城市去库存效果显著，价格和交易量趋于稳定，但市场规模有限，同时受调控政策影响，预计后市成交量将维持在低位，而且由于一二线城市无论新房销售量还是库存量占比均不足30%，比重较低，因此对全国市场的帮助有限。还要看到，房地产去库存在相当程度上是由杠杆率提升推动的，宽松的货币政策起到重要的助推作用，从长期看会加大一线二线城市房地产泡沫风险。在实体经济投资回报下降的背景下，信贷资金过度向房地产市场集中，还会加剧金融资源配置扭曲。当前，我国房地产逐渐从商品属性转向具有商品和投资品二重属性，特别是一二线城市的投资品属性更为明显。如果盲目扩大需求，货币政策放水，增加流动性和加杠杆，则只会在高房价的诱惑下，产生更多的库存，不利于去库存工作的展开。

表 3-1　典型城市限购、限贷政策

限购政策					
	本市户籍		非本市户籍		限购类型
	限购套数（套）		个税社保（年）	限购套数（套）	
			本次调控/前次调控		
北京	单身（含离异）1套	已婚2套	5/5	1	—
上海	单身（含离异）1套	已婚2套	5/2	1	非户籍单身（含离异）不得购房
深圳	单身（含离异）1套	已婚2套	5/3	1	—
广州	单身（含离异）1套	已婚2套	5/5年内连续3年	1	一、二手房
天津	不限购	—	—/1	1	一、二手房；市内六区、武清区

续表

	限购政策				
	本市户籍		非本市户籍		限购类型
	限购套数（套）		个税社保（年）	限购套数（套）	
			本次调控/前次调控		
南京	单身（含离异）1套	已婚2套	3年内连续2年/2年内连续1年	1	一、二手房；主城区、六合、溧水、高淳区
厦门	2	—	3年内连续2年/1	1	180平方米以下一、二手房
杭州	2	—	3年内连续2年/2年内连续1年	1	一、二手房；市十区、富阳、大江东产业区
武汉	2	—	2/2	1	市十区、三个片区
苏州	3	—	2年内连续1年/1	1	一、二手房
成都	新购1套；高新区、南部园区限1套		1（高新区、南部园区）/1	新购1套；1（高新区、南部园区）	市十一区、郫县
合肥	2	—	2年内连续1年/1	1	一手房
郑州	2	—	2/1	1	180平方米以下
济南	2	—	3年内连续2年/2	1	—
青岛	—	—	2年内连续1年/-	1	一、二手房
珠海	3	—	1/1	1	144平方米及以下普宅
东莞	2	—	2年内连续1年/1	2	一手房
福州	2	—	2/2	1	144平方米以下一、二手房；五城区
佛山	2	—	1/1	2	一手房
南昌	1	—	3年内连续2年/-	1	本市：一手房，非本市：一、二手房
无锡	同一开发商1套		-/1	1	一手房
嘉善	—	—		1	一、二手房

续表

	限购政策				
	本市户籍		非本市户籍		限购类型
	限购套数（套）		个税社保（年） 本次调控/ 前次调控	限购套数 （套）	
嘉兴	—	—	—	1	一、二手房
西安	新购1套	—	—	新购1套	一、二手房；城六区
三亚	2		1/—	1	主城区
赣州	1		2/—	1	章贡区、经开区无房，其余1套房，章江新区限购1套
张家口崇礼	单身（含离异）1套	已婚2套	1/—	1	—
河北廊坊	—	—	—/—	1	—
河北涿州	—	—	—/—	1	一、二手房
河北涞水	—	—	—/—	1	—
河北怀来	3	—	—/1	1	一、二手房
苏州昆山	—	—	—/1	—	—
保定	3	—	—/—	1	主城区
长沙	—	—	外省1年/—	1	一手房；市六区、望城区、长沙县
石家庄	—	—	2年内连续1年/—	1	一、二手房；长安、新华、裕华、桥西和高新区

限贷政策（商业贷款）							
		首套房			二套房		
		调控前	调控后		调控前	调控后	
普通	无锡	20%	20%		30%	40%	
	济南	20%	30%		30%	40%	
	青岛	20%	30%		30%	40%	
	三亚	30%	30%		40%	50%	
	河北涿州	20%	30%		30%	50%	
	河北涞水	20%	30%		30%	60%	
	河北怀来	20%	30%		30%	35%	
	滁州	20%	20%		30%	40%	
贷款记录		无贷	已结清	无贷	已结清	已结清	未结清	已结清	未结清
	广州	30%	—	30%	普通40%，非普通70%	30%	70%	普通50%，非普通70%	70%
	合肥	20%	—	30%	—	30%	30%	40%	50%
	郑州	25%	—	30%	—	20%	30%	30%	40%
	佛山	20%	—	30%	—	30%	—	30%	40%
	杭州	25%	—	30%	40%	30%	—	40%	60%
	南昌	20%	—	30%	—	30%	—	40%	50%
	东莞	25%	—	30%	—	30%	—	30%	40%
	珠海	20%	—	30%	—	30%	—	30%	40%
	深圳	30%	40%	30%	50%	40%	60%	70%	
	苏州	20%	30%	30%	50%	30%	50%	50%	80%
	南京	30%	35%	30%	50%	35%	50%	50%	80%
	保定	—	—	户籍30%，非户籍40%	户籍50%，非户籍60%	—	—	户籍50%	户籍50%
	石家庄	—	—	30%	—	—	—	40%	50%
	长沙	—	—	30%	—	—	—	35%	45%

续表

限贷政策（商业贷款）

		首套房				二套房			
		调控前		调控后		调控前		调控后	
贷款记录	厦门	25%	30%	30%	—	30%	1笔40%, 2笔50%	普宅60%	非普宅70%
	成都	主城25%, 非主城20%	—	30%	—	40%	—	40%	70%
		户籍	非户籍	户籍	非户籍	户籍	非户籍	户籍	非户籍
户籍	天津	30%		30%	40%	40%		贷款未结清40%	
	福州	25%		30%	40%	30%		贷款未结清40%	
		普宅	非普宅	普宅	非普宅	普宅	非普宅	普宅	非普宅
住宅类型	北京	35%	40%	35%	40%	50%	70%	60%	80%
	上海	30%		35%		50%		50%	70%
	武汉	20%		30%		40%		50%	70%
	张家口崇礼	20%		30%	40%	30%		60%	70%

限贷政策（公积金贷款）

	首套房		二套房		三套房
	调控前	调控后	调控前	调控后	是否发放
苏州	20%	20%	30%	50%	—
济南	—	—	—	—	停止发放
秦皇岛	—	—	—	—	—
深圳	20%	30%	50%	70%	—
天津	20%	30%	30%	50%	—
杭州	20%	30%	50%	60%	停止发放
福州	20%	30%	30%	50%	停止发放
合肥	—	—	—	—	停止发放
青岛	20%	30%	30%	40%	—

	限贷政策（公积金贷款）				
	首套房		二套房		三套房
	调控前	调控后	调控前	调控后	是否发放
无锡	20%	20%	20%	30%	—
珠海	20%	30%	30%	40%	停止发放
东莞	20%	30%	—	—	—
中山	—	—	—	—	停止发放
赣州	—	—	30%	50%	停止发放
连云港	20%	30%	—	—	停止发放
苏州昆山			20%	30%	—
保定	—	30%	—	60%	使用过2次 停止发放 暂停异地
石家庄	—	30%	—	60%	停止发放 暂停异地
	<90平米	>90平米	已结清	未结清	已结清 未结清	
广州	20%	30%	30%	40%	30%	70%	—
厦门	20%	20% 30%	50%		50%		停止发放
长沙	—	20%	—	35%	—	停止发放
			普通	非普通	普通	非普通	
上海	—	—	30%	60%	50%	70%	—

资料来源：中国指数研究院。

第三节　稳妥有序去杠杆

　　当前，我国杠杆率总体偏高，其中企业杠杆率尤其高。根据中国社科院国家资产负债表团队统计数据，截至2017年一季度末，我国实体经济以"债务总规模/GDP"计算的杠杆率为237.5%，这一水平已超过绝大多数发展中国家和美国等一些发达国家。2008年国际金融危机后，我国经济杠杆率大幅快速上升，2008—2016 年期间猛增 114.3 个百分点，年均增长 14.3 个百分点。企业部门债务主要来自银行信贷、金融市场债务工具发行、类影子银行的信用融资（包括信托贷款、委托贷款、未贴现银行承兑汇票等）三个方面。截至 2017 年第一季度，非金融企业部门债务总额占 GDP 比重为 157.7%。2008—2016 年，企业部门杠杆率增长 69.9 个百分点，年均增长 8.7 个百分点，显著高于全部市场国家的年均 2.1 个百分点和发达国家的年均 0.18 个百分点。从国际比较来看，我国企业杠杆率是主要经济体中最高的，是新兴市场均值的 3.5 倍，是发达国家均值的 1.7 倍。

相比供给侧结构性改革"去降补"的其他任务，去杠杆工作难度最大、情况最复杂。政府、银行和企业相向而行、深度合作，围绕降杠杆、债转股开展了富有实效的工作，各地区因地制宜、因企制宜，对本地企业开展试点工作，企业杠杆率呈现下降趋势。总体来看，2016 年以来，我国工业企业负债率呈现明显改善，但居民部门、地方政府加杠杆较为明显。实体经济部门杠杆率有所上升但呈现增速回落、整体趋稳的迹象，2017 年第一季度，实体经济杠杆率由 2016 年末的 234.2%增加到 237.5%，上升了 3.3 个百分点，上升趋势较为平稳，主要是居民和非金融企业部门的杠杆率上升所致。金融部门杠杆率也有所回落，从银行业存款类金融机构的负债端来衡量，金融杠杆率从 2016 年末的 72.4%下降到 2017 年第一季度的 71.2%；从银行业存款类金融机构的资产端来衡量，金融杠杆率则从 2016 年末的 78.1%下降到 2017 年第一季度的 77.3%。这两种口径的金融杠杆率，基本上下降了一个百分点左右，金融去杠杆初见成效。

一、着力降低企业杠杆率

去杠杆是一项国内外关注度高、影响面广的工作。2016 年 10 月，国务院印发《关于积极稳妥降低企业杠杆率的意见》及其附件《市场化银行债权转股权的指导意见》，文件发布后，金融市场反应良好，各方面评价积极正面，去杠杆工作实现了平稳起步。之后，国家发改委会同人民银行、财政部、银监会等 17 个部门和单位建立了积极稳妥降低企业杠杆率部际联席会议制度，对完善去杠杆政策体系与配套措施作出了安排，积极为市场化、法治化降杠杆和债转股工作创造良好的政策环境，各相关部门研究出台了近 20 项具体的降杠杆专项配套支持政策，如国家发改委印发了《市场化银行债券转股权专项债券发行指引》；财政部明确了降杠杆和市场化债转股涉及的不良资产转让政策，允许向债转股实施机构批量转让不良资产，并会同国税总局下发《关于落实降低企业杠杆率税收支持政策的通知》。银监会出台了《关于适当调整地方资产管理公司有关政策的函》，明确了国有大型商业银行设立从事市场化债转股业务子公司的政策；最高法院下发了《关于在中级人民法院设立清算与破产审判庭的工作方案》等。这一系列政策的出台使得去杠杆有了工作依据，将有利于去杠杆工作顺利展开。随着这些政策逐渐出台，政府根据分部门杠杆率的实际情况，确立了降低企业杠杆率是去杠杆工作的重中之重。2016 年以来，尤其是进入 2017 年，相关工作牢牢抓住了降低企业杠杆率的重点。从降杠杆的对象企业来看，重点是国有企业，由于预算软约束、国有企业承担社会职能、国有企业集中于重资产行业等原因，国有企业杠杆率显著高于民营企业。从降杠杆的途径方式看，一年多来的工作重点是市场化债转股和"僵尸企业"

出清。在市场化债转股过程中，银行、实施机构要为自己的债转股决策负责，自担风险、自享收益，因此，市场化债转股不仅起到降低企业杠杆率的作用，还成为一种好企业与坏企业、好资产与坏资产的筛选机制。通过这种机制使得好企业、好资产与坏企业、坏资产相分离，从而不仅使真正有发展前景的好企业脱颖而出，而且为"僵尸企业"、无效资产的出清提供了依据。从政策实质看，一年多来的工作重点是创造良好的政策环境。相比20世纪90年代末的上一轮债转股，本次政府不去具体操作，也不干预市场主体具体事务，而是选择了完善相关监管规则，维护公平竞争的市场秩序，做好必要的组织协调和服务工作，搞好社保兜底保持社会稳定。

虽然企业去杠杆工作取得一定进展，但是以杠杆率不断攀升为特征的旧增长模式拒绝出清，形成了以房地产、地方融资平台、产能过剩国有企业为主的三大资金黑洞。中国民营企去杠杆相对成功，去杠杆比较简单，如果经营不下去则会倒闭，相关的资产债务危机都消灭了。但是国企不一样，特别是以煤炭、钢铁为代表的过剩产能行业的国有企业大量依靠政府信用背书、预算软约束，加杠杆负债循环，产生大量无效资金需求，不断占用信用资源，对实体经济有效融资需求产生挤出效应，损害资源配置效率，抑制企业利润和新增长模式成长。这是因为国企还承担着社会保障的职能，哪怕是"僵尸企业"也还需要维持。虽然近期采取的政策措施有助于缓解这种情况，但短期内难有根本的改变。

因此，去杠杆的根本措施在于改变旧的增长模式，降低企业特别是国有企业的杠杆率，将资金用于效率较高的企业和行业，切实提高全社会的资本产出效率，保证一定的经济增速。当前的高杠杆问题不仅仅是债务问题，债务只是表象，根源在于增长。去杠杆有如通货膨胀、债务核销、资产积累、现有金融资产价值重估等，但没有一种是立竿见影的，更没有一种是无代价的；只有提高资本产出效率，保持一定速度的经济增长，不断做大杠杆率的分母，才能真正实现去杠杆。

二、企业降杠杆方式：债转股和兼并重组

各相关部门积极组织和指导银行、实施机构和企业先行先试，积极推动债转股相关工作。截至 2017 年 6 月末，建设银行、工商银行、中国银行等多家机构选择了煤炭、钢铁、有色、建筑工程、交通运输等多个行业中资产负债率偏高但具备发展前景的行业龙头企业 40 余家，按照市场化法治化原则自主协商达成了债转股协议，协议金额超过了 10000 亿元。从已经落地实施的市场化债转股项目看，债转股降低了 5—15 个百分点的企业杠杆率，明显减轻了企业的财务负担，提升了企业信用等级，提振了企业干部职工的信心，还推动了企业产品结构调整、产业技术升级和治理结构完善，具有积极的综合效果。通过采取积极有效措施，一些已暴露的企业债务风险得到有效控制，如中钢集团、东北特钢集团等典型企业债务风险得到有效控制，未对金融市场造成重大冲击，也没有沿产业链、担保链蔓延。从总体情况看，截至 2017 年 6 月末，规模以上工业企业资产负债率降至 56.6%，比上年同期下降 0.8 个百分点。此外，还积极推动实施兼并重组等其他降杠杆途径。2016 年完成港中旅与国旅集团、宝钢与武钢集团、中粮与中纺集团、中国建材与中材集团、中储粮与中储棉集团等 5 对中央企业重组。同时，在中央企业及下属企业中梳理"僵尸企业" 814 户，截至 2017 年 6 月，完成对 63 户"僵尸企业"处置工作。积极推动股权融资优化融资结构，2016 年

全年，非金融企业境内股票融资规模 12523 亿元，占全部社会融资规模增量比重为 7.2%，比上年占比增加了 2.7 个百分点，股权融资和债务融资比重不均衡现象有所改善。

发展股权融资是治本之策。长期以来，我国股权融资规模比重低于 5%，虽然 2016 年占比增加了 2.7 个百分点，但政府推动因素较多，市场化程度相对较低，且目前来说进行债转股的资产相对都较为优质，剩下来的资产是否能顺利将债转股进行下去，还有待观察。股权融资是解决问题的长期策略，但也应有短期应对之策。因此，清理"僵尸企业"以及以优质资产抵债等，仍是去杠杆的必要途径。去杠杆需要成本，如不良资产处置人员安置等均需要大量资金。显然，中央层面需要拿出优质资产作为化解不良贷款的准备，地方也需要为中央分忧解难。不过，地方政府有可能寄希望于中央政府来解决，这里面道德风险很大。尽管这是地方政府"理性化"行为，一定程度上反映了当前地方政府在约束与激励、财权与支出责任方面的不匹配。以上分析的是中央政府和地方政府的成本分担问题，政府资本和社会资本如何分担成本，也需要厘清。

三、杠杆分布结构变化

根据国家金融与发展实验室最新研究成果，我国实体经济延续数十年的加杠杆态势在 2016 年得到初步遏止，去杠杆目标略显成效，但是杠杆的部门分布变化呈现新的趋势。

居民部门杠杆率进一步上升。居民部门杠杆率从 2016 年年末的44.8% 上升到 2017 年一季度的 46.1%，上升 1.3 个百分点。具体来看，居民部门贷款的同比增速达到 25%，中长期贷款的增速更是达到了 31%，达到近两年以来的最快增速。主要原因在于随着房地产交易量的上升，居民住房按揭贷款快速增加。监管当局显然已经意识到房地产价格以及居民部门杠杆率过快上升的现象，自2016年第四季度开始，就出台了较为严厉的房地产调控政策。2017年3月份以来又有众多省市出台限购限贷政策。在政策趋紧、房贷限制趋严的情况下，2017年一季度居民加杠杆态势有所抑制，但并未在数据中反映出来，可能是由于：一方面，调控政策对房贷的影响或存在滞后效应，前期高企的商品住房成交量对个人住房按揭贷款仍存在一定的拉动作用；另一方面，居民部门加杠杆有可能从一二线城市转向三四线城市。与此同时，从新增人民币中长期贷款的部门占比看，2017年一季度，居民部门与企业部门分别占45%和55%，而2016年居民部门加杠杆比较明显的时期，新增贷款几乎全部来自居民部门。这也在某种程度上反映出居民部门整体加杠杆的趋势还是得到了某种程度的遏制。

非金融企业部门杠杆率上升趋势又有所抬头。非金融企业部门杠杆率从2016年末的155.1%上升到2017年一季度的157.7%，上涨2.7个百分点。2016年非金融企业杠杆率的上升趋势已得到抑制，杠杆率全年仅上升了2.1个百分点。但从一季度数据来看，杠杆率的上升趋势又有所抬头。具体来看，企业的传统贷款融资和以信托贷款以及未贴现票据为代表的影子银行融资均有较大的上涨，其中影子银行融资上涨尤其迅速。出现这一现象的原因有三。第一，由于对宏观经济的预期更为乐观，企业通过加杠杆扩大生产的意愿再次加强，使得资产负债率本身有所提高，从而带动企业杠杆率的上升。第二，随着金融监管的强化，过去一些未能统计进来的企业债务融资表面化。第三，在企业资产负债率变动不大的情况下，企业的资产和负债增速仍高于GDP增速，导致杠杆率进一步上升。第四，国有企业去杠杆未见明显起色。自提出降杠杆的工作任务以来，全国国有企业资产负债率仅从 2015 年 9 月的 66.3% 高点轻微下降至 2017 年 5 月的 65.8%，降幅不明显。

政府部门杠杆率有所下降。中央政府杠杆率从 2016 年末的 16.1% 下降到 2017 年第 1 季度的 15.7%，下降 0.4 个百分点；地方政府杠杆率从 2016 年年末的 22.7% 下降到 2017 年的一季度的 22.0%，下降 0.7 个百分点；政府总杠杆率由 38.8% 下降到 37.7%，下降 1.1 个百分点。中央政府债务主要以国债为主，而财政部的国债发行历来集中于每年的后三个季度。从历史上看，一季度的中央政府杠杆率基本都是趋于下降的。预计全年中央政府依旧会延续过去几年微弱加杠杆的态势。地方政府债务微弱去杠杆可能由于：一是与中央政府类似，在于财政安排的季节性差异。二是基础设施建设资金来源的进一步多样化，一季度地方政府通过 PPP 等方式的非债务融资规模有所发力，将过去的纯债务模式融资转化成为风险共担的新型融资安排。截至 2017 年 3 月末，全国入库项目累计投资额 14.6 万亿元，其中已签约落地项目投资额 2.9 万亿元；与 2016 年 12 月末相比，分别增加 1.1 万亿元和 0.7 万亿元。三是地方债发行规模下降。2017 年第一季度，各地共发行地方政府债券 4745.05 亿元，与 2016 年同期发行量（9554.23 亿元）相比，减少 4809.18 亿元。这一方面与置换债券规模减小有关，另一方面与地方财政部门主动调整地方债发行进度和节奏有关。2017 年第一季度，地方政府债券发行利率同比有较大幅度上升，导致地方政府发债的积极性有所下降。特别是临近季末，为加强财政政策与货币政策的协调配合，应对可能出现的债券市场流动性趋紧、发行利率偏高等局面，在财政部的指导下，部分地方主动调减了地方债发行规模。

　　金融部门去杠杆明显。如果从银行业存款类金融机构的负债端来估算，金融杠杆率从 2016 年末的 72.4% 下降到 2017 年第一季度的 71.2%；如果从银行业存款类金融机构的资产端来估算，金融杠杆率由 78.1% 下降到 77.3%。宽口径金融杠杆率的下降，意味着 2017 年以来金融行业去杠杆初见成效。

　　长期而言，中国总体杠杆率还处于上升的过程。有研究表明，企业杠杆率适当降低、政府和居民杠杆率适当上升，则政府和居民的杠杆比例上升将有助于提升经济增速。尽管去杠杆是当务之急，但从更长远角度以及跨国比较，我们发现：一个成熟经济体，特别是在金融体系发达、本币国际地位提高的情况下，举债能力大大增强，意味着能够更多地借助于债务杠杆来推动经济发展。就中国当前情况来看，一方面，政府财政收入增长大幅下滑，混合所有制改革的推进也使广义的政府存量资产有所减少；另一方面，随着人口老龄化以及对民生的关注，政府的各项责任，包括公共服务、社保医疗等负担在不断加大，综合起来，政府的杠杆率必然会上升。另外，从国际经验来看，居民部门杠杆率也会继续上升。因此，在着重进行企业去杠杆的同时，适当考虑对政府部门和居民部门加杠杆具有重要意义。

我国全社会经济杠杆率情况

　　2017 年，我国政府工作报告中明确提出："积极稳妥去杠杆。要在控制总杠杆率的前提下，把降低企业杠杆率作为重中之重。"去杆杠作为供给侧结构性改革的一项重要内容，已经成为我国经济社会发展中必须认真面对并妥善解决的问题。2008 年国际金融危机后，我国杠杆率快速提高，其中企业部门杠杆率在全球范围内最高，是美英的两倍多。总体来看，对于目前我国的杠杆率问题，需要重点关注并明确三个特点。

一是2008年国际金融危机之后，我国非金融部门的杠杆率快速提高。以国际清算银行（BIS）统计公布的信贷与GDP的比例作为杠杆率的衡量指标，2016年第三季度末，我国非金融部门杠杆率为255.6%，其中，政府部门杠杆率为46.1%，企业部门杠杆率为166.2%，家庭部门杠杆率为43.2%。2008年至2016年第三季度末这段时间，四个杠杆率指标增幅都在70%以上，家庭部门的杠杆率增幅甚至超过140%。

二是从国际范围看，我国非金融部门杠杆率整体不算高，但企业部门杠杆率在全球范围内最高。2016年第三季度末，我国非金融部门杠杆率低于美国、日本、英国等发达国家，高于新兴市场国家；政府部门杠杆率在全球范围内处于最低水平，不到发达国家平均水平的50%；家庭部门杠杆率在全球范围内也处于较低水平，仅高于新兴市场国家平均水平；受基数较高并且增长速度较快等因素影响，企业部门杠杆率在全球范围内最高，比BIS统计报告的国家和地区企业部门杠杆率平均水平高出75%，是美国、英国的两倍多。根据中国社科院所做的测算，国有企业债务在企业部门债务中的占比约为65%，国有企业负债率明显高于民营企业。

三是加杠杆的资金来源中，虽然仍然是以银行为主，但非银行金融机构提供的资金规模和占比正在快速提高。根据BIS的统计，2016年第三季度末，我国企业部门、家庭部门加杠杆的过程中，约有四分之一的资金来自非银行金融机构。而在2007年之前，非银行金融机构提供的资金比例尚不足十分之一。近几年银行金融同业业务发展的情况也可佐证这一点。2008—2016年，银行对非银行金融机构的债权均值约为 7 万亿元，是 2001—2007 年的 7 倍多。由于银行对非银行金融机构的债权规模快速增加，导致其占银行业总资产的比例从 2001—2007 年的 2.7% 升至 2008—2016 年的 4.7%。同业资产增速快于银行业总资产增速，为非银行金融机构从银行融入资金再给企业贷款提供了充足的资金，也为银行特别是中小银行出于规避监管等目的，借道非银行金融机构为"两高一剩"行业、房地产行业贷款提供了充足的资金。

第四节　多措并举降成本

2016 年 8 月，国务院印发了《降低实体经济企业成本工作方案》，明确经过 1 至 2 年努力，降低实体经济企业成本工作取得初步成效，3 年左右使实体经济企业综合成本合理下降，盈利能力明显增强。从地方层面看，许多省份都结合自身实际，从降低企业税费负担、用能、融资、物流、外贸、制度性交易等方面成本出发，出台了一系列旨在进一步减轻企业负担，优化发展环境的政策措施。在这些政策作用下，降成本的政策红利开始初步显现，减税降费和降低制度性交易成本等工作初步得到了社会各界的广泛认同和支持。2016 年以来至 2017 年 6 月末，通过实施政策"组合拳"，直接降低企业成本 1.6 万亿元以上。2017 年 6 月末，规模以上工业企业每百元主营业务收入中的成本为 85.69 元，同比减少 0.02 元。

一、税费、人工以及制度性交易成本下降

在降低税费方面，2016 年 5 月 1 日起，全面推开营改增试点，

范围扩大到建筑业、房地产业、金融业、生活性服务业，并将所有企业新增不动产所含增值税纳入抵扣范围，确保所有行业税负只减不增。同时，全面落实减税清费政策，认真落实增值税、所得税等税收优惠政策，简化优惠办理手续。2016 年全年减税营改增整体减税 4717 亿元，四大行业试点以来全部实现减税，加上带来的城市维护建设税和教育费附加减收，2016 年全年减税总规模超过 5000 亿元，2017 年预计全年减税规模在 6000 亿元左右。在全面清费立税的基础上，还对资源税全面涉及的 129 个税目中的 124 个实行从价计征，为符合条件的企业减免资源税超过 1 亿元。降费措施积极落实，其中，18 项涉企行政事业性收费扩大减免范围，完善港口船舶使用费和港口设施保安费收费政策，全面清理规范进出口环节收费，完善银行卡刷卡收费定价机制、降低征信服务收费标准，在全国范围内开展涉企收费政策落实情况大督查，切实减轻了企业的税费负担。2017 年以来，国家审议通过多项减税降费措施，这些措施每年合计将减轻企业负担超过 1 万亿元。

在降低人工成本方面，当前企业面临生产经营困难的局面，下决心降低企业负担，放水养鱼，将为稳增长、促就业提供支撑，而适当降低社会保险费率，正是定向调控的重要举措。2015 年以来，国家已经三次降低失业保险费率，并适当降低工伤、生育和企业职工基本养老保险费率，为企业降低成本超千亿元，促进实体经济发展。截至 2017 年 6 月，20 个省份已经按规定降低了基本养老保险单位费率。全国 31 个省（自治区、直辖市）和新疆生产建设兵团已将失业保险费率降至 1%—1.5%。合理调整最低工资标准，截至 2017 年 6 月，有辽宁、江苏、重庆等 11 个地区降低了最低工资标准，比上年同期 13% 的平均调整幅度降低 2.3 个百分点。截至 2016 年年末，各省（自治区、直辖市）均已出台贯彻落实规范和阶段性降低住房公积金缴存比例的意见，9.4 万个单位按要求将缴存比例规范到 12%以内。

在降低企业制度性交易方面，通过全力推动简政放权，最大限度降低了企业制度性交易成本，并把深化"放管服"改革，作为减轻企业负担的关键之举。2016 年以来，已先后取消或下放国务院部门审批事项 618 项，全面取消非行政许可审批事项，清理中央指定地方实施的审批事项 230 项，清理规范行政审批中介服务 303 项。建立和推进公平竞争审查制度，查处了一批滥用行政权力排除竞争案件，促进使用市场化手段降低制度性交易成本。

在降低税费以及人工成本方面取得了不错的成绩，切实降低了企业生产成本，但在制度性交易成本上还有很多工作要做，制度成本高企的问题并没有根本解决。虽然显性门槛有所减少，但是隐性障碍依然较多，各类"红顶中介"运作不规范，收费过多过高，降成本出现了"按下葫芦浮起瓢"的现象。一方面，中国不合理的营商环境成本大大高于发达国家，存在各种隐性的政策性负担。根据世界银行公布的《2016 年营商环境报告》，中国在全球 189 个经济体中的营商环境排名居第 84 位，远远落后于美国、日本、德国、法国等发达国家；另一方面，中国实体经济面临的腐败成本仍然相对较高。依据"透明国际"的 2015 年度报告，在 2015 年清廉指数排名评估的 168 个国家和地区中，中国的得分为 37，比 2014 年多了 1分，排名为第 83 名，虽然相比 2014 年的第 100 名有所改善，但是与主要发达国家相比仍然有相当大差距。

对于较高的制度性交易成本来说，应继续深入推进"放管服"改革，减少审批事项，在降低显性门槛后进一步消除隐性障碍，加大简政放权力度，继续精简各种行政审批前置中介评估项目，推进中介与政府部门实质性脱钩，缩短行政审批和中介评估时间，降低收费，提高实效。建立新型激励机制，强化对干部的有效激励，加大市场监管力度，降低企业市场交易成本。着重监督各级地方政府对中央推出的简政放权和清理整顿地方政府行政权力清单改革措施的落实和执行效果，对违背中央改革精神和基本原则的地方政府行为，要加大查处及处罚力度。

二、实体经济企业融资成本下降

实体经济企业融资成本高的主要原因，不仅是利率、中介费用等与信贷有关的融资成本高，更重要的是融资难，小微企业难以从正规金融机构获得信贷支持，被迫通过利率高企的民间借贷等途径获取资金，造成成本大幅提升。各地针对中小企业融资贵、融资难，通过实施降低企业贷款成本、规范金融机构收费和放贷行为、降低企业融资担保成本、提高企业直接融资比重、充分发挥财政杠杆作用、大力推动金融产品和服务创新等多种措施，切实降低企业融资成本。

但是，我国的融资成本依然较高。中国以银行为主的金融机构的真实贷款利率远高于发达国家。此外，中国企业向银行机构的贷款过程中还存在各种附加或隐形的中介费用成本，具体包括担保鉴定费、信用评估费、保险费、顾问费等费用，因此，在充分考虑这些中介费用的情形下，中国制造业企业特别是中小民营企业的真实贷款利率，可能普遍高达10%乃至15%以上，这就使得中国制造业企业的实际贷款利率要高于多数发展中国家。为此，应全面推进中国金融体制大改革，切实降低企业高负债率高杠杆率以及融资成本。改革应着眼于破除银行机构的短期化贷款倾向和实体经济转型升级所需的长期贷款之间的严重不匹配现象，重心应落在构建与制造业转型升级的长期甚至超长期贷款需求相兼容的金融体系，加快建设政府性融资担保体系，不断发展与企业规模结构相匹配的中小微金融机构，逐步拓宽中小微企业融资渠道；同时，加强社会信用体系建设，强化守信联合激励和失信联合惩戒，运用市场化手段缓解小微企业"融资难、融资贵"问题。

三、用电、用气以及物流成本下降

电力和天然气是保障企业正常生产的重要能源，推进这两项能源价格改革，对企业降成本的意义可谓重大。用电方面，2016年和2017年减少工商企业用电支出2000亿元以上。其中，通过实施煤电价格联动机制，减少企业年用电支出约255亿元。通过开展输配电价改革，核减输配电费用约80亿元。通过利用取消中小化肥优惠电价空间，减少企业用电支出约165亿元。通过完善基本电价执行方式，减轻大工业用户基本电费支出超过150亿元；用气方面，降低企业成本920亿元以上。其中，落实2015年底降低国内非居民用气价格政策，直接减轻下游用气行业负担430亿元以上。市场化定价天然气价格相应下降，减轻企业用气负担470亿元左右。

物流费用是众多企业生产经营中的一项重要成本，2016年以来在物流领域，铁路、公路运输价格下降使众多企业享受到了实实在在的实惠。2016年以来，全国组织实施了4批共209个公路甩挂运输试点项目，共开通甩挂运输线780天，年完成甩挂运输量5.5亿吨，为全社会节约物流成本近300亿元。推进了无车承运人试点工作，截至2017年6月，全国共发展会员管理单位超过1500家，平台用户超过70万户，在线交易货运量达12.2万吨/日，初步估算每年可为全社会节约运输成本约 49 亿元。此外，现代物流技术和流通方式加快普及，也有效降低了流通成本，提高了流通效率，2016 年全年社会物流总费用占 GDP 的 14.8%，同比下降 1.2 个百分点。

虽然用电、用气以及物流成本有所下降，但这些成本和发达国家国家相比依然较高。就用能成本来说，煤炭作为中国工业部门的主要消耗能源来源，中国煤炭的总体价格要高于主要国家，比如从动力煤现货价格来看，2015 年底中国秦皇岛、澳大利亚 BJ、欧洲 ARA 三港①和南非理查德 RB 动力煤现货价分别为每吨 370 元、339 元、313 元和 320 元，中国动力煤现货价格分别高出其他三国的 9.1%、18.2% 和 15.6%；此外，中国工业电价、汽油价格等均高于发达国家。中国物流成本虽然总体上呈现不断降低的态势，中国物流成本占 GDP 比重由 2009 年的 17.6% 降低至 2016 年的 14.8%，但是和发达国家 8%—9% 的水平依旧存在较大差距。就用地成本来说，中国工业用地的高成本直接推高了制造业生产成本。中国工业用地综合成本既高于发达国家，也较大幅度高于越南、老挝、缅甸等东南亚的发展中国家，中国迅速增长的商业用地高成本间接推高了制造业生产成本。2000—2014 年间中国商品房年均售价累计上涨约为 200%，明显高于主要发达国家以及发展中国家的涨幅。此外，目前中国房地产价格中土地成本比重约为 50%，一线城市中的比重高达 70%，而发达国家土地成本占房地产价格的比例仅为 17% 左右。

针对上述问题，应进一步采取措施：切实推进能源价格形成体制的市场化改革，真正降低制造业企业能源成本负担；打破激励地方政府发展物流产业的无序竞争体制，积极推进物流产业的产业链

---

① ARA 是阿姆斯丹、鹿特丹、安特卫普三个港口首字母的结合（Amsterdam、Rotterdam、Antwerp），其中前两个是荷兰的港口城市，安特卫普是比利时的港口城市。

跨区域整合，全面推进公路道路通行收费机制改革；逐步弱化土地财政依赖体制，降低工业用地成本。

第五节　精准发力补短板

改革开放三十多年来，就是在不断"补短板"过程中实现的。随着改革不断深入，我国综合国力实现了跨越式升级，我国政治、经济、文化和生态等方面在补短板过程中不断完善和发展。当前，我国经济进入新常态，经济由高速增长转向中高速增长，"短板"问题更加突出。如果说去产能、去库存、去杠杆、降成本是在做"减法"，那么补短板就是在做"加法"，就是要补足供应短板，扩大有效供给，进行产业升级，改善供给质量，让"木桶"盛足水量，达到增强产业竞争力和企业活力，提升国民经济整体效力的目的。目前，我国经济发展中存在诸多短板，在城乡均衡发展、基础设施水平等诸多方面还存在明显的薄弱环节和短板。比如：农村建设标准不高，现代农业规模不大，农民生产生活条件相对落后，城乡差别较大；当前我国人均公共产品拥有水平、基础设施资本存量以及物质技术装备水平，仅为西欧的 1/3、北美的 1/4，在 2015 年全球基础设施综合排名中，我国仅列第 39 位；城市基础设施和公共服务设施建设滞后，中心城区地下管网老旧、水电气暖以及环卫设施不配套等问题；环保生态建设、人才队伍建设等软短板比较突出。受水、土地等资源硬约束加剧，"城市病"较为突出，环境容量和生态承载力严重不足，环保基础设施欠缺，大气污染区域联防联控不到位。人力资源管理政策不灵活，人才管理体制机制改革相对滞后，各领域人才特别是企业科技、管理人才相对匮乏，各类人才待遇较低等问题。从三次产业角度来说，同样存在较多短板。就农业来说，我国粮食呈现出"进口量增、产量增、库存增"的局面。特别是从数量上，我国粮食供应一定程度依赖进口，短板较为突出。就制造业来说，低端产品多高端供给不足，科技投入多创新能力不足，消费人数众多质量品牌不足，资源投入不少节能环保不足，企业总量不少行业冠军不足，就业对象不少适用人才不足等问题。就服务业来说，服务业市场化程度低，公共服务不足以及高端生产性服务业不足。公共服务方面，最为典型的是"看病难、看病贵"和公共教育不足；高端服务方面，生产服务业中的飞机设计、芯片设计、集成电路，生活服务业中的动漫设计，都是比较突出的短板。

2016年以来，中央和各地方围绕新发展理念，着力在基础设施、教育卫生、生态环境、仓储物流、战略性新兴产业、脱贫攻坚、人才储备、科技研发、农业农村发展等方面补齐短板，以进一步扩大有效供给，提高供给体系质量和效率，各项工作精准有序开展。进入2017年，中央加大补短板力度推进165项重大工程项目，把主要目标任务分解到位，明确责任主体和完成时限，加快进度，加大力度，加强调度，统筹推进"十三五"规划纲要提出的重大工程项目落实，推进重大工程项目建设。

一、补基础设施和社会事业发展的短板

保障性住房建设力度持续加大，2016年各类棚户区改造开工606万套，超额完成600万套的年度目标任务。积极有序开展地下综合管廊建设，2016年城市地下综合管廊新开工约2000公里，基本完成年度目标任务。2016年年末，高速铁路营业里程达2.1万公里，

当年新增高速铁路约 1400 公里；2016 年年末，高速公路通车里程突破 13 万公里，当年新增高速公路 6000 多公里。加大新能源和可再生能源投资力度，2016 年完成水电投资超过 700 亿元、风电超过 1500 亿元、太阳能发电超过 2200 亿元。推动养老、教育、医疗等社会事业发展取得新成效。到 2020 年实现每千常住人口医疗卫生机构床位数控制在 6 张的目标，至 2016 年末已经达到 5.4 张。

加大力度推进传统基础设施领域 PPP 工作，通过建立完善传统基础设施领域 PPP 项目库，加强对 PPP 项目实施情况的跟踪管理。充分利用专家库资源，采取综合培训、专题培训、交流经验等多种方式提高实操能力。加强国际合作，借鉴国际先进经验提高做好 PPP 工作的能力。

针对近年来防汛抗洪抢险救灾中暴露的突出问题，集中力量加快中小河流治理等重点工程建设，增强流域和区域防洪排涝减灾能力。全国有 60 多个城市已经完成城市排水防涝设施建设规划，一些急迫项目已经落地开工。抓紧推进了 172 项重大水利工程建设，2016 年初计划新开工的 20 项工程全部开工，172 项中开工 110 项，在建项目总投资超过 8000 亿元。

基础设施供应和服务存在严重的短板。长期以来我们注重经济增长的速度，对经济增长的质量缺乏应有的关注，使得我们面临着严重的环境问题，尤其是雾霾和沙尘暴，同时城市基础设施建设缺乏长远规划，交通拥挤、城市地下综合管廊杂乱不堪、停车场严重不足。事关人民群众生活的脱贫攻坚、社会保障体系建设应加快推进，优化财政支出结构和投资结构，集中力量攻克薄弱环节，增加改善民生和生态环境的投入，增强人民群众的获得感。

虽然服务业 GDP 占比稳步提升，但以教育、医疗、养老等为代表的服务严重不足，上学难，看病难、看病贵现象严重，应加快服务业市场化改革，补齐服务业的短板。需要用改革的办法推进结构调整，扩大有效供给。应该放宽各种制度限制，着重培育大量的非国营服务企业。非国有服务企业虽然需要有一定的盈利，但是依旧可以保持各自的目标，如学校以教书育人为目标，医院以救治伤者为目标，这一点可以通过一系列的法律法规以及社会舆论来实现。在现有服务机构改革的基础上增加私立服务机构，形成多种形式服务机构并存的局面，优化资源配置，形成具有中国特色的服务发展体系。

二、农业补短板重点是促进可持续发展

高标准农田建设顺利推进。开展实施农村产业融合发展"百县千乡万村"试点示范工程，支持各地建设了一批产业集聚发展的农村产业融合发展孵化园区。到 2020 年新发展高效节水灌溉面积 1 亿亩的目标任务，2016 年完成了 2000 多万亩。推进农村环境突出问题治理，将到 2020 年化肥利用率达到 40% 的目标任务稳步推进。

首批全国 28 个双创示范基地工作编制完成，截至 2016 年年底已经有 27 个向社会公布。1—12 月，战略性新兴产业 27 个重点行业规模以上企业收入和利润同比分别增长 10.9% 和 15.3%。按照到 2020 年战略性新兴产业总产值规模突破 50 万亿元的目标任务，各项工作稳步推进。抓紧实施了增强制造业核心竞争力、制造业升级改造重大工程包和智能制造装备发展专项，支持关键技术产业化和技术改造项目。推动落实国务院发布的石化、钢铁、有色、建材等领域调结构促转型指导意见，编制印发了工业技术改造升级投资指南。高技术产业、装备制造业投资一直保持较快增长，新动能发展提速。

1—12 月，工业高技术产业投资增长 13.5%，工业技改投资增长 12%，工业技改投资占工业投资的比重为 40.4%，比上年同期提高 3.1 个百分点。

虽然低端产品供大于求，但高端产品依然供不应求，因此导致国内大量的购买力不断涌入国外市场。越来越多的购买力不断涌入境外市场，究其原因还是因为与境外产品相比，国内一些同类产品的质量着实无法满足国内的需求，2016 年光是进口的制造业产品就有 1.2 万亿美元，国内不能生产，这是中高端产业的短板，同时"海淘族"越来越多；这些现象表明，我国的供给端提供给广大消费者的商品存在问题：数量充足，但质量不过关。这个说到底还是我国在技术创新能力以及与之配套的制度安排上存在问题。所以，应当提高产品技术含量，增加高质量产品的供给。根据各个地区的实际情况，在压缩原有产能的情况下，补齐产业发展短板，政策上支持企业技术改造和设备更新提高技术进步和创新的能力；市场方面则要让更多资金活水流向实体经济，切实提升企业自身发展和创新的能力。此外，创新还有规模壁垒限制、技术限制和制度性的限制，所以今后我们要进一步减少这些壁垒的限制。

三、着力补制度短板

中共中央、国务院出台了《关于深化投融资体制改革的意见》《关于完善产权保护制度依法保护产权的意见》，着力加强投融资体制改革、产权保护等领域顶层设计。鼓励地方在企业投资项目承诺制、首问负责制等方面探索创新，先行先试。《企业投资项目核准和备案管理条例》《政府核准的投资项目目录》正式颁布，出台企业投资项目核准和备案管理办法，制定投资项目在线审批监管平台运行管理暂行办法，进一步明确企业投资自主权、规范政府投资行为。

进一步调动民间投资积极性，国务院专项督查提出 26 条政策，促进民间投资健康稳定发展，发挥了投融资合作对接机制作用，推进投融资机制创新，向各类金融机构推介优质民间投资项目。帮助金融机构明确投资方向，降低投资风险，促进金融资金"脱虚入实"。

补短板重在补软短板和制度性短板。随着基础设施等硬件条件有着较为明显的改善，创新能力、人力资本、征信体系、市场监管和服务等软件不足的矛盾更加突出，对经济社会发展的制约明显强化，这就迫切要求补齐软短板和制度性短板。例如，针对社会信用体系较为滞后，应该加快建立覆盖全社会的征信体系，整合工商、金融、司法等各部门有关信息，建立覆盖各类企业和个人的"信用档案"，打造完善的企业和个人征信体系。

第六节　农业供给侧结构性改革开局良好

我国农业农村发展已进入新的历史阶段，如同一些工业领域面临的问题一样，农业的主要矛盾也由总量不足转变为结构性矛盾，矛盾的主要方面在供给侧，农产品供需失衡的矛盾更加凸显，农业资源环境约束不断趋紧，农业发展、农民增收面临的困难和挑战日益加剧，为保持农业持续稳定发展，推进农业现代化，必须从供给侧入手，深入推进农业供给侧结构性改革，在体制机制创新上发力，把供给侧结构性改革作为"三农"工作主线，努力推动农业农村发展再上新台阶。2016 年中央经济工作会议和中央农村工作会议明确了推进农业供给侧结构性改革，农业部也于 2017 年 2 月 6 日出台了《关于推进农业供给侧结构性改革的实施意见》，半年以来，农业供给侧结构性改革开局良好并取得初步成效。

总体来看，2017 年是农业供给侧结构性改革启动之年，针对粮食等部分农产品出现阶段性过剩、国内库存水平高、市场供求关系过于宽松等实际情况，结合国内不惜农业资源环境代价过于追求增产等矛盾，2017 年国家在玉米等非优势农产品主产区引导农民调整种植结构，在南方水网地区引导并管控生猪养殖，农业结构调整取得积极成效。农业绿色发展机制建立迈出重要步伐，农村产权改革不断深化。农业农村深化改革，成效显著，农业结构调整稳步推进，农产品市场运行总体平稳，农业在国民经济中的基础地位进一步巩固。

一、启动农业结构调整

根据市场需求优化产品结构。统筹调整农产品种养结构，按照"稳粮、优经、扩饲"的基本思路，构建粮、经、饲协调发展的三元结构。稳定水稻、小麦生产，继续调减非优势产区籽粒玉米，增加优质食用大豆、薯类、杂粮杂豆等。优化经济作物品种品质和区域布局，促进园艺作物增值增效。按照"以养定种"的原则，扩大青贮玉米、苜蓿等优质牧草生产。把提高农产品质量放在更加突出位置，大力增加优良品种生产，加强农业生产流通全过程监管，促进农业标准化生产、品牌化营销、绿色化发展。加快发展优势特色农产品生产，促进特色产业提档升级，加强新食品原料、药食同源食品的开发和应用，拓展农产品增值空间。

加大规模化经营力度。通过规模化经营，才能确保增加有效供给，同时解决农业科技成果推广难、农产品质量安全监管难、农业比较效益低等问题。通过经营权流转、股份合作、代耕代种、土地托管等多种方式，发展土地流转型、土地入股型、服务带动型等多种形式规模经营。把促进规模经营与带动一般农户增收结合起来，特别是贫困地区与脱贫攻坚结合，带动贫困农民稳定脱贫。

依托比较优势优化区域结构。在最适宜的地方生产最适宜的产品，不仅成本低、产出效率高，而且品质好。相关部门进一步明确了区域发展定位和主攻方向，推动生产要素向优势产区聚集。以主体功能区规划和优势农产品布局规划为依托，划定稻谷、小麦、玉米等粮食生产功能区，改进这些地区的粮食生产设施、技术装备和品种更新换代。建立大豆、棉花、油菜籽、糖料蔗、天然橡胶等重要农产品生产保护区，改善生产条件，支持农民发展生产。加快制定特色农产品优势区建设规划，建立评价标准、创新技术体系、出台扶持政策，鼓励各地争创特色农产品优势区。

二、实施农业补短板

推进农业供给侧结构性改革，改善农业基础设施和物质技术条件是支撑，科技创新驱动是关键，农村人力资源开发是保障。2017年以来，针对这些方面的短板、堵点、痛点、难点，出台系列措施补齐和破解。

补齐农业基础设施短板，加快高标准农田建设，实现集中连片、旱涝保收、稳产高产、生态友好，实现上图入库、精准管理、信息共享。

补齐科技方面的短板，加强种业等基础性重大农业科技的联合攻关，搞好协作协同，切实解决农业关键技术长期受制于人的问题。为适应农业由量到质转变的大趋势，调整农业科技创新方向和重点，加快创新农业技术体系和技术路线。转变片面追求高产的品种技术导向，培育优质专用、营养健康的新品种，推进优势特色农畜产品的品种改良。加快食品等加工业技术改造，促进农产品加工向更好地满足需求、提高附加值转变。

补齐物质技术条件支撑方面的短板，加快健全农业生产装备技术体系，大力发展农业种养业新技术和适宜装备，推进设备国产化；加快在农村普及宽带，加强从村到乡镇的物流体系建设，让农民在"互联网+"时代有更多参与机会和获得感。

补齐人力资源方面的短板，抓好农村招才引智，吸引更多外出务工经商人员返乡创业；重点围绕新型职业农民培育、农民工职业技能提升，整合各渠道培训资金和资源，创新培训模式，建立政府主导、部门协作、统筹安排、产业带动的培训机制。

三、推动农业绿色发展

推行绿色生产方式，促进农业可持续发展。抓住粮食等主要农产品供求关系相对宽松的难得机遇，推行绿色生产方式，该退的坚决退下来，超载的果断减下来，该治理的切实治理到位。资源环境变好有利于提高可持续的农业生产能力。推行绿色生产方式，重视农业节水，把农业节水作为方向性、战略性大事来抓，完善国家支持农业节水的政策体系，加大大中型农田灌排、骨干工程节水改造和建设力度，推广田间节水技术和设施，全面推进农业水价综合改革，调动农民节水积极性。2017 年上半年，全国生产化肥折纯量3152 万吨，同比减少 5.6%；节水灌溉面积 3423 万公顷，比上年增长 7.2%。农业绿色发展和可持续发展取得突破。根据农业部资料，全国化肥使用量实现自改革开放以来首次接近零增长，黑龙江、河北、浙江、四川等省已经实现了化肥使用量零增长，主要农作物病虫害绿色防控覆盖率为 25.2%，全国秸秆综合利用率达到 82.0%，畜禽养殖粪污资源化利用率接近 60%。农业供给侧结构性改革，不仅带来了农产品生产的结构性变化，而且显著地促进了农业发展方式转变。

四、瞄准农业体制机制改革

推进粮食等重要农产品价格形成机制和收储制度改革，使市场在农业资源配置中起决定性作用的基础。2016 年以来，先后取消了油菜籽临时收储，开展了新疆棉花、东北大豆目标价格改革试点；按照"市场定价、价补分离"原则，取消玉米临时收储，对农民实行直接补贴。从实施情况来看，这些改革都取得了显著成效，既激活了市场、搞活了产业链、提高了竞争力、促进了结构调整，农民种粮基本收益也得到保障。改革完善农产品价格形成机制和收储制度，是农业支持保护政策的深刻调整，关系重大、影响深远。

深化农村产权制度改革。健全产权制度、加强产权保护，是盘活农村资源要素、激发农村发展活力的根本措施。2016 年以来，相关部门认真落实《中共中央国务院关于稳步推进农村集体产权制度改革的意见》，按照归属清晰、权责明确、保护严格、流转顺畅的要求，因地制宜，分类实施。对资源性资产，包括土地产权制度改革，继续按照已有部署，抓好确权登记颁证工作，完善"三权分置"办法，保持现有承包关系长久不变。对非经营性资产改革，探索建立有利于提高公共服务能力的运行管护机制。对经营性资产，推进清产核资和资产折股量化到户，发展多种形式的股份合作，真正让农民分享集体经济发展和农村改革的成果。对农村土地征收、集体经营性建设用地入市和宅基地制度改革试点，加强跟踪评估，为修改相关法律法规提供实践支撑。

改革财政支农投入使用机制。推进农业供给侧结构性改革，很多举措都离不开政府投入的引导和支持。2016 年以来，相关部门和地方政府切实保障增加财政"三农"投入，通过对存量资金进行统筹整合，充分发挥财政资金作用，创新农业投融资机制，吸引金融和社会资本更多投向农业农村。对于中长期、低回报重大基础设施建设，还探索了用未来的政府投入为现在的融资创造条件，撬动政策性、开发性金融资金。调整补贴导向，改进补贴方式，推动农业补贴由以"黄箱"为主转向以"绿箱"为主，更多补到生产者。

不断健全农村创业创新机制。近年来，随着"大众创业、万众创新"深入开展，越来越多的返乡下乡人员到农村创业创新，有力促进了现代科技、生产方式和经营理念进入农业，推动了农村一二三产业融合发展和农民就业增收。2016 年以来，相关部门加大了涉农领域简政放权、放管结合、优化服务改革力度，提高企业、社会资本到农村投资兴业的便利化水平。通过完善农村创业创新支持政策，切实将符合条件的创业创新项目纳入强农惠农富农政策范围。通过加强农村创业创新平台建设，整合创建一批具有区域特色的创业创新基地。

第七节　经济在改革中稳中向好

供给侧结构性改革作为适应和引领经济新常态的必然要求，助力需求端结构调整，顺应了我国推进城镇化建设的客观要求与经济发展的趋势，是转变经济增长方式的必需之举。总体来看，2016年以来的供给侧结构性改革带来多方面的积极变化：

一、经济总体稳中向好

2016年以来，我国经济没有出现滑坡和破位下行，而是实现了6.7%的中高速增长，全年工业企业各月利润均保持增长，12月当月利润同比增速16%，企业主营业务收入当月实现9%的同比增速，创2014年以来最高。从国际比较看，2016年我国在世界上仍属经济增速最高的国家之一，6.7%的速度大大高于1.6%的美国经济增速、1.7%的欧元区经济增速和0.5%的日本经济增速，是全球经济增速的两倍多。正是由于推进供给侧结构性改革，才使经济运行出现"稳中向好、稳中有进"的总体态势，才让中国经济基本面的韧性好、潜力足、回旋余地大的特征进一步显现。

2017年上半年，经济发展继续保持了稳中向好态势，经济运行保持在合理区间，新发展理念正在逐步落实，供给侧结构性改革效果显著，呈现出增长平稳、就业向好、物价稳定、供给质量与效益提升、需求结构优化的良好格局，发展绩效全面超出国内外各界预期。在增长速度上，2017年上半年GDP同比增长6.9%，较上年同期提高了0.2个百分点，也是2015年第四季度以来的最高值，GDP增速已连续八个季度稳定在6.7%—6.9%的中高速区间，这表明经济波动已经趋于平稳化，新常态下经济增长缓中趋稳的向好局面得到巩固。从就业、物价等其他主要宏观经济指标看，上半年城镇新增就业同比增加18万人，完成全年目标的三分之二；6月份全国城镇调查失业率已经连续两个月保持在5%以下；上半年CPI同比上涨1.4%，涨幅与第一季度持平，核心CPI同比涨幅2.1%，PPI同比上涨 6.6%，既遏制了通货紧缩势头，又不存在明显的通货膨胀压力。

供给侧结构性改革的扎实推进带来两方面积极效应。一方面，减少了低端供给和无效供给，产能过剩部门的市场加速出清，供求关系明显改善，工业部门走出通缩阴影，带动企业经营状况好转、效益回升，工业结构趋于优化。另一方面，供给侧改革释放出的资源重新配置到创新型生产活动中去，创业创新条件不断改善，推动各类新技术新产业新产品新商业模式不断涌现，为经济持续健康发展注入了新的动力。与此同时，服务业对经济的主导作用也进一步显现。这势必增加中高端供给和有效供给，从而有力支撑了需求升级、经济企稳、就业向好和效率改进。在双重效应带动下，2017 年1—6 月份，全国规模以上工业企业实现利润总额 36337.5 亿元，同比增长 22%，增幅较去年同期高出 13.8 个百分点，企业盈利能力显著改善，实体经济发展的质量和效益持续提升，呈现向好势头。与此相对应，市场主体对经济形势的预期也渐趋乐观，2017 年 6 月份官方制造业 PMI 为 51.7，较 5 月份提高了 0.5 个百分点，已经连续 11 个月保持在扩张区间，表明企业对经济发展有着积极且稳定的预期。同时，2017 年以来，国际货币基金组织、世界银行、亚洲开发银行、OECD 等机构也纷纷上调了对全年中国经济增长的预期值。

二、政府、企业和社会各界形成改革共识

在推进供给侧结构性改革的过程中，各方越来越深入地认识到这一改革是提高经济质量、优化经济结构和转换发展动能的必由之路。地方政府在实践中对供给侧结构性改革的认识更加深入、更加系统、更加具体，开始从供给侧、结构性改革上想办法、出政策，而不是重复走拉投资、扩产能、上项目的老路，更加重视经济发展

的质量和效益。比如，政府在推进去产能工作中，努力探索破解深层次矛盾的路径，注重市场机制建设，探索出中长期合同、减量置换指标交易等新机制，努力实现供需动态平衡；又如，按照"市场定价、价补分离"的原则，相关部门积极稳妥推进玉米收储制度改革，农业供给侧结构性改革迈出了重要步伐，政策性粮食库存消化工作取得进展。在去产能、去库存过程中，企业感受到了压力，认识到加快兼并重组的重要性，也认识到通过强强联合、做强优质产能是企业提高国际竞争力、实现长期可持续发展的重要路径。宝钢、武钢联合重组，在这方面作出了可贵探索。另外，企业更加重视新技术、新模式、新服务的作用，通过提高产品质量、扩大有效供给，适应高端化、多样化的市场需求变化，满足消费者对产品品质、质量和性能日益提高的要求。

三、国际社会对中国改革积极评价

国际方面，国际金融危机以来的政策实践表明，全球低增长困境的症结在于结构性改革迟滞，单一的货币政策刺激无法取得预期效果。要解决世界经济深层次问题，单纯依靠货币政策刺激是不够的，必须下决心在推进经济结构改革方面作更大努力。国际上，不少国家意识到持续量化宽松货币政策的局限性，对结构性改革更加关注和重视。中国在供给侧结构性改革过程中取得的成绩，向国际社会彰显了这一"中国方案"的积极作用，中国推进供给侧结构性改革的决心、目标、举措、成效及对世界经济的贡献，得到了普遍认可和积极评价。一些知名国际机构、媒体关注中国供给侧结构性改革，认为这一改革将为中国经济发展聚集新能量。2016 年的 G20 杭州峰会将"结构性改革"写入成果文件，列入全球经济治理行动指南。亚太经合组织对中国供给侧结构性改革政策的评估认为，"中国在这一工作上所付出的努力和成效是全球有目共睹的"。在 2017 年 6 月份发布的首份《G20 结构性改革进展的技术性评估报告》中，亚太经合组织鲜明地指出，中国的结构性改革取得积极进展，在生产率提升、稳定就业、增加收入、"放管服"等方面效果显著。国际货币基金组织总裁拉加德认为，"中国已经成为全球结构性改革的引领者"。国内方面，企业、行业协会更加主动配合政府推进供给侧结构性改革，社会认同感、获得感逐步增强。国家信息中心互联网大数据分析显示，根据 2016 年年初至 2017 年 6 月末，互联网主要媒体、论坛、博客、微博等渠道中与供给侧结构性改革的"三去一降一补"话题直接相关的约 213 万条信息，87% 的网民认为供给侧结构性改革"取得了重要进展"，其中，26% 的网民给予积极评价，认为在稳增长压力下交出这份答卷实属来之不易。

四、在改革实践中深化供给侧结构性改革的认识

供给侧结构性改革是一项系统工程，随着供给侧结构性改革逐步深入，越来越触及深层次矛盾，推进难度也越来越大。2016 年以来，供给侧结构性改革取得了明显成效，但在实践中也发现了一些问题，需要不断深化相关认识，更好深入推进各项改革工作。下一阶段，必须贯彻落实好习近平总书记提出的处理好政府和市场、短期和长期、减法和加法、供给和需求四大关系的要求，妥善处理影响供给侧结构性改革深入推进的突出矛盾和问题，努力实现供求关系新的动态均衡，不断取得供给侧结构性改革的实质性进展。

一是做好供给侧结构性改革工作中的供给主体结构和体制机制改革。2016 年以来开展的供给侧结构性改革主要是针对产品、产

业、服务的市场供需结构，大力减少无效供给、扩大有效供给，同时也初步涉及影响供给端的各项制度结构调整，但尚未触及供给主体结构的调整，尤其是在民营、国有等所有权结构的改革。下一阶段，应更大力度围绕"重要领域"和"关键环节"的体制机制改革，包括政府体制改革、国有企业改革、财税金融体制改革、要素改革等，以更大魄力、更大勇气，触及存量利益格局深层次问题，以体制改革、主体改革来从根本上引领下一阶段的供给侧结构性改革。

二是处理好供给侧结构性改革中减法和加法的关系。去产能必须处理好减法和加法的关系，兼顾退出和新增。既要做好减法，积极"去"落后产能，更要做好加法，努力"扩"先进产能。去产能"去"的是落后产能、违法违规产能，但为了促进行业结构调整转型升级，适当增加先进产能也是必要的，两者是辩证统一的，淘汰落后产能也能够保证先进产能有效发挥。

三是摆正供给侧结构性改革的目标导向。下一步工作中，在制定各项改革规划时，需要将目标导向和问题导向、整体目标和分步推进结合起来，供给侧结构性改革需要有质量效应，通过促进创新、促进转型来实现新旧动能的有序转换，而不能满足于阶段性的价格效应。

四是把握好供给侧结构性改革的节奏力度。供给侧结构性改革不是一个短期行为，可能要花几年或更长时间，不可急于求成，要有打持久战的思想准备。注重改革的系统性、配套性、协调性、连贯性和有效性，把握好具体改革措施的力度、出台时机和节奏，不断化解改革过程中出现的不确定性和风险，保证各项改革措施落地生效，实现供给侧结构性稳中求进。

第 四 章

重点难点

"深入推进"供给侧结构性改革是一场攻坚战,其重点难点在于:如何为改革创造稳定的宏观环境;如何最终形成有效市场运行机制;如何顺利实现新旧动能的转换;如何公平合理分担改革成本。这些绕不过、躲不开的难点问题,需要在改革实践中妥善处理和有效解决。

第一节　如何为改革创造稳定的宏观环境

保证供给侧结构性改革顺利推进,必须处理好改和稳的关系,解决好改革中出现的新问题。在经济结构转型、新旧动能转换叠加长周期调整的情况下,一些实体企业生产经营困难,继续推进去产能、减少无效供给,不可避免地会有一些产能退出、企业关闭,可能会造成一定时期内一些地方经济增速放缓,进而降低地方财政收入增速,增大公共服务刚性支出压力。去产能过程中,部分产品价格大幅波动,会给深入推进去产能工作带来阻力。僵尸企业退出,会加大职工安置、债务处置、债权债务清理等方面的困难,导致一些潜在风险显性化。解决好这些回避不了的难点问题,需要在稳增长、调结构、促改革、惠民生、防风险之间找到合理平衡,重点从三个方面深入研究应对。

一、创新调控方式,营造稳定的宏观经济环境

"宏观调控"是中国特色社会主义政治经济学的基本概念,20世纪80年代最早提出,其基本内涵大体对应着西方经济理论和西方市场经济国家政府经济管理中的"宏观经济政策"。凯恩斯主义经济

理论为政府采用宏观经济政策对经济运行施加影响提供了理论依据。凯恩斯将古典经济理论提出的微观层面存在的市场失灵，扩展到宏观层面，认为市场失灵也会体现在总供求失衡的问题上，产生这一问题的根源是有效需求不足。面对宏观层面的市场失灵，需要政府发挥宏观经济政策的作用，促进经济回到供求均衡的状态。改革开放以来，随着我国经济体制由原来的计划经济向社会主义市场经济逐步转变，宏观调控也逐步实现了由直接调控和计划、行政手段为主向间接调控和市场手段、经济手段为主的转变，目前已经初步形成了由财政政策、货币政策为主要手段，产业、价格、区域、投资、消费等政策手段协调配合的宏观调控体系。本届政府提出相机调控、定向调控和区间调控理念，进一步创新了宏观调控思路和方式。伴随我国经济发展进入新常态和供给侧结构性改革的深入推进，现行宏观调控方式面临着新挑战和新任务。研究探索新的宏观调控理念、手段、机制，是顺利推进供给侧结构性改革进而保持经济平稳健康运行的重点。

（一）调控理念，从需求管理转向供给管理

习近平同志指出，供给和需求"是既对立又统一的辩证关系，二者你离不开我、我离不开你，相互依存、互为条件。没有需求，供给就无从实现，新的需求可以催生新的供给；没有供给，需求就无法满足，新的供给可以创造新的需求。"① "经济政策是以供给侧为重点还是以需求侧为重点，要依据宏观经济形势作出抉择，二者不是非此即彼、一去一存的替代关系，而是要相互配合、协调推进。"②这些论述为新常态下宏观调控理念的转变指明了方向。传统的

---

① 习近平总书记在省部级主要领导干部学习贯彻党的十八届五中全会精神专题研讨班上的讲话（2016 年 5 月 10 日）。
② 习近平总书记在中共中央政治局第三十八次集体学习后的总结讲话（2017 年 1 月 22 日）。

宏观调控理念建立在凯恩斯理论基础之上，强调需求管理，主要是通过调节税收、财政支出、货币信贷等来刺激或抑制需求，以尽可能促使实际经济增长率与潜在增长率相契合，同时实现稳定就业、控制通胀等经济社会目标。当前，我国经济发展进入新常态，最直接的变化是经济增长从高速转为中高速，同时还有一些阶段性、深层次、趋势性变化。我国经济发展面临的问题，供给和需求两侧都有，但矛盾的主要方面在供给侧。事实证明，我国不是需求不足，或没有需求，而是需求变了，供给的产品却没有变，质量、服务跟不上。有效供给能力不足带来大量"需求外溢"，消费能力严重外流。在这样的条件下，需求管理边际效益不断递减，单纯依靠刺激内需难以解决产能过剩等结构性矛盾，如仍以传统思路侧重对经济需求端进行调控，则显然没有抓住新时期矛盾的主要方面，不能通过释放供给端要素抑制推动潜在增长率维持在中高速挡位，就难以保障其他调控目标的实现。因而，为配合推进供给侧结构性改革，宏观调控理念也应由需求管理为主转向供给管理为主，既做加法又做减法，使供给和需求更好匹配。同时，也要适度扩大总需求，处理好短期供给和需求的关系，增强短期经济稳定和长期持续发展的协同性，防止经济断崖式下跌和系统性风险的发生，为推进改革营造良好的环境。

（二）更好协调总量性和结构性调控政策

过去较为倚重的调控思路主要针对总量问题，特别是总量需求不足问题。然而，在经济发展新常态下，传统优势支撑下的潜在增长率下滑，经济增速减速换挡，我国经济运行面临的突出矛盾和问题，虽然有周期性、总量性因素，但根源是重大结构性失衡，导致经济循环不畅。此时，单靠总量调控手段很难做到有的放矢和对症下药，对结构性问题不仅难以有效解决，甚至还会产生一定遮蔽作用，使结构性问题不断累积，影响经济健康发展。宏观调控理念转向供给侧管理，更加侧重在解决结构性问题，注重激发经济增长动力，主要通过优化要素配置和调整生产结构来提高供给体系质量和效率，进而推动经济增长。因而，协调配合好总量性政策与产业政策、区域政策、投资政策、消费政策和价格政策等，保持政策定力，不搞大水漫灌、不搞强刺激，更多运用精准调控、定向调控、区间调控、相机调控等，才是更适应当前条件、更有助于保持经济平稳健康运行的正确思路，是创新宏观调控方式的重点难点所在。

（三）在复杂形势下增强宏观调控的技术和能力

面对错综复杂的新经济形势，保持稳定的宏观经济环境需要较高超的调控技术和能力。为此，需要作如下思考和努力：

——如何在缺乏有效参照的条件下确定更合理的调控目标。在原有经济社会发展条件下，我国的宏观调控形成了具有适应性的调控目标，各目标间也保持了大致稳定的经验关系。然而当前的要素条件和环境已有较大不同，经济增长目标以及其与就业、通胀等的关系都发生了一些新的变化，旧有的调控经验在一定程度上有所失灵，特别是调控目标的设置上失掉了有效参照。如仍以旧有目标范围来衡量当前经济状况进而采取相应调控手段，可能就会造成调控失误，更难以起到较好效果。因而，在当前缺乏有效参照条件下，如何确定新常态下的合理调控目标，是摆在决策层以及社会各界面前的重大挑战。

——如何在政策空间受挤压情况下保持调控力度。当前，宏观调控的最主要手段——财政政策和货币政策的操作空间面临较大约束。对财政政策来说，经济增速换挡带来财政收入下滑，而财政支出中的刚性不断增强，财力缩减以及对风险考虑的强化导致财政政策空间减小；货币政策方面，金融市场化改革不断推进，金融创新活动部分抵消货币政策有效性，人民币国际化步伐加快和资本市场开放带来跨境资本流动更加频繁，货币政策操作也将面临更多制约因素，在保持汇率稳定以及货币政策独立等方面面临权衡。因而，在调控政策受挤压条件下，如何保持调控力度是一大难点。

——如何在各方利益博弈条件下实现更好调控效果。宏观调控涉及多个主体间的博弈，宏观调控部门的多元化也造成调控难度加大①。在新的条件下，中央政府与地方政府以及市场之间的利益博弈更为凸显。比如，地方政府可能片面理解取消"唯 GDP"考核，叠加当前反腐高压，干部不作为现象持续凸显，导致调控措施落实困难。再如，市场主体对政策稳定的预期更为强烈，在缺乏确定性预期情况下，会选择更多将资金配置在短期资产而非实体经济中去，弱化了扩张性货币政策调控效果，不仅让调控措施事倍功半，还推高了资产价格、吹大了资产泡沫。因而，各方利益博弈的强化要求不断完善调控机制，以博弈视角谨慎思考宏观调控政策方案，确保中央已定的改革政策不走样不变形，实现更好的政策效果。

——如何在复杂国际形势下增强调控协同性。随着经济实力和经济开放度的不断提升，我国越来越深入地与世界经济融为一体，受到国际调控政策的溢出效应也在不断增强，在应对国际调控政策溢出效应上面临较大挑战。当前，国际形势复杂多变，主要经济体经济走势分化，采取的调控政策在方向上和力度上也表现不一，对此，我国的调控政策就不能仅考虑国内情况，还要深入考虑主要经济体调控措施对我国的影响，以及外部世界对我国政策措施的反馈。

---

① 卢锋：《宏调的逻辑》，中信出版社 2016 年版，第 28 页。

同时，我国在参与多双边国际宏观经济协调机制上仍然存在经验和人才储备不足等问题。推进供给侧结构性改革，本身就是综合研判世界经济形势和我国经济发展新常态作出的重大决策。如何在这样的复杂形势下，增强我国国际调控政策协同性、保持经济平稳运行，是摆在我们面前的一大挑战。

最后，处理好改革与调控的长短期关系也是重点难点之一。为了适应引领新常态，既要从化解当前突出矛盾入手，又要着眼构建长效体制机制、重塑中长期经济增长动力，也就意味着全面深化改革与宏观调控措施交织在一起。宏观调控相当于"有病吃药"，改革则可类比"锻炼身体"。从长远政治考量角度看，全面深化改革必须不折不扣推进；而从当下经济运行实际看，尽管改革整体会带来新的增长动力，但部分改革措施在事实上影响了短期经济状况。一旦经济增长滑出合理区间，财政、金融、就业等风险就有可能集中爆发，结构调整、转型升级也难以推进，社会稳定就会出大问题。如何权衡长短期之间的成本收益，如何根据经济实际运行情况统筹安排"锻炼"和"吃药"的次序和时机等也是需要认真考虑的一个问题。

（四）创新宏观调控的总体思路

总体而言，在推进供给侧结构性改革过程中，我国宏观调控面临更加复杂的局面和挑战。未来宏观调控需要创新思路，着力健全构建宏观调控体系，完善政策目标和手段运用机制化制度安排，才能为推进供给侧结构性改革营造平稳健康的宏观经济环境。

一要转变宏观调控的思维观念。通过需求管理和供给管理相结合、总量性调控政策和结构性调控政策有机配合、短期措施与中长期措施相搭配，处理好宏观调控与年度计划、中长期发展战略规划的关系，谋求各种经济管理方式的最佳合力与最优配合。处理好宏观调控与宏观审慎监管、微观管制的关系，实现经济稳定增长与经济安全，实现经济稳定增长与防范系统性、区域性风险的统筹兼顾。处理好国家宏观调控目标与地区中观发展目标关系，在兼顾地区利益基础上实现国家整体目标和利益最大化。处理好日益开放条件下国内均衡与对外均衡的关系，探索参与国际宏观经济政策协调新机制。

二要坚持目标管理，强化区间调控。科学把握宏观调控的目标排序和政策重心，以促进经济增长、物价稳定、充分就业为主要目标，完善以经济增长、物价稳定、增加就业为主，兼顾国际收支平衡的调控目标体系。通过"区间锚定"创新传统目标管理理论，用区间目标代替点位目标，制定科学合理的"上限"与"下限"区间调控目标，突出底线思维和下限管理，增加对运行波动的容忍度，增加宏观政策的稳定度，防止宏观政策的频繁调整，稳定市场预期，同时把握好稳定就业、居民收入与经济同步增长的目标要求，使人民群众有更多的获得感，稳定社会信心。

三要创新调控手段，改进调控方式，增强调控能力。综合运用财政、货币政策等常规手段，探索运用产业政策、政府投资管制以及宏观审慎性监管等辅助性、配套性手段，有效利用财政支出、税率、利率、准备金率、再贴现率等常规工具，以及必要的和产业准入、投资审核和价格管制等多种手段和工具的合力作用，促进宏观调控与微观管制和宏观审慎监督的协调与互动。

二、稳定市场运行，有效防范经济风险

2016 年以来的供给侧结构性改革，无效供给减少，有效供给增

加，供给结构和供求关系都有所改善，与此同时，经济也出现了"降后趋稳"势头，但是新的经济风险也随之产生。钢铁、煤炭、玻璃、化工等过剩行业产能和解决"僵尸企业"相关的减员和债务增加；一些一线城市用加杠杆部分去房地产库存，助涨了房价，扩大了房地产泡沫。这就要求供给侧结构性改革在"深入推进"过程中，要特别注意防控经济风险，特别是防范金融风险。2017年4月，习近平同志在主持中央政治局第四十次集体学习时强调，"金融活、经济活，金融稳、经济稳"。金融乃万业之母，金融安全是国家安全的重要组成部分，金融稳定和发展状况可以折射出一个国家经济运行是否平稳健康。从总体国家安全观的高度维护金融安全，防范系统性金融风险的发生和蔓延，是保障经济社会发展稳定的牢固基石，也是供给侧结构性改革"深入推进"的关键和条件。

（一）金融、房地产与实体经济之间的结构性失衡

从20世纪90年代中期成立上海、深圳证券交易所算起，我国资本市场建设已逾20年。二十多年来，伴随着资本市场的逐步建立和健全，其给予实体经济的支撑力不断增强，为实体经济的繁荣发展提供了资金血液。但同时，由于资本市场存在的一些体制机制问题，也导致了主要市场价格大起大落，给实体经济健康可持续发展带来一定负面影响。随着我国经济发展进入新常态，经济增速持续放缓，经济结构转型升级压力不断增大，一些重点市场面临的风险呈上升态势。尤其是2015年以来，躁动的资金在多个金融市场之间轮转，股票市场、汇率市场、债券市场、期货市场以及金融属性较强的房地产市场、大宗商品市场，都相继出现多轮暴涨暴跌的局面。在此背景下，金融与实体经济之间、房地产与实体经济之间均出现了明显的结构性失衡问题，这是深化供给侧结构性改革不容回避的

难点和重点。

1. 金融和实体经济失衡，金融业侵蚀实体经济利润

近年来，金融业占 GDP 的比重快速提高，而制造业的比重却在持续下滑。金融脱离实体经济、自我循环、加重实体经济负担的问题仍较为突出。金融和实体经济之间存在严重结构性失衡，金融资源错配直接导致"实冷虚热"。金融业将过多资金配置给房地产等领域，推高房地产价格，加剧资金供需失衡，增加实体经济和消费者支出负担，遏制实体产业发展能力和消费形成能力。金融业享受传统体制红利，过多切分利润蛋糕，侵蚀实体经济利润和消费者利益。从上市银行和非银行类金融机构盈利情况来看，近几年，其净利润占 A 股所有上市公司利润总额大概超过 60%。

2. 房地产和实体经济失衡，房价泡沫化倾向严重

房地产分享金融资源过多，2016 年，代表个人住房贷款的住户部门中长期贷款占比接近 50%，比过去 5 年提高近 20 个百分点，而非金融企业贷款规模不断萎缩。一二线城市土地供应紧张，房地产开发商加杠杆拿地与地方政府土地财政互为支撑，共同推高供地成本，导致"地王"频出，不断强化房价上涨预期。随着住房的商品属性与居住功能逐渐淡化，拥有优质教育、医疗资源的核心区住房的金融属性越来越强，正常投资行为异化为投机行为，信贷资金大规模流入房地产市场炒作，对实体经济形成了明显挤压，一度令 2016 年房价上涨像"脱缰野马"。2016 年，一二线城市新建商品住宅价格指数平均同比上涨超过 15%，其中北上广深房价上涨超过 30%，分别为同年 CPI 涨幅的 10、20 倍还多。因此，有人感叹"做十年制造不如倒腾一套住房"。2017 年 3 月中旬以后，中央和地方政府连续出台数十项房地产市场调控措施，对于躁动不安的房地产

市场，起到了一定的政策"降温"作用，但由于体制机制积弊并没有消除，房地产与实体经济之间的结构性失衡问题尚未得到"根治"。习近平同志多次强调"房子是用来住的、不是用来炒的"房地产市场定位①。深入研究短期和长期相结合的长效机制和基础性制度安排十分重要。

（二）"虚实失衡"的体制根源

主要金融市场轮番暴涨暴跌，与实体经济发展之间出现了难以弥合的结构失衡问题。除了受到国内外宏观形势影响和各类外生冲击之外，主要归咎于国内资本市场制度体系存在的一系列缺陷。从辩证的眼光来看，当时采取的某些制度和路径具有历史必然性，在当时是合理的，但在多年的发展演变中已越来越不适应当前经济社会发展的需要，脱离了良性运行轨道，成为一种体制机制束缚。

1. 资本市场定位和功能偏差越来越明显

历史上，我国证券市场的发展是伴随国企改革而开始和推进的，为国企服务曾是证券机构存在的主要目标之一。体制内的国有企业普遍存在预算软约束问题，盲目投资的冲动很容易导致"摊大饼"和"铺摊子"行为，资金链断了就转向股票市场，由此导致捆绑上市、包装上市等各类"圈钱"事件屡见不鲜，本质上都是竭泽而渔的行为。受发展惯性影响，时至今日，我国资本市场上的投机性行为仍大量存在，操纵市场的内部交易、各类证券欺诈行为也比较普遍，从内部得不到收益的投资主体，转而依靠频繁的外部操作。与国外发达经济体相对成熟的资本市场相比，国内市场投资者结构和利益分配机制存在明显差别，占投资者数量很大比重的是具有盲目投机倾向、缺乏清晰投资目标及技术的散户。

---

① 习近平总书记在中央经济工作会议上的讲话（2016 年 12 月 16 日）。

股市投机猖獗的关键问题，一是股市只进不退，不是优胜劣汰，而是"劣币驱逐良币"；二是股票发行行政化，发行权掌握在行政机构而不是交易所，股票发行没有第三方监管机制，证监会发审委自己发行股票不可能自我监管；三是对信息披露、交易行为的管理行政化，缺乏机制性管理，且对违规的惩罚不严，顾虑的因素太多等。要促使股市从投机市转换为投资市，就必须从根子上解决这些问题，就必须促使股市回归市场定位、恢复市场功能，就必须破除行政化，强化法治化市场化。股市要从"故事"回归"股市"。

2. 金融资源错配明显扭曲了市场定价机制

同样是受体制惯性的影响，我国金融资源容易向重资产行业、房地产市场、国有企业特别是央企集团倾斜，存在明显的金融资源错配问题。客观上，金融资源"亲国不亲民""亲大不亲小""亲重不亲轻"，导致大量资金流向效率低下甚至无效的行业企业，这些成功获得融资的行业企业，竞争力和资产质量可能低于市场配置资源的平均水平，导致资本市场出现"劣币驱逐良币"的局面。与此同时，伴随着大量金融资源（较大比例是信贷资源）流向土地市场和住宅市场以追逐高溢价，使得土地和住宅的金融属性明显增强，一二线核心城市住宅价格明显超出合理波动区间，推升了房价虚高的泡沫化倾向和相应的市场风险。

3. 隐性担保和刚性兑付助长投机行为

客观而言，我国金融市场尤其是股票市场、债券市场等资本市场投机倾向明显的根源之一，仍在于政府自身。三十多年来，我国中央和地方政府对主要市场、重点行业企业提供了大量的"隐性"担保，为部分企业盲目扩张行为做"背书"，国内资本市场形成了"刚性兑付"体制，客观上纵容了市场主体的道德风险行为，加剧了市场投机倾向，为各类市场风险的爆发与连通埋下隐患。例如，每每遇到股票市场和房地产市场暴跌就会出现"救市"的呼声，久而久之，社会和民众就为认为防止股价、房价大幅下跌是政府应当承担的"责任"。纵观历史，不缺乏金融监管部门频繁救市行为，各地政府也不止一次"挽救"房价于大幅下跌之时，此类隐性担保行为实际上放任了市场投机行为，客观上也助长了房价等资产价格的泡沫化倾向。

（三）市场风险交叉传染路径及对实体经济影响

2008年国际金融危机爆发以来，全球经济金融风险大幅上升，部分国家和经济体出现了较为严重的系统性金融风险，各类风险通过全球市场连通机制，形成向其他国家蔓延和扩张之势。随着我国经济金融化程度逐步加深，遭受全球市场影响和外部冲击的概率明显提高。近年来，我国经济增速放缓，一些主要市场风险日渐突出，股市大幅波动，债市违约频发，人民币汇率贬值压力持续增大，房市价格、大宗商品价格泡沫化等。局部风险在股市、汇市、债市、楼市、期市等个别市场爆发，在主要市场之间交叉传染，可能影响整个金融体系的稳定，进而给实体经济造成较为严重的负面影响①。

1. 局部市场发生风险的特征

——股票市场风险。由于存在行政发行、只进不退等缺陷，迄今为止的中国股市是个政策市、投机市，是个"劣币驱逐良币"的有严重缺陷的市场。这个市场更容易产生大起大落。当政策信号推动估值偏离合理水平时，容易引发股价泡沫，泡沫破灭又容易引起股价大幅暴跌，导致股市相关指数急剧下降、恐慌情绪蔓延、流动性枯竭、高杠杆资金被强制平仓遭受严重损失等风险扩散的情况。

---

① 臧跃茹、曾铮：《"十三五"市场风险与防范》，《中国金融》2016年11月，第49页。

——债券市场风险。由于债市由政府主导，市场化程度低，当实体经济受到冲击时，资金供应明显趋紧容易引发债市风险，促使债券收益率快速上升，价格大幅下降，出现企业评级被集中下调的"降级潮"与违约事件频发的"违约潮"叠加的情况，新债发行难度加大，债市市场运行和发展处于不良循环中。

——汇率市场风险。在资本项下人民币自由汇兑前的过程中，资本的国际流动容易受政策变化的影响，外汇政策任何措施出台，或者是国内外宏观政策有重大变化，无论是收紧政策还是放松政策，对市场的刺激效应都可能被放大。如果措施操作不当，可能出现"黑天鹅"事件，造成国内外投机性资金在我国外汇市场上大进大出，企业和居民为避免资产大幅缩水而恐慌性换汇，而为了稳定外汇市场有关部门又可能采取汇率超调措施，这会造成外汇市场大幅波动。

——房地产市场风险。从国际经验看，房地产市场周期一般为18年左右，我国房地产从政府和国有单位控制转向市场化运行到目前为止已经18年多，这18年的房地产投资和价格几乎是单边上行，需求构成中投资和投机性需求占比不断提高，目前已经进入泡沫化阶段。在这个情况下，一旦有关政策如房地产存量税政策预期出台，市场可能引发急剧波动，或者如果金融收紧导致资金环境恶化，房价继续大幅上涨预期发生显著改变，就可能出现局部或整体房价剧烈下跌，叠加近几年信贷杠杆购房占大幅度提高积累的风险一并释放，可能会造成卖房拥挤现象，导致房地产价格和投资大幅下滑，造成较大的经济和金融风险。

2. 主要市场风险交叉传染的渠道

主要金融市场之间的关联性日益增强，局部市场风险爆发后，将导致整个金融体系流动性紧张，加剧市场避险情绪，引发现有资金向其他市场快速轮转，从而导致股市、债市、楼市、汇市等多个市场价格大幅波动。一连串的市场连锁反应，将使投资者市场信心遭受一定打击，提高对各类风险资产的投资溢价要求，由此可能导致股票市场估值下降，债券市场信用利差扩大，房地产市场基准价格下跌等。主要金融市场风险交叉传染过程中，政府政策的影响具有不确定性，可能有助于化解风险，但也不排除放大风险的可能。针对单个市场"头痛医头、脚痛医脚"的应急措施，可能"堵"住了某个市场风险，却使风险在其他市场以其他形式表现出来。"冰冻三尺，非一日之寒"，主要市场风险的产生固然有外生冲击的因素，但主要还是自身体制机制所致。可见，应对市场风险的措施需要长短结合，但实践当中很难把握这个平衡，不排除有助于化解中长期、全局性风险的政策可能会加剧市场短期风险。此外，近年来引发国内市场风险、市场价格大幅波动的导火索在于国际市场各类"黑天鹅"事件或主要经济体的政策，这对双边、多边协调国际经济政策提出了更高要求，处理得好将发挥市场稳定器作用，处理不好可能会加剧风险，影响供给侧结构性改革顺利推进。

3. 爆发系统性风险对实体经济的影响

从世界经济史来看，每当金融风险未能有效控制时，一般都会诱发金融危机，而每次局部或全球金融危机爆发，都会产生严重后果，给经济社会发展带来一系列负面影响，甚至导致衰退、崩溃、解体等严重后果。多个市场风险交叉传染，容易引发系统性的重大市场风险，伴随股价、汇率、利率和房价的剧烈大幅波动，导致金融市场流动性衰减甚至枯竭，引发投资者和消费者避险甚至恐慌情绪，进而对宏观经济平稳运行产生冲击性影响。一是导致投资需求剧烈收缩，影响总产出，拖累经济增长。一旦爆发系统性风险，大多数投资者倾向于抛售资产而持有货币，导致市场利率上升、股票和债券等资产价格下降，由此可能导致融资规模大幅下降，考虑到投资乘数效应，将使短期经济增长面临更大的下滑压力。同时，信贷紧缩、信用收紧，资产价格大幅下降，将导致实体经济企业面临严重的资金链断裂风险，不排除出现链式破产潮。二是导致消费需求剧烈萎缩，影响社会和谐和稳定。一旦爆发系统性的重大市场风险，各类资产价格将在短期内出现较大幅的快速下跌，影响居民家庭资产保值增值和财富增长，进而影响居民家庭消费需求，还将导致恐慌情绪在全社会蔓延，甚至引发各类群体性事件。

（四）"制度稳市"的重点任务

作为深化供给侧结构性改革的重点难点，建立健全金融市场体系，推进多层次资本市场建设，合理优化市场结构，加强重点市场运行机制建设，坚决治理市场乱象，坚决打击违法行为，加快建立监管协调机制，及时弥补监管短板，加强宏观审慎监管，强化统筹协调能力，推进股市、汇市、债市、楼市回归到各自的功能定位，充分发挥市场机制的调节作用，有利于提高金融服务实体经济的能力和水平，对于纠正金融、房地产和实体经济的结构性失衡，防范主要市场风险爆发以及交叉传染具有重要意义。

1. 健全市场体系，形成防风险长效机制

进一步深化各类金融市场改革，建立健全防范风险的长效稳定机制。在有效防范风险的前提下，切实扩大市场有效供给规模，优化供给结构并合理疏导需求。

——从稳定股市来看，坚持市场化改革方向，完善新股发行机制、再融资制度以及并购机制，适时加快推进股票注册制改革；深

化创业板和新三板改革，推进市场分层制度建设，加快完善相应的转板制度；完善退市制度，排查、清理"僵尸企业"，严控重组上市，强制执行重大违法违规公司退市；夯实保障股市健康发展的法治基础，健全对各类交易行为风险的监管警示制度，建立长效稳定机制。

——从稳定汇市来看，按照渐进改革思路，保持人民币汇率基本稳定，逐步形成以市场供求为基础、双向浮动、有弹性的汇率运行机制；继续加强对资本外流的管控，加大对非法跨境资本流动的打击力度；提高外汇储备管理的透明度和资产配置灵活性，加强外汇储备合理变动的解读与宣传，稳定市场预期；加强外汇市场信用体系建设，清理和规范外汇管理法规，整合信用信息资源，完善信用评级和备案制度，建立严格的失信惩戒机制。

——从稳定债市来看，建立全国统一的债券发行和交易制度，包括统一准入条件、信息披露标准、资信评级要求、投资者保护机制等；在确保严控风险的前提下，优化市场结构，合理扩大企业债规模，适当增加资产证券化等结构性产品，继续放松对市场投资者的准入限制；健全兼并重组、债转股、资产证券化等多元化信用风险处置机制，稳妥发展信用违约互换（CDS）等风险管理工具，增强市场风险管理的主动性和动态性。

——从稳定楼市来看，深入贯彻中央有关"房子是用来住的，不是用来炒的"原则，坚持因城分类施策，短期仍以防范房价大幅波动为主，关注政策密集出台后楼市资金动向，力争打赢热钱阻击战。中长期来看，应多管齐下，适时调整供地规模和结构，规范发展租赁市场，优化产业、社保、城镇化配套政策，建立稳定房价、促进住房回归居住属性的保障机制，打赢制度稳市的持久战。

2. 构建统一的金融市场监管体系，实行市场统一监管和宏观审慎监管

一是建立健全高效、权威、统一的金融市场监管体系。科学规范国家金融稳定和发展委员会职能，顺应金融混业经营的发展趋势，推动现行的机构监管向功能监管体制转变，按照业务性质划分监管责任。赋予金融市场监管机构对我国境内所有金融机构、主要金融市场以及具有相当金融属性的商品市场实施统一市场监管的职责。对当前未纳入统一监管的金融业务，尽快明确监管责任归属，适用同类业务的监管规则或制定合理的监管规则；对新出现的金融业态，及时明确监管责任归属，纳入统一监管范围，从而实现金融监管对金融行为及相关风险的全覆盖，着力消除监管盲区。在此基础上，健全监管决策机制、流程，并就监管规则和执行效果进行定期评估，同时加强对监管机构的多元监督。

二是完善宏观审慎监管的规则体系和组织体系。明确实施宏观审慎监管的总体目标和制度框架，建立负责宏观审慎监管的金融稳定委员会，在中央层面统筹协调各监管部门、维护金融系统的整体稳定性，增强对重大市场风险的抵御能力。健全各监管部门决策协调和信息共享机制，实现对跨行业、跨市场、跨境金融风险的有效监测和评估，形成适应混业经营趋势的金融风险监测预警机制，分类分层次建立日常风险识别和疏导机制。建立有序的金融机构破产清算机制，加强系统性风险处置过程中的金融消费者权益保护机制。

三是建立健全风险应急处置机制和承担机制。加强金融监管部门与其他宏观调控和市场监管部门的政策协调。明确系统性金融风险处置过程中各部门的授权原则及部门之间的责权关系。做好主要

经济综合部门和职能部门局部风险隔离处置预案，避免局部市场风险发生后，向其他市场和部门传染和蔓延。加强金融监管部门与市场金融机构之间的沟通，提高监管决策的透明度和可预期性，尽力避免因信息不对称引发市场不必要的恐慌情绪。理顺市场风险承担机制，合理引导市场主体预期，避免对政府兜底救助和刚性兑付抱有不必要的幻想，引导市场主体约束自身行为，从源头减少道德风险的发生。

三、多管齐下，形成稳定的社会环境

正确处理改革、发展与稳定的关系，是中国特色社会主义事业不断取得成功的一条基本经验。推进供给侧结构性改革要坚持稳定是大局，必须坚持改革、发展、稳定的统一。历史反复证明，在我们这样一个大国，没有稳定的社会环境，改革和发展就难以推进。过去30多年，我们之所以能够有序推进改革、实现经济社会快速发展，就是因为牢牢把握住了稳定这个前提，始终坚持把改革力度、发展速度和社会可承受程度统一起来，把改善人民生活作为处理三者关系的结合点，从人民利益出发谋划和推进改革，把握好改革举措出台的时机、力度和节奏，并采取先易后难、由点到面，从局部到全局、分阶段有步骤循序渐进推进的方法，既避免改革引起经济衰退和社会震荡，又使改革发展成果真正惠及全体人民。当前，我国经济体制深刻变革、社会结构深刻变动、利益格局深刻调整、思想观念深刻变化，在给我国发展进步带来巨大活力的同时，也使各种社会矛盾愈发凸显。创造稳定的社会环境，对顺利推进供给侧结构性改革尤为重要，一定要坚持稳定压倒一切，采取有效措施防范和化解可能威胁社会稳定大局的风险，从处理好改革发展稳定关系

的角度，深入分析影响社会稳定的风险因素，总揽全局，标本兼治，为供给侧结构性改革顺利推进和经济社会持续健康发展营造稳定的社会环境。

（一）明确可能影响社会稳定大局的主要风险点

从经济社会运行情况看，当前可能影响到社会稳定大局的风险点主要包括四类。

一是改革过程中出现的局部失业风险。当前，我国经济增长速度换挡，新旧动能转换过程仍在继续，新动能在短时期内尚难以有效承接，就业形势整体较为严峻。而在推进供给侧结构性改革过程中，部分产业和地区要做"减法"，可能会带来局部地区失业问题。比如，去产能过程中，要根据实际情况"关、停、并、转"一批落后和过剩产能企业，如缺少切实安排，依附在这些产能上的劳动力就面临失业风险，成为影响社会稳定的风险点。再如，去杠杆过程中，一些企业可能会资金链断裂、资不抵债，可能要进行并购重组、破产清算，也会带来局部失业问题，构成风险点。

二是社会流动性下降带来的阶层冲突风险。虽然近年来我国总体收入差距已不再明显扩大，而呈高位徘徊态势，但社会阶层固化现象凸显。富裕阶层安全感不足，面临"原罪"和"仇富"等社会思潮冲击，移民倾向加重；中产阶层自我认同感缺失，在房市、股市、汇市等波动中可能随时滑出中等收入群体；处于社会底层的民众向上流动的机会仍较有限，相对贫困问题也更加显性化，低保边缘群体不时会出现生活窘迫的局面。同时，新常态下经济增速放缓，"蛋糕"不可能像以前那样快速做大，但民众对分享蛋糕的期待不断上升，而对收入分配不平等的容忍度有所下降。特别要注意，人们将收入差距与寻租、腐败等相联系，这更易导致不同收入阶层的隔阂对立，甚至引发社会的不稳定。

三是社会突出矛盾引发的群体性事件风险。首先，深入推进城镇化仍将伴随较大规模的征地拆迁工作，补偿标准不高、征地程序不够合理等多种原因都可能引发上访甚至发生局部冲突事件。同时，新生代农民工占进城农民工的比重不断增多，他们受教育程度更高，融入城市的愿望更强烈，与城镇原住居民享受同等公共服务的要求更明确。一旦愿望无法实现，与城镇原住居民及中高收入群体的矛盾可能更加尖锐，城市中新的二元结构将带来更加直接的矛盾冲突。其次，食品药品安全问题的不断曝光，环境恶化的负面影响不断显现，而人民群众对健康和环境的权利意识在提高，这些问题频频引发人员聚集、抗议和冲突，群体性事件在我国许多地区时有发生，甚至在部分地区集中爆发。当前社会正进入对健康与环境的敏感关注期，若处置不当，很容易激化矛盾、导致事态升级，造成的社会影响十分深远。特别是信息化时代使得谣言传播、情绪扩散比以往更为便利，破坏性也更大。再次，深入推进供给侧结构性改革，也可能带来相关债务违约风险和纠纷，引起比较尖锐的社会矛盾，甚至触发局部性社会风险。

四是境外敌对势力的意识形态渗透和在境内鼓动、组织的群体性事件风险。近年来，西方中心主义的思想意识、价值观念、行为准则和生活方式，通过各种途径和方式影响着我国公民。反华反共势力，有组织、有策划、持续性地传播诱导性信息，不断宣扬西方制度的优越性，不时捏造、渲染出虚假、夸张的证据，不断诋毁中国制度和中国道路，引起在转型中的利益受损群体产生消极情绪，甚至激化矛盾、鼓动形成反政府、反社会的实际行动，有时还引发一定规模的非法非正常的群体性事件，破坏社会凝聚力和向心力，危及社会和谐稳定。境外势力的渗透与受损群体的不满一旦紧密结合和互动起来，政治领域的风险就更容易传导到社会领域，导致社会不稳定事件更加频繁地发生。此外，境内外"三股势力"的抬头，还将对民族团结和边疆少数民族地区的长治久安构成新的挑战。

此外，不可忽视的是，网络信息社会信新兴媒体迅猛发展，网络虚拟社会对现实社会的影响日益增强，局部社会矛盾更容易传播扩散，稳定社会的难度也在空前加大。

(二)"标""本"齐下维护社会稳定大局

影响社会稳定的主要风险点是在我国中长期转型中逐步积累形成的，并且在不断演化，具有复杂性和多变性。既要从全面深化改革的高度着手，通过体制机制的调整完善，从根本上解决根源性问题；又要及时应急处置突发性风险，避免风险放大和扩散。社会稳定工作要借鉴当前的反腐败工作思路，坚持标本兼治、"治标为治本赢得时间"，特别要注意防范化解激烈程度较高、负面影响较大、苗头趋势较强的社会矛盾冲突。

一是稳定就业。就业是民生之本，是社会稳定的关键所在，要坚持底线思维，坚决守住保就业等民生底线，有效防范社会风险。要完善失业监测和预防机制，加强去产能重点地区的失业监测，动态掌握企业职工就业信息，针对局部性失业风险要制定具体可行预案，及时发现和有效处置风险隐患。要完善下岗失业人员就业扶持政策体系，强化转岗培训、政府补贴、鼓励自主创业，提高职工再就业能力。特别要用好国家化解过剩产能专项奖补资金，把地方政府对僵尸企业和落后产能的种种补贴，转用于职工安置，通过政府购买公共服务、支持资助创业、培训再就业等方式，推动职工就业结构性转移。

二是筑牢社会保障底线。坚持社会政策要托底的思路，不断完善社会保障体系、及时解决改革过程中的托底问题是营造稳定社会环境的重点。在长期制度建设上，要不断完善社会保障体系，特别要在社会救助和社会福利体系上发力。整合城乡社会救助体系，逐步缩小城乡最低生活保障待遇差距。将低保边缘群体、符合条件的常住人口纳入专项救助范围。健全社会救助标准动态调整机制，强化社会救助标准与物价上涨挂钩、低保与专项救助标准联动、社会救助与社会保险及慈善事业衔接的制度安排。针对改革推进过程中的下岗失业却缺少失业、养老等保障的群体，要妥善处理，特别是对无法依靠产业扶持和就业帮助的贫困家庭实施兜底保障。健全适度普惠的社会福利政策，逐步提高农村五保和城镇"三无"老人供养标准，将失能老年人、低收入老年人等纳入社会福利保障。加强社区儿童照料和关爱服务体系建设，按需建设儿童福利机构，将困境儿童、事实无人照料儿童纳入儿童福利保障。健全残疾人托养和康复体系，推进重度残疾人补贴制度全面覆盖。

三是构建向心化、法制化的社会治理体制。在应对突出问题和矛盾风险的同时，也应长远谋划，以中华民族和平崛起和伟大复兴的中国梦为引领，用社会主义核心价值观来凝聚社会向心力，用治理框架的优化来提高社会主体的责任感和认同度，用维权维稳关系的理顺来实现利益顺畅表达与矛盾及时化解，用新老城市居民的融合促进社会包容。特别要注意信息时代社会风险的治理机制，不能一味靠堵，而要以更平等的姿态沟通协调。

四是完善社会风险评估和防范机制。要普遍开展社会稳定风险评估，确保具有涉稳风险的重大决策全部纳入稳评范围，增强群众在稳评中的参与度和话语权，科学识别、动态跟踪和及时处置涉稳风险，最大限度降低重大决策风险。要建立全时空治安防控和反恐体系，立体化确保社会稳定。在重点场所、敏感部位、特殊地区全面建立隐患实时监控机制，强化社会治安和反恐情报信息工作，坚持持续高压和严打方针，坚决打击和遏制严重危害人民群众生命财产安全的刑事犯罪案件、恶性极端事件和暴力恐怖活动。加强网络安全管理，强化对新媒体的引导，完善信息共享机制，规范互联网服务秩序。

第二节　如何最终形成有效市场运行机制

习近平同志指出，"使市场在资源配置中起决定性作用和更好发挥政府作用，是推进供给侧结构性改革的重大原则。"① 考虑到不同地区、不同领域具体情况差异很大，虽然有的地方和领域行政手段多一些，有的地方和领域市场作用大一些，但从供给侧结构性改革的内在要求看，必须坚持使市场在资源配置中起决定性作用，充分运用市场化法治化手段，努力形成"有效市场"运行机制，打破行业垄断、进入壁垒、地方保护，增强企业对市场需求变化的反应和调整能力，提高企业资源要素配置效率和竞争力。发挥政府作用，也不是简单下达行政命令，要在尊重市场规律的基础上，用改革激发市场活力，用政策引导市场预期，用规划明确投资方向，用法治规范市场行为，要使政府职能真正转到履行好宏观调控、市场监管、公共服务、社会管理、保护环境等基本职责上来，特别是要强化技术、质量、能耗、环保、安全等标准约束，以市场化方式引导企业

---

① 习近平总书记在中央政治局第三十八次集体学习后的总结讲话（2017年1月22日）。

准入、退出和兼并重组等。这些都是改革中要解决的现实难点和重点问题。

一、"有为政府"保障"有效市场"运行的依据

古典经济学派认为在市场这只"看不见的手"支配下，人人为己却恰恰增进了社会总体福利，自由经济促进了资源的合理配置，提升了经济的发展效率，创造了大量的社会财富，政府在其中只需扮演好"守夜人"的角色即可。然而，19世纪以来每十几年一次的经济危机，特别是1929年爆发的世界性经济危机，使得人们对这一理论开始质疑反思。在此背景下，20世纪30年代，主张政府干预的凯恩斯主义应运而生，此后迅速成为各国经济政策实践的主导思想并取得成效。然而，到了70年代，美英等主要经济体纷纷陷入"滞胀"，凯恩斯主义的政策实践遭遇危机，新自由主义趁势而起，迅速成为西方经济学的主流思潮和各国决策依据。新自由主义把自由市场推到至高无上的地位，认为不受限制的自由市场是通往繁荣的正途，对自由市场的任何限制都会导致压迫与奴役。相关政策主张被包装为"华盛顿共识"，核心内容是"三化"，即自由化、私有化、市场化。新自由主义政策实施前期，对英美等国纠正凯恩斯主义过度干预市场、摆脱滞胀困境、恢复经济持续增长，以及转轨国家实施"市场取向"改革发挥了一定作用，但负面影响也十分明显。一是直接导致了美国两次资产泡沫危机。2000年泡沫破灭结束了美国持续时间最长的繁荣周期，2008年祸起美国次贷危机的国际金融风暴导致全球金融动荡和经济持续低迷。二是20世纪90年代至21世纪初的自由化改革给拉美国家带来金融危机、债务危机和经济持续低迷，失业率居高不下、两极分化加剧、社会矛盾激化，成为不少

国家落入"中等收入陷阱"的主要诱因之一。三是新自由主义的"休克疗法"给苏东转轨国家带来了严重的经济衰退和主权削弱，成为许多体制转轨国家的前车之鉴。总之，这些历史教训说明，完全市场调节具有自发性和盲目性，大量存在信息不对称、垄断、负外部性等市场失灵问题。片面强调市场万能，忽视市场失灵的客观存在，反对任何政府干预，主张完全由市场调节，会削弱甚至否定政府在经济治理中的积极作用，从而无法有效防控系统性风险，难以防止和化解经济周期性大幅波动的负面影响，矛盾和风险积累到一定程度势必会引发经济危机。

政府也不是万能的，同样存在失灵问题。在力图弥补市场失灵的过程中，政府采取的立法司法、行政管理等各种手段，不管是干预不足还是干预过度，均会导致经济效率和社会福利损失。例如因政府干预经济导致政府规模膨胀过快、巨额财政赤字、寻租、制度性交易成本激增、社会经济效率低下等。美国经济学家麦克切斯（F. McChesney）在《抽租与创租》（1988）中曾分析过"政治性创租"和"抽租"两个概念，并用其刻画政府借助公共权力寻租的过程。垄断导致寻租，寻租导致腐败，政府利用垄断性行政权力和法律手段干预市场，获利方倾向于用较低的贿赂成本获得较高的收益和超额利润。公共选择学派的学者长期致力于此类研究，他们一般认为人类社会由经济和政治两个市场组成，无论是在经济市场还是政治市场上，个人都是自利者。政治市场上的寻租、设租、抽租等一系列行为把费用强加给社会其他群体，从而阻碍了经济发展，破坏公平竞争秩序，直接导致社会福利净损失。

正确处理好政府和市场关系，需要政府等公权力部门纠正或弥补市场失灵，也要避免政府失灵，最终形成有效市场运行机制。

2013 年的诺贝尔经济学奖得主尤金·法玛（Eugene Fama）在 1970 年以股票市场为例提出了有效市场假说（Efficient Market Hypothesis）。该假说指的是在特定市场上，所有信息都会很快被市场参与者领悟并立刻反映到市场价格上。有效市场假说的假设前提是完美市场，即不存在市场摩擦，不考虑交易成本和税收，所有资产完全可以分割、交易，信息完全对称，信息成本为零，整个市场完全充分竞争，所有市场参与者都是理性人，追求效用最大化，都是价格接受者。根据获得信息的类型，将有效市场分为弱式市场、半强市场、强式市场三个层次，由弱式到强式市场，信息传递更加通畅，信息占优方的优势逐渐减弱，获得信息租金的概率不断下降。但是，现实中有效市场假说是不成立的，绝对的有效市场是不存在的。市场参与者要承担不同类型和规模的各类交易成本，税、费、租金都是真实的存在，信息不对称、契约不完全也是常态。从新制度经济学的视角看，交易成本（Transaction Cost）是伴随社会分工和交易行为产生而产生的，社会大分工提高效率的同时自然会带来一定的交易成本。按交易的范围和主体可将交易成本划分为三类。一是市场型的交易成本，即企业外部的市场存在大量不确定性，因不完全信息导致的各类资源配置损失。二是管理型的交易成本，即在企业内部发生的有关人财物管理、技术投入及公关游说等活动产生的费用。三是行政型的交易成本，国外研究将这类成本称为政治型交易成本，因其涉及政党、工会、雇主协会等压力集团的建立与运营成本，与"强制力的教化"或"有组织的暴力垄断"相关。上述所有妨碍有效市场运行的制度性交易成本中，最难辨识和清除的成本都与公权力和政府行为密切相关。比如行政性垄断，即滥用行政权力或依仗行政势力直接干预微观市场主体竞争；又如政府规制体系不健全，规制立法与执法方面存在明显缺陷甚至是"监管俘获"问题等。由此可知，政府干预经济的方式和程度，公权力运行规范与否，决定交易成本尤其是制度性交易成本的规模，客观上也直接影响市场有效性。"有效市场"是相对而非绝对的，"有为"而非"胡乱作为"的政府体制，更能保障"有效市场"机制的健康运行。

二、"有为政府"保障"有效市场"运行的历史逻辑

处理好政府和市场的关系，实际上就是处理好在资源配置中市场还是政府起决定性作用的问题。计划经济和市场经济有本质不同，根本差异在于以哪种方式配置要素资源，以行政干预方式配给资源是计划经济模式，以市场调节方式配置资源则是市场经济模式①。改革开放以前，认为市场经济姓"资"，是资本主义独有的经济体制，计划经济才姓"社"，是社会主义经济体制的特征。当初，我国实行的是高度集中的计划经济，基本上排斥市场机制的作用，全部由政府通过行政计划配置资源。此后，突破计划经济体制的关键是解放思想，摒弃否定和排斥市场机制的惯性思维，这一过程持续了相当长的时间。

改革开放深入推进，逐步突破了政府和市场关系的传统思维概念。1992 年初，邓小平同志在视察南方的谈话中指出，计划多一点还是市场多一点，不是社会主义与资本主义的本质区别。计划经济不等于社会主义，资本主义也有计划，市场经济不等于资本主义，社会主义也有市场。计划和市场都是经济手段。这一论断表明我们对政府和市场关系的认识有了重大突破。1993 年党的十四大报告中

---

① 陆娅楠：《如何处理好政府和市场的关系——专访国家发展和改革委员会宏观院研究员林兆木》，《人民日报》2013 年 12 月 8 日。

指出，"我国经济体制改革的目标就是建立社会主义市场经济体制……要使市场在社会主义国家宏观调控下对资源配置起基础性作用"。以此为开端，我国对市场机制作用的认识上升为指导全党实践的纲领，对于深入推进改革开放和经济社会发展有重要意义。从党的十五大到十八大，就社会主义市场经济特征和市场机制作用、功能定位，进行了长期而系统的理论探索。党的十五大报告指出"使市场在国家宏观调控下对资源配置起基础性作用"、十六大报告提出"在更大程度上发挥市场在资源配置中的基础性作用"、十八大报告进一步明确"在更大程度更广范围发挥市场在资源配置中的基础性作用"，从这些论述中不难看出，对政府和市场关系的认识是在理论与实践结合过程中稳步发展的。

"市场在资源配置中起决定性作用"开创了改革开放新思维。十八届三中全会《决定》提出上述论述，说明中央对政府和市场关系的理论认识上升到一个新的高度。习近平总书记在党的十八届三中全会《决定》说明中指出了"四个有利于"，即"有利于在全党全社会树立关于政府和市场关系的正确观念，有利于转变经济发展方式，有利于转变政府职能，有利于抑制消极腐败现象"。经济活动最根本的问题就是如何更加有效地配置资源，资源配置方式决定了不同的配置效率。我国基本制度与西方发达国家明显不同，是从高度集中的计划经济体制转型而来，推进体制改革的逻辑起点是减少政府对经济微观事务的过多干预。历史和实践证明，市场经济是资源配置最有效率的基础性制度，是解放和发展生产力、实现现代化的最佳途径。使市场在资源配置中起决定性作用，实质就是让价值规律、竞争规律等市场经济一般规律发挥决定性作用。

"更好发挥政府作用"需要一个公平竞争、有序高效的市场作基础。中央提出使市场在资源配置中起决定性作用，不等于认同市场万能论，而否定政府作用。十八届三中全会《决定》指出，"科学的宏观调控，有效的政府治理，是发挥社会主义市场经济体制优势的内在要求"。市场经济必然是法治经济，需要受到法律法规、社会公约、职业道德等约束，市场主体的活动不能以限制或排除他人竞争为前提。实践证明，在加强党的领导下，我国各级政府在推进改革开放、结构调整、维护发展稳定等方面取得了明显成效，积累了应对各类危机和风险的实践经验。"更好发挥政府作用"，是以国家战略和规划为指引，正确运用宏观经济政策，统筹调节总供给和总需求，防范系统性风险引发经济运行大起大落，力争保持宏观经济稳定。同时，由于市场机制作用有自发性和盲目性，市场主体为追求自身利益最大化可能与公共利益产生一定冲突，为此政府需要加强市场监管，维护市场竞争秩序，积极解决各类外部性问题，保护生态环境和劳动者、消费者健康等安全权益。此外，由于市场机制不能很好地解决公共品供给和分配公平等问题，政府需要规范初次分配秩序，通过税收、社保、转移支付等手段合理调节再分配机制，防止收入差距过分拉大，维护社会和谐稳定。

三、当前妨碍"有效市场"运行的突出问题

市场决定资源配置是市场经济的一般规律，我国经济体制改革总体上是遵循这一规律不断深化的。我国的实践证明，社会主义和市场经济能够成功结合，并通过深化改革充分发挥两者的优势。随着市场化改革的深入推进，我国绝大多数经济领域的资源配置已基本上通过市场进行。但是，在生产、流通、消费的某些环节，仍然存在壁垒过高、配置效率过低甚至严重浪费等情况，直接妨碍有效

市场机制运行①。

一是市场准入壁垒"虚低实高",影响市场主体创业创新活力的释放。一些行业和领域开放性不足,不同市场主体准入仍存在歧视性门槛、体制内外有别、资源配置有亲疏的情况屡见不鲜。特别是电信、石油、电力、铁路、金融、文化等领域,自然垄断、经济性垄断和行政垄断问题交织在一起,使得民营企业进入相关市场仍面临诸多限制。虽然有关政策要求放宽市场准入,但实质进展不大,仍存在"大门打开、小门没开"的制约,存在"玻璃门""弹簧门""铁丝网"等或明或暗的壁垒,民营企业仍然被牌照、资质、控制权等实质限制挡在门外。由此导致民间投资者深陷"进无预期、行有阻碍、退无出路"的窘境,中央多次强调的"非禁即入"原则在实际操作中存在困难。

二是要素与商品市场不匹配的结构性矛盾凸显,不利于经济发展方式的转变和结构升级。要素市场与商品市场不匹配的根源,是关键要素市场自身发育存在明显的扭曲与缺陷。首先,资本市场服务实体经济的能力明显不足。目前,金融市场主要为"铁公机"等固定资产投资和制造业服务,以国有大型银行为主体,直接融资市场发展迟滞,股市和债市服务实体经济的能力较差。在经济下行阶段,欠发达地区的金融生态环境日益恶化,银行惜贷、抽贷的情况比较普遍,其他民间机构信用违约等情况也屡有发生。其次,土地市场配置低效加剧房地产市场失衡。现有征地与土地"招拍挂"制度,在高增长时期曾持续推高商业和住宅用地价格,地方政府互相效仿以高昂卖地收入弥补本级财力不足,凭借低地价开展一系列

---

① 参见臧跃茹、郭丽岩:《当前现代市场体系建设面临的突出问题与对策》,《改革内参》2016年3月。

"引资大战"，导致大量难以在短时间内消化的结构性问题。第三，科技要素无法有序流动和高效配置。不同区域不同行政隶属的科技平台之间存在制度藩篱，大量科研经费沉淀在体制僵化的科研机构。科技资源富集地区的部分大型科学实验仪器和工程试验设备常年闲置或处于空转状态，造成较大浪费。此外，人力资源横向和纵向流动存在障碍。在粗放发展阶段，我国主要依靠低廉劳动力和资源粗放使用来拉动经济增长，低工资政策与城乡二元化的户籍制度，曾经大幅压低了劳动力价格。加之不同行政区划的公共服务供给数量和质量尚未实现均等化，进一步加剧了劳动力和人力资源跨区域自由流动的障碍。

三是市场分割和行业垄断依旧，妨碍全国统一大市场的形成，影响资源跨区域流动和配置效率。地区封锁和行业垄断始终是困扰我国市场体系健康发展的突出问题。在部分省（自治区、直辖市）产品或服务仍遭受不同程度的地区封锁，有的情况还比较严重。究其根源，在于地方保护主义非但未能根除，反而有抬头之势，土政策、潜规则花样翻新，地方（部门）红头文件的"威力"和自由裁量权明显过大，滥用行政权力对外来企业设置了重重障碍。比如，一些地方政府为克服本级财政困难，千方百计留住本地税收，要求外来企业设立子公司，阻挠外来企业并购本地企业或跨区连锁经营。在落实国家产业政策过程中，倾向于补贴能够成为地方稳定税源的本地企业和本地项目。又如，在地方公共资源配置和招投标等领域存在一系列暗箱操作和寻租行为，存在与当地企业合谋串标、设计外来企业陪标及各式排他性门槛的情形。再如，仍存在行政机构"拉郎配"行为，强迫某企业加入某集团，或指定经济效益好的集团"接管"效益不佳的本地企业。

四是市场秩序失衡亟待纠正，政府监管缺位，监管空白与监管低效问题并存。市场交易行为不规范，市场秩序建设面临复杂而艰巨的挑战。近年来，国内假冒伪劣产品屡禁不止，产品质量尤其是食品药品安全问题突出。中高端消费者大规模出国购物或选择海外代购，直接反映了对国内商品质量和市场环境的严重不信任。究其原因，目前社会信用体系建设进展较慢，市场主体的守信激励和失信惩罚机制不健全，失信成本过低，存在"竞相"钻法律和制度空子的情形。不仅市场主体信用缺失危害较大，地方政府公信力不足也是导致市场秩序失衡的重要原因。由于地方政府承诺的政策落实不到位或变化太快，导致公用事业工程相关中标企业经营不善，服务质量大幅下滑，甚至恶意退出的情况时有发生。例如，民营企业通过投标方式获得地方污水、垃圾处理工程的特许经营权，但因政府承诺的配套管网建设不到位，收费政策调整不及时等原因，造成处理能力闲置甚至长期亏损。

四、实现"有为政府"和"有效市场"结合的工作重点

处理好政府和市场的关系，使市场在资源配置中起决定性作用和更好地发挥政府作用，是推进供给侧结构性改革的重大原则。我们既要遵循市场规律，发挥市场积极作用，又要让政府勇担责任，用改革激发市场红利，用法治规范市场行为，从而以"有为政府"促进"有效市场"机制运行。

一是加快建设统一开放、竞争有序的现代市场体系。建立健全现代市场体系是深化供给侧结构性改革的重要支撑。一方面，要加快重点领域市场建设，尤其是完善竞争性要素市场，理顺上下游价格形成与传导机制，减少不合理的交易摩擦和寻租空间，从而有效

扩大要素供给规模，深度优化供给结构。另一方面，要大刀阔斧地改革市场体制机制，削弱信息不对称、负外部性等市场失灵和各类行业垄断、行政垄断引致的负面影响，规范市场竞争秩序，提高市场运行效率，从而夯实经济稳定可持续发展的基础。

二是坚持简政放权"放"彻底，切实减少政府对市场的干预。对现有行政审批项目进行集中梳理，实现行政审批项目取消或下放从数量规模减小向质量含金量提升的转变，实现从项目的"政府端菜"向"群众点菜"转变，实现从权力的直接下放向政府上下级有效对接转变，真正推动简政放权向纵深发展，提高群众和企业的满意度，进一步释放市场活力和社会创造力。

三是坚持加强监管"管"得好。在简政放权的同时，必须加强市场监管。要以建立法治规范、多元共治、包容参与、透明、可问责的现代市场监管体系为目标，强化政府市场监管职能，健全市场监管的规则体系，改进市场监管的机构设置，创新监管机制和监管方式，为各类市场主体营造公平竞争的发展环境。

四是坚持优化服务"服"到位。加快推进政府由管理者向服务者角色的转变，建立健全与公共服务绩效相挂钩的干部考核评价体系，把更多的人力、物力、财力投入到服务民生工作中，为大众创业、万众创新提供全方位服务，让更多的群众分享到更充裕的公共产品和更优质高效的公共服务，进一步优化服务举措，改进服务流程，促进整个社会更和谐、更有凝聚力。

五是推进国有企业和和垄断行业改革。以市场为导向、以企业为主体，有进有退、有所为有所不为，加快优化国有经济布局结构。在关系国民经济命脉的重要行业、关键领域，国有资本要加大投资力度，确保"进足进够"，实现国家战略目标，充分发挥行业引领作用，提升国民经济发展质量。在一般竞争性领域，国有资本要有序退出，确保"退足退够"，为民间投资拓展要素和市场空间。

第三节　如何顺利实现新旧动能的转换

处理好短期和长期的关系，促进新旧动能顺利转换、有效接续，是重塑中长期经济增长动力的核心。习近平同志指出，推进供给侧结构性改革，"要立足当前、着眼长远，从化解当前突出矛盾入手，从构建长效体制机制、重塑中长期经济增长动力着眼，既要在战略上坚持持久战，又要在战术上打好歼灭战。"① 要"加法、减法一起做，既做强做大优势产业、培育壮大新兴产业、加快改造传统产业、发展现代服务业，又主动淘汰落后产能，腾出更多资源用于发展新的产业，在产业结构优化升级上获得更大主动"。加法与减法的关系，实质上反映的是经济增长新旧动能转换的辩证关系和方法问题。当传统动能由强变弱，亟待新动能蒸蒸日上，逐步替代传统动能，给予经济发展以新的不竭动力。在新旧动能接续转换的过渡时期，新动能和传统动能之间并不是非此即彼的排斥关系，而是要在培育和发展新动能的同时，着力改造提升传统动能，从而保证接续转换的顺利进行。实践中也面临一些新情况新困难。首先，调整存量、减少无效供给的难度比较大，制约传统动能调整改造提升。特别是去产能需要安置的人员数量多、处置的债务规模大，关系到就业、债务、税收等现实利益，去除旧动能的动力不足。其次，新动能成长壮大还缺乏健全的制度和市场环境。由于对新科技革命和产业变

---

① 习近平总书记在中央政治局第三十八次集体学习后的总结讲话（2017 年 1 月 22 日）。

革的认识不足、准备不到位，尚未摆脱跟随发展、模仿创新的路径依赖。政府服务水平和监管模式滞后于创新实践，用老办法管理新事物的问题越来越突出。一些地区仍然存在地方保护行为，在新兴经济领域设置不合理的准入障碍。支持创新的金融体系不健全，创新创业企业的资金需求难以得到有效满足。要解决这些难点问题，关键是促进制度创新和科技创新融合互动，为科技创新提供有效制度供给，提高科技创新对经济发展的支撑和贡献度。

一、转换新旧动能促进经济发展的国际镜鉴

经济发展新旧动能的转换，从哲学视角看，体现了发展的实质，即新事物产生、旧事物灭亡，从而推动事物不断向前发展。新旧动能的转换，还体现了发展量变与质变的辩证关系，即事物发展积累到一定阶段和程度，必然发生质的变化。从供给侧角度理解新旧动能转化的关键，在于辩证地分析有效供给和无效供给之间的关系。匹配需求的供给就是有效供给，难以满足需求或供过于求的供给就是无效供给。辩证地看，有效供给和无效供给之间是动态转化的，促进更多无效供给向有效供给转变，或者通过供给提质增效以开启新的需求，都有助于新的发展动能的生成。

从国际视角看，成功迈入高收入行列的国家无一不以成功实现新旧发展动能转换为前提和基础。对于美国、德国等发达经济体而言，在工业化阶段经历过长期的高速增长，在工业化后期或后工业化阶段出现经济增速平稳下滑之前，基本上都完成了一轮较大幅度的技术创新乃至产业革命，培育了一批掌控全球资源和前沿科技的跨国企业，及时完成新旧动能转换，使整个国家的科技水平和竞争力跃升至世界前列。

日本、韩国等赶超型国家跨越"中等收入陷阱"的主要经验，是通过产业转型升级，使增长获得了新动能。以日本、韩国为代表的"东亚模式"，仅用了十多年的时间，便成功跨越"中等收入陷阱"，成功跻身高收入国家行列，被称为经济发展的"东亚奇迹"。"东亚奇迹"的经验主要在于供需双侧发力，成功实现新旧动能接续转换。在供给侧，日韩两国以赶超欧美为目标，及时推动产业结构升级，第二产业从以棉纺织和食品等轻工业为代表的劳动密集型产业，向钢铁、机械、石化等资本密集型的重化工业转型，在此基础上，进一步完成了向汽车、家电、精密制造、新能源、新材料为代表的技术密集型、环境友好型工业的跃升，新旧动能的连续转换，支撑其最终完成工业化。与此同时，生产性服务业带动第三产业的比重不断上升，产业结构的转型升级为经济持续增长提供了原动力。与此同时，日韩相继完成需求革命，实现了从投资拉动型向消费主导型转变。例如，日本池田内阁于 20 世纪 60 年代及时启动了"国民收入倍增计划"，着手实施一系列增加居民收入的举措，完善社会保障体系，大幅提高国民生活水平，引导和激发中产阶级家庭消费升级，以新消费为动能支撑了消费型社会的来临。

拉美国家落入"中等收入陷阱"的主要教训，是未能成功实现增长新旧动能的转换。拉美地区是在中等收入阶段滞留时间较长的地区，个别拉美国家历史上曾经迈入过高收入门槛，但由于未能形成稳定的发展动能等原因，其人均收入很快大幅回落，重新落入"中等收入陷阱"。20 世纪 60 年代，拉美国家从农业为主的产业基础起步，集中力量将生产要素向钢铁、化工、机械等工业集中，试图人为地跨越劳动密集型产业发展阶段，直接迈向资本密集的重化工业。但是，由于缺乏资金、技术和人才等储备，导致了三次产业结构失调、轻重工业比例失衡，只能依赖外国资本和技术支持，未能形成支撑工业化发展的自主动能。70 年代，拉美依赖"负债"增长模式，以石油和矿产资源为抵押，大举外债的方式强行推动粗放模式下的高速增长。80 年代以后，许多拉美国家因无力偿还外债而引发债务危机，被迫实行了新自由主义的贝克计划，美欧跨国公司凭借直接投资涌入拉美国家的新兴工业，利用市场支配力获取了大量利润，进一步挤压了拉美本土企业发展空间。从供给侧来看，拉美本土工业企业未能通过创新实现新旧动能的转换，产业体系长期受制于人，是导致其深陷"中等收入陷阱"的重要原因之一。

二、推动新旧动能转换的紧迫性

从历史唯物主义的视角看，改革开放近 40 年，支撑我国经济发展的动力机制是不断演进的。长期以来，我国经济高速增长主要依靠要素驱动和投资驱动，依靠大规模的资源和能源消耗、大规模的投资刺激政策、劳动密集型产品出口来拉动。这种粗放式发展方式，曾拉动了数十年的经济高速增长，使我国迈进了中高收入国家行业。但同时，也导致我国经济发展总体质量和效率不高，出现各类较为严重的结构性失衡问题。如果不从根本上解决这些问题，就难以支撑我国真正稳定地迈进高收入国家行列。

随着经济发展进入新常态，资源环境约束越来越强，原有的劳动力成本低、环保标准低等比较优势逐渐减弱，新的比较优势尚未形成，部分行业产能过剩问题愈发突出，传统动能加速机制在瓦解，对经济发展的边际带动效应越来越弱。经济发展呈 L 型走势，除了周期性因素之外，更有结构性原因，主要是支撑经济发展的动能出现"青黄不接"的问题。主要表现为一系列结构性失衡问题，除了前面已经提到的金融与实体经济失衡、房地产与实体经济失衡之外，还有我国实体经济内部的供需结构性失衡、经济增长与生态环境失衡、内部和外部失衡等三个方面。

一是实体经济内部供需失衡说明动能转换迫在眉睫。产能过剩与需求结构升级的矛盾日益突出，无效和低端供给过剩，有效和中高端供给不足，供给结构对需求结构的适应性与灵活性不高，难以满足人民群众日益增长且不断提升的物质文化需要。这与传统发展模式过分强调增长速度、忽视发展质量密切相关。当前，我国投资有效性下降，传统行业比较优势正在丧失，新产业新动能生成较慢，明显缺乏持续增长的内生动力。需求管理尤其是宽松货币政策的边际效益持续递减，单纯依靠刺激内需难以解决产能过剩等结构性矛盾。受行政干预的体制惯性影响，要素资源供求错配仍较为严重，全要素生产率提升较慢，实体经济企业难以抵御成本大幅攀升压力，用于创新研发的资金明显不足，技术创新对经济发展的边际贡献下滑，产品品质和安全性改进滞后。这些直接影响了国内企业在全球产业链和价值链上的竞争位势。国内生产能力集中于中低端产品，部分商品质量和安全性不高，与国际市场需求明显脱节。同时，国内市场也没能掌握在自己手中，大量关键设备、核心技术、高端产品依赖进口，消费者出境购物、海外淘宝的支出屡创新高，海外购的商品不仅有名牌奢侈品，还包括许多在国内可以生产的日用品。加之世界主要经济体对外资的争夺加剧，我国制造业外资进入减少、撤出增多，国内部分制造业出现加速"移企"海外之势。

二是经济与生态环境的失衡说明新动能严重不足。良好的生态环境，是民生福祉所系。"呼吸清洁的空气、饮用干净的水"，这是关乎生命的基本权利，不应为了追求发展速度和规模而被忽视。当前，生态破坏严重、生态灾害频繁、生态压力巨大等问题，已成为全面建成小康社会的最大短板。在"像保护眼睛一样保护生态环境，像对待生命一样对待生态环境"① 方面，我们做得明显不够。在近40年持续快速发展中，我国农产品、工业品、服务产品的生产能力迅速扩大，但是提供优质生态产品的能力却在减弱，部分区域生态环境还在持续恶化。主体功能区是国土空间开发保护的基础制度，是从源头保护生态环境的根本举措，虽然已提出多年，但在落实过程中仍存在许多问题。环境治理力度不够，相关基础性制度不完善，自然生态系统稳定性和生态服务功能尚未完全发挥，生态安全存在一系列隐患。尤其是，近年来侵袭全国多地的雾霾、水污染等环境安全事件严重危及民众身心健康。民众对各类环境污染问题有切肤之痛，需要高度关注。究其根源，生态文明制度体系的有效制度供给不足，最严格的源头保护与损害赔偿制度、责任追究制度等还没有全面落地，治污者合理分担完善环境保护和生态修复成本的有效机制没有建立。绿色化减量化生产理念在付诸行动中遇到抵抗，绿色发展支撑体系尚待培育，绿色产业的生存发展空间还尚待拓展。

三是内部和外部失衡加大新旧动能转换难度。我国经济的内部失衡主要表现在储蓄和投资失衡，投资和消费关系不协调，这既有深层次体制机制的问题，也与外部失衡互为因果。一直以来，持续的贸易顺差和资本项目逆差及热钱流入被认为是我国经济外部失衡的突出特征。长期以来，我国实施"奖出罚进"的外贸管理体制，通过税收、汇率等政策大力鼓励出口，各地热衷于发展出口加工业，要素资源向对外经济部门集中，导致国内一些部门尤其是服务业等

① 习近平总书记在参加十二届全国人大四次会议青海代表团审议时的讲话（2016年3月10日）。

非贸易部门发展迟滞，不利于经济结构优化和发展的新旧动能转换。在曾经贸易顺差过快增长的时期，国内流动性过大，助长高投资冲动的同时，大量热钱流向股市楼市导致资产价格过快上涨，加剧了局部甚至是整个金融体系的风险。近几年，我国货物贸易出口增速放缓，顺差有所缩小，服务贸易逆差继续扩大，经常账户顺差维持在合理区间，占 GDP 的比重在 2% 左右，但是这并不能说明外部失衡矛盾得到了有效缓解。事实上，我国面临的对外贸易形势日益严峻，国际贸易摩擦不断加剧，受国际外汇、资本市场剧烈动荡影响，稳定汇率市场的压力越来越大，外资储备资产管理难度也越来越大。一系列内外部失衡的加剧，都给我国深化供给侧结构性改革，顺利实现新旧动能转换带来了严峻挑战。

三、制约新旧动能顺利转换的现实难题

本世纪以来，我国传统经济发展方式难以为继，亟待从要素资源驱动的粗放式增长模式，向更可持续更高质量的集约型增长模式转变。特别是进入经济新常态以来，周期性与结构性调整重叠，原来支撑高速增长的"新动能"，变成了可能拖累经济可持续发展的旧动能。长期以来依靠政府主导投资拉动的实体经济趋于疲弱，制造业转型升级遭遇一系列瓶颈制约，资金脱实向虚愈演愈烈。这与潜在增长率趋缓有关，但更多地是由深层次体制机制性问题造成的。调研过程中，地方省市反映，当前在不同程度上存在四个"不足以"的问题，严重阻碍了动力机制实现以新代旧、除旧布新。

一是"新不足以补旧"。新产业、新业态、新产品、新技术、新服务、新模式都属于"新动能"的范畴。推进供给侧结构性改革两年来，东部沿海地区新兴产业出现了新动能加速集聚发展的势头。

但是，从全国来看，新动能的实力和内生机制仍然不足，可能会影响发展的持续性和后劲。当前，传统产业部门占经济总量的比重仍然较高，如"三黑一色"工业占比超过 30%。新产业新业态虽然发展迅速，但因体量较小范围有限，尚不足以弥补重化工、机械制造等传统行业发展增速放缓对总体经济的影响。而且，许多新动能在发育和成长过程中，出现不少无序竞争、扰乱市场秩序等情况，持续性仍有待观察。从新产业来看，知识技术密集型的新兴产业发展明显快于传统行业。电子信息、生物医药、智能制造、节能环保等高技术领域成为新增长点。2016 年，工业战略性新兴产业增加值增长 10.5%，比规模以上工业增加值增速高出 4.5 个百分点。但是，一些新兴产业也显露出产能过剩的苗头，很多只是新兴产业链上的低附加值环节，比如智能装备组装或简单部件生产环节，其实依旧是传统动能。调研发现，新能源汽车整车和零部件已出现产能过剩的迹象。几乎每个省都要发展新能源汽车，所谓"高端同质化"问题也已经比较突出。2015—2016 年我国新能源汽车当年产量和累计产量都是世界第一，累计生产量超过全球的 30%。这种产量的快速增长与中央和各地政府采取的补贴类产业政策不无关系，但实际上市场需求的内生增长动力依旧不足。从数据上看，新能源汽车 2017 年第一季度销售开始放缓，与集中治理新能源补贴（选择性产业政策）"骗补"等行为有关。因为政府补贴的边际效益递减，同时配套措施和保障网络相对不足，某种程度上也影响了消费的持续高增长。从新业态来看，网购、快递、移动支付、即时视频等新业态增长迅猛。例如，2016 年网上零售额增速高达 26.2%，是全年社会消费品零售总额增速的 2.5 倍，占整体消费的比重上升至 15.5%，已成为消费的重要支撑点。网络消费规模快速膨胀的同时，市场无序与混乱也加重了发展隐忧。例如，共享单车的井喷式发展和同业竞争，给消费者带来出行便利的同时，其乱停乱放、与行人步道和商业街区产生空间冲击等问题，也给城市社会治理带来了很多挑战。同时，共享单车需要实名身份认证并通过互联网支付押金，随着市场不断扩大，租车平台公司持续吸纳资金，消费者隐私保护和资金用途存在脱离监管的风险隐患，有可能影响整个市场的良性发展。

二是"民不足以补国"。民营经济和民间投资的内生性增长，不足以替代政府主导的国有经济部门的发展。究其根源，三个方面值得关注。首先，在获取要素资源和市场机会方面，"民"与"国"明显有别。例如，在电力、电信、铁路、石油等仍存在自然垄断或行政性公司的领域，国有资本进入较早，主管部门对国企的倾向性扶持政策不胜枚举，新进入的民营企业在用地、用贷、用人方面矮人一截，很难与国有企业抗衡，结果要么知难而退，要么接受国企的"收编"。其次，缺乏保障民间投资权益的长效机制。在铁路等基础设施领域，延续传统的投资运营管理模式，缺乏切实保障民间投资权益的长效回报机制。民营企业参与国有企业混合所有制改革过程中，常因股权比重较小而无法在董事会获得影响力，更难介入实际经营决策，最终无利可图。此外，缺乏退出和补偿机制。受政策、环境等不可预计因素影响，基础设施和公用事业领域可能会发生民营企业经营不善，导致产品或服务质量大幅下滑，民营投资者能否退出、如何退出，因政策变动或自然不可抗力造成的损失能否得到有效补偿，后续运营由谁接盘等问题，都尚未有明确说法。

三是"小不足以补大"。占比较小的轻资产行业或中小企业的快速发展，尚不足以弥补比重较大的传统产业或大中型国企效益滑坡对经济增长的拖累。从 2017 年一季度数据看，在扣除名义价格因素的情况下，固定资产投资尤其是制造业投资、民间投资当中的制造业投资增速仍在下滑。虽然遏制了 2016 年一度出现的断崖式下滑局面，但仍然后劲不足。而且，在名义价格大幅回暖的背景下，当前经济增长似乎透支了一部分需求。政府主导的基础设施拉动投资能否支撑经济持续回暖向好，不确定性仍然较大，后劲可能不足。新经济新动能的培育最终要交给市场，让市场机制自发生成新动力和新支撑，在整个过程中，政府需要提高更好更完善的制度环境，这些都是循序渐进的过程，可见"以小补大"不能毕其功于一役。

四是"虚不足以补实"。当前，我国的金融服务在引导要素资源从传统低效部门向新兴高效部门转移，促进无效供给退出、有效供给增加，推动新旧动能转换等方面，能力依然偏弱，与深化供给侧结构性改革的要求和目标还有相当差距。比如，在去产能过程中，银行和资本市场作用发挥并不理想。银行掌握相关贷款企业经营、财务状况，对贷款风险进行过客观评估，对于是否是无偿还能力的"僵尸企业"有判断力和发言权。从支持无效供给和旧动能退出而言，应当对此类"僵尸企业"及时断贷，将已发放贷款作不良贷款处置。但事实上，"僵尸企业"大多具有国资性质，其中不乏一些曾是地方发展支柱的企业，银行很难及时采取断贷等相应处置措施，结果造成相关企业通过借贷还息，形成"僵而不死"的局面。又如，创新创业企业知识产权质押贷款过程中碰到一系列问题。创新型企业特别是初创期创新型企业，一般都没有土地、厂房、机器设备等实物抵押品，很难获得相应的抵押贷款。目前，部分银行开展了知识产权质押贷款业务，但银行出于控制风险等方面考虑，设定的质押融资比例普遍偏低，即使是像发明专利权这类含金量较高的知识产权类，其授信额度一般都难以超过评估值的 30%，而且还存在贷款金额上限。除去贷款企业支付的各类流程费用，实际获得的融资支持比较有限。

四、加快推动新旧动能转换的重点任务

深刻认识和处理好减法与加法的关系，在实践中积极贯彻落实。减法与加法不是简单的线性命题，关键要与国情和深化供给侧结构性改革的最终目标"更好满足需求"结合起来，进行理解和贯彻落实。当前，制约经济可持续发展的主要矛盾在供给侧，供给侧矛盾的主要方面是"过剩"。因此，首先要做好"减法"，减少低端供给和无效供给，深化去产能、去库存、去杠杆，为新发展留出新空间。"减"和"加"之间存在辩证关系，相互依存、互为前提，去除无效低端产能的同时，要增加中高端有效供给，"减"不到位、"加"就没有空间，"加"没有跟上、"减"的部分也容易死灰复燃。因此，更要重视加法，扩大有效供给尤其是中高端供给，加快发展新技术新产业新产品，为新增长培育新动力。不仅硬件要做加法，制度环境等软件更要做加法，既要补基础设施硬短板，更要补制度软短板，保障惠民生、防风险，解除深化改革的后顾之忧。习近平总书记指出，"必须切记，做减法不能'一刀切'，做加法不能一拥而上"①。减法要减得准、不误伤，关键要理清难点，找准重点，抓住"牛鼻子"、把握症结，精准发力。要慎用行政干预手段，多用市场化法治化手段，确保减法的精准度，并建立防止反弹的长效机制。加法要避免强刺激和撒胡椒面，"大水漫灌"式的强刺激、政府大力主导基础设施建设是在走重复投资拉动增长的老路，表面上数据好看了，实际上增大了深化结构调整的难度。同时，我国的产能过剩问题，

---

① 习近平总书记在中央政治局第三十八次集体学习后的总结讲话（2017 年 1 月 22 日）。

不仅是传统行业低端同质化的存量产品难以消化问题，液晶面板等新兴产业也同样存在高端同质化问题，因此，做加法时还要警惕"高端过剩"，避免形成新的重复建设。

去除传统产业无效供给的同时加速推动转型升级。加快制定传统行业"僵尸企业"辨识标准和退出处置机制，深入推进"僵尸企业"处置和相关善后工作，从根本上化解过剩产能，为高品质产品腾出更多的要素和市场空间。以此为前提，抓住新一轮产业技术革命提供的新机遇，全面提升传统行业科技创新能力，增强其对经济可持续发展的支撑力和贡献度。着力完善传统产业供给体系，立足国内和国际两个市场，统筹布局产业网络、价值网络和创新网络，加速高端要素聚集，以市场需求为导向大力培育接续产业，提供更多符合国内外市场需求的优质产品。加快推动传统行业和新一代信息技术的深度融合。引入信息化智慧化技术平台，帮助传统行业尤其是传统制造业提升对市场需求的响应力，缩短响应时间。培养相关行业企业紧盯市场需求的敏锐嗅觉，启动国内外市场支撑更加活跃的创新型应用，从而使得传统行业"老树发新芽""枯木又逢春"。

破除体制机制束缚，大力促进制度创新与科技创新融合互动。着力健全有助于新动能成长壮大的制度和市场环境。深入实施创新驱动发展战略，深化对新科技革命和产业变革的认识和实践，努力摆脱跟随发展、模仿创新的路径依赖。推进科技体制创新，促进科技成果切实转化，稳步提高科技进步对经济发展的贡献率，全力打造经济发展的新增长点，夯实内生增长动力。大力完善支持创新创业的现代金融市场体系，为技术创新和结构升级提供便捷、高效、适用的金融服务，更好地满足创新创业企业对资金的迫切需求。加大财政资金对基础共性技术研发的支持力度，创新科研资助方式和评价机制。深化教育体制改革，切实发挥高等院校在培育创新人才、支撑科技创新过程中的积极作用。提升政府公共服务水平，改进市场监管模式，为科技创新实践提供良好的政策环境。着力破除一些地区在新兴产业和领域设置的不合理准入障碍，清除各类排除或限制市场竞争的部门或地方保护行为。重点推进要素市场化改革，打破体制枷锁，充分激活和释放"长期沉淀"于传统体制内的要素资源，促进人才、技术、资金等自由流动，切实提升全要素生产率。

第四节　如何公平合理分担改革成本

改革是一个复杂的利益关系调整过程，各个利益主体在改革中，有不同的利益诉求，不可避免存在利益冲突和利益博弈。对于全社会来说，改革作为一项重大的制度创新，其发生与否及其进行的方式实际上是一个"成本—收益"问题。不同改革方式，引起不同的利益格局调整，产生不同的成本和收益。一般认为，改革成本既包括国民收入的损失，也包括改革带来社会成员的紧张不安或收入分配差距的急剧扩大，社会成员的抱怨、消极怠工、社会动乱、战争等造成的社会成员利益和福利的损失。改革成本可分为"实施成本"和"摩擦成本"。前者指完成旧体制下各种经济组织的结构、功能以及规范组织间关系的各种正式和非正式制度、规则、习惯等向新制度过渡所必需的设计、创新、磨合过程所造成的经济损失，后者指由于制度变迁的非帕累托性质造成的利益重新分配而带来的社会上某些利益集团的抵触和反对所引起的经济损失。改革成本大小和分担方式在很大程度上决定着改革方向和进程，同时也是评价改革成效的重要依据。当前，我国改革已进入深水区和攻坚期，涉及深层次矛盾和利益调整，习近平总书记指出，"破茧成蝶都有伤痛，供给侧结构性改革出现的短期阵痛是必须承受的阵痛，不能因为有阵痛就止步不前"①。能否妥善处理去产能、去库存、去杠杆、降成本、补短板过程中的成本分担问题，直接影响到供给侧结构性改革的方向、进程和成效，是至关重要的重点难点问题。

一、处理好去产能过程中员工安置和债务处置成本分担

20 世纪 90 年代末以来，我国供求关系发生逆转，开始出现产能过剩问题。2008 年国际金融危机爆发后，国际市场需求急剧萎缩。为应对危机，国务院出台了两年投资四万亿的宏大计划，基建投资增速飙升到 42%，房地产投资也出现大幅增长，带动钢铁、煤炭、平板玻璃、水泥等行业迅速扩张，虽然短期内刺激了经济，却进一步加剧了产能过剩的矛盾。国际上通常将 79%—83% 的产能利用率认定为合理的正常水平区间，超过 90% 被认为是产能不足，低于 79% 则表示产能过剩。据测算，截至 2015 年年底，钢铁、煤炭、水泥、平板玻璃、电解铝五大重点产能过剩行业的产能利用率分别为 66.99%（粗钢）、64.82%（原煤）、73.76%（水泥熟料）、67.99%（平板玻璃）、80.55%（电解铝）。这说明我国产能过剩现象比较严重。

去产能，既要化解过剩产能，也要坚决淘汰落后产能，还要严控盲目新增产能。在去产能过程中，部分劳动力将从相关行业退出，转而投入到其他行业部门；新增资本不再进入低效领域和企业，低效行业里的存量资本，可以通过积极处置坏账和不良资产等多种方

---

① 习近平总书记在中共中央政治局第三十八次集体学习后的总结讲话（2017 年 1 月 22 日）。

式进行盘活，重新配置到更高效的行业和企业中。与此相对应，去产能的成本包括两方面，一是妥善安置劳动力的成本；二是债务违约、坏账处置的成本。

首先，去产能不可避免会导致一批职工转岗和下岗失业。从历史上看，1998 年开启的国有企业三年脱困改革，对纺织、煤炭、钢铁、有色、军工等产业也实施了压产能的政策举措，当时企业下岗职工人数众多，令很多经历者印象深刻。当前去产能的背景条件已发生很大变化，我国经济实力和韧性也大大增强，相比 1998 年约 2100 万的下岗人数，本次员工安置大潮在国家层面整体可控。然而，相关成本仍不可忽视。有关部门测算认为，单就钢铁领域要完成 1.5 亿吨去产能任务，就涉及 50 万左右的直接就业人员和 100 万以上的间接就业人员，如果再加上煤炭、煤电以及其他领域去产能任务，所涉及的人员安置问题不容忽视。特别是一些企业对职工利益重视不足，职工本身法律和风险意识也不强，导致企业和职工未按照要求及时或足额缴纳失业、养老保险等社保费用，一旦下岗失业将难以得到有效社会保障，如果处理不当就可能对社会稳定带来隐患。对于安置人员的成本，是由中央和地方政府补贴，还是由政府和行业内保留的企业共同分担，或是多方以合适比例共同承担，这是一个值得深入研究和有待破解的难题。

其次，去产能会涉及金融体系坏账处置问题。钢铁、煤炭、水泥等产能过剩行业，特别是其中"僵尸企业"债务规模大，债务结构较为复杂，除银行信贷外，还涉及民间借贷、个人及职工融资、企业间拆借资金以及对上游企业的应付账款和来自下游企业的预付款等多个渠道。伴随着企业关停并转、兼并整合，这些债务处置将涉及较大成本，势必会给银行及其他金融机构带来坏账压力。例如，

2014—2016 年发生数十起各类公司债券违约，就集中在光伏、水泥、钢铁、化工等行业。在去产能过程中，相关债务违约风险和纠纷可能会引起比较尖锐的社会矛盾。对于去产能过程中引发的债务处置成本，资不抵债的企业势必难以单独承担债务，单纯由银行及非银行类金融机构作为坏账处置，即便仍能控制总体风险，对金融机构来说也存在一定不公平性，因为过往为某些"僵尸企业"融资并不完全依照市场化原则进行，现在处置这些企业也具有较强的政策属性。如果单独由政府来对债务兜底显然也有失公允，而且还会对公共财政造成较大压力。因此，需重视发挥各个主体的潜在资源，共同承担成本。

二、处理好去库存过程中的直接和间接成本分担

我国各地区房地产库存分化严重，呈现出"三轨运行"特征：部分三四线省市库存水平明显偏高，而且销售弹性低，库存问题较为严重；二线城市库存与销售弹性均较为适中，去库存化压力不大；一线城市库存水平偏低，且销售弹性高，甚至存在补库存压力。西部、东北和山西等三四线资源型省市供需比普遍较高，而且销量弹性较小。二线城市的库存和销量特性，使得其库存问题总体不大，虽有一定压力，也有解决潜力和空间。一线城市库存水平偏低，但销量弹性大，不存在库存问题。近期一线城市房地产价格大涨，一线城市不仅不存在去库存问题，甚至需要短期"补库存"。

去库存主要是解决部分城市尤其是三四线城市房地产库存高企的问题。主要政策思路是要通过解决"三个 1 亿人"问题，改善城镇居民居住条件，进而释放住房市场需求。具体措施包括：加快户籍制度改革，推进农业转移人口市民化，提高户籍人口城镇化率；

深化住房制度改革，以解决城镇新居民住房需求为主要出发点，以建立购租并举的住房制度为主要方向，进一步提高库存较多城市的棚改货币化安置比例，鼓励和支持农民工等群体在城镇购房等。在此过程中有直接成本和间接成本，需要考虑由合适主体合理分担。

一是鼓励购房和住房安置政策的直接成本。各地贯彻去库存出台了各类具体措施，主要包括：（1）对购房进行财政补贴、贷款贴息和降低税费等，如四川眉山规定，凡购买城区内 144 平方米以下的新建商品住宅，均可享受每平方米 500 元的补贴。宁夏规定居民购买住房交易契税税率超出 1% 的部分由地方财政补贴。（2）调整公积金政策，包括推进异地贷款、提高贷款额度、延长贷款年限、放宽提取条件等。（3）棚户区改造与货币化安置政策。例如，广西货币化安置帮助消化的存量商品住房约占总销售面积的 15%。这些政策需要付出成本，目前来看，成本主要由政府承担，但实际上，可以通过探索创新融资方式，由政府和开发商共同承担。

二是房地产政策的波动带来的间接成本。去库存改革先是经历了连续几波的房价上涨。2015 年下半年以来房价开始新一轮快速上涨，并从一线城市蔓延到二三线城市，一些地方出现了类似 2015 年场外配资炒股的"房地产配资炒作"模式，房地产泡沫化再起且速度、程度超过以往，房地产投资也顺势跟上。2016 年年底中央经济工作会议强调"房子是用来住的，不是用来炒的"，之后实施全方位严格调控政策，预计下一阶段房地产投资也会受到影响。可以看出，去库存推进过程中房地产政策先松后紧，先是助推了房地产市场泡沫，损害了不少刚需和改善型购房者的利益；后又可能拖累房地产投资，进而拖累经济增速，在未找到新的经济增长点的情况下，经济增速能否持续当前较平稳状态存在疑问。这些改革推进过程中由于政策波动所付出的间接代价，事后应由哪些主体来共同分担，是应予以考虑的复杂且重要的问题。

三、处理好去杠杆过程中的微观和宏观成本分担

我国杠杆率呈现总体偏高、增速过快、结构分布不合理的趋势特征。根据 BIS 统计数据，截至 2015 年年底，我国实体经济债务总规模约为 165.7 万亿元，以"债务总规模/GDP"计算的杠杆率为248.6%，这一水平已超过绝大多数发展中国家和美国等一些发达国家。2008 年国际金融危机后，我国经济杠杆率大幅快速上升，2008—2015 年期间猛增 96.7%，年均增长 12.1%，其中企业部门为166.3%，政府部门为 43.5%，居民部门为 38.8%。从杠杆率水平看，我国居民杠杆率较低，仅为发达国家的一半，与发展中国家均值水平相当，政府杠杆率较为合理，不但远低于日本、意大利、西班牙、英国、美国等发达国家，也低于巴西、印度等新兴市场国家，仅略高于韩国、澳大利亚、俄罗斯等少数国家。然而，问题的关键在于，企业部门杠杆水平最高、增速最快。我国企业杠杆率是主要经济体中最高的，是新兴市场均值的 3.5 倍，是发达国家均值的 1.7倍。2008—2015 年，企业部门杠杆率年均增长 8.5%，显著高于新兴市场国家年均 1% 和发达国家年均 0.8% 的增速。

去杠杆针对的是我国杠杆率特别是企业杠杆率过高的问题，政策目标就是要稳步将高杠杆降下来。我国高杠杆率与我国经济发展阶段、以银行为主导的间接融资结构等密切相关，主要集中在非金融企业，特别是在内陆地区、重化产业和国有企业，不少企业实际已经成为"僵尸企业"。因而，去杠杆与去产能紧密相关，去产能改革将"僵尸企业"退出市场，就可以明显降低企业部门的负债率。

在去杠杆过程中，主要有两种成本需要考虑如何分担。

一是微观层面的人员安置和债务处置成本。部分"僵尸企业"的融资大量依靠借新债还旧债，去杠杆可能会造成资金链断裂，进入关停并转行列。这就产生与去产能类似的问题，需要安置相关员工，帮助他们实现转岗再就业，或者为他们的基本生活兜底；还需要进行债务处置，由相关主体合理分担成本。这会涉及债权人、债务人、企业股东、企业职工和投资者等较多市场主体，利益主体之间存在一定利益冲突，协商难度大、耗时长，推进阻力较大。因而，在并购重组、引入战略投资者、市场化法治化债转股以及破产清算等过程中，都要特别注重明确上述成本的合理分担机制。

二是宏观层面经济放缓和局部危机的成本。尽管高杠杆可能会带来高风险，甚至演变为金融危机和经济危机，但去杠杆的过程往往也是经济收缩的过程。国际上许多研究和实践表明，快速去杠杆和快速加杠杆，都不利于经济增长和金融稳定，杠杆率快速变动触发金融危机的概率也明显高于温和变动的概率。即便我们采取温和步骤、市场化法治化方式，并不断优化杠杆结构的较优策略，在短期仍可能会对经济增长带来不利影响，在高杠杆问题集中的行业和区域也可能诱发债务危机问题。应对这些短期危害，需要出台稳增长和防范风险的政策措施予以应对，所产生的相关成本或代价，需要提前预案、合理划分。

四、处理好降成本过程中收入分配关系的合理调整

我国实体经济企业的能源原材料成本、劳动力、资金和土地等要素成本、税费负担、制度性交易成本、物流成本总体偏高，部分成本还有进一步上升趋势。我们用"总成本水平＝（总产值−利

润）／总产值"这一公式测算工业成本总体水平。结果显示，近年来我国成本水平呈上升趋势，"十二五"时期平均成本水平为93.53%，较"十一五"期间上升了0.54个百分点。这一水平高于美国，且二者差距呈扩大趋势。2005—2015年，我国成本平均水平为93.25%，高于美国近14个百分点。2005年，我国总成本水平比美国高12.05个百分点，2015年比美国高15.66个百分点。

从核心要义看，实体经济企业成本反映了政府与企业间、生产要素间、虚实经济部门间以及上下游企业间的收入分配关系。当前，我国部门间、要素间、上下游企业间的收入分配关系没有理顺，加大了实体经济企业成本，不利于实体经济和国民经济持续健康发展。降低实体经济企业成本本质上是对收入分配关系和利益格局的深刻调整，就是要打破旧的收入分配关系和利益格局均衡，逐渐构建出新的均衡。因而，处理好各主体间的收入分配关系是降成本过程中的重点难点所在。

——处理好政府和企业间的收入分配关系。降低税费成本主要涉及政府和企业间收入分配关系的调整。从收入法核算角度来看，GDP包括劳动者报酬、生产税净额、固定资产折旧、营业盈余等四部分，其中，劳动者报酬归属居民部门，生产税净额归属政府部门，而固定资产折旧、营业盈余则归属企业部门。降低企业的税费成本就是要降低归属于政府部门的生产税净额。在其他条件不变的情况下，这意味着归属于企业部门的收入份额（即营业盈余）将相应增大，从而增强了企业盈利能力，有利于企业转型升级和扩大再生产，从而促进经济持续增长。

——处理好要素间的收入分配关系。降低人工成本是调整资本和劳动间的收入分配关系。同样采用收入法GDP的分析框架，采取适当措施降低人工成本就是要缩小劳动者报酬份额，在其他条件不变的情况下，由资本投入获得的份额将相应提升，即固定资产折旧和营业盈余份额提升。这也同样有利于减轻企业人工成本上涨压力，增强企业盈利能力。至于长期诟病的我国劳动者报酬份额较低的问题，更大程度上应该从生产税净额入手，由政府部门让利给居民部门，而不是单纯依靠企业部门。

——处理好虚实经济部门间的收入分配关系。降低融资成本是调整虚实经济部门间的收入分配关系。融资行为在实体企业这一方构成重要成本，在各类金融机构这一方却是重要的利润来源。通过各类措施降低融资成本在很大程度上是要压缩金融机构的盈利空间，更大幅度支持实体经济。这在短期对金融机构不利，但从中长期看，实体经济是一国经济的立身之本，支持实体经济是金融业生存发展的根本。脱离实体经济，金融也将成为无源之水、无本之木。

——处理好上下游企业间的收入分配关系。降低能源原材料成本是调整上下游企业间的收入分配关系。与资金需求相类似，能源原材料方面的费用是大多数实体经济企业的重要成本来源，也是处于产业链上游的能源企业、原材料企业的重要利润来源。通过各类手段降低能源原材料成本，一定程度上会削减上游能源原材料企业的短期利润。作出这种调整的正当性主要在于我国能源和原材料等要素市场体系发展不充分和要素市场改革滞后，使得市场价格在要素配置过程中的作用难以充分发挥，使下游实体企业承担了额外的能源原材料成本。从中长期看，下游实体经济企业不断发展也将有利于上游企业的持续发展，而且通过不断完善能源原材料的市场化价格形成机制，能源原材料企业和下游实体经济企业间将形成新的、更有效的收入分配均衡关系。

五、处理好补短板过程中大量投入的成本分担

当前我国人均公共产品拥有水平、基础设施资本存量以及物质技术装备水平，仅为西欧的 1/3、北美的 1/4。在 2015 年在全球基础设施综合排名中，仅列第 39 位。作为最大的发展中国家，我国"三农"问题和贫困问题尚未解决，企业技术装备落后、创新能力不足，在体制、技术和创新能力、新兴产业等领域存在明显的薄弱环节和短板，城乡、区域之间基础设施和公共服务差距还很大。这些短板和不足，既影响全面建成小康社会建设，也制约我国经济转型升级。

补短板是要做加法，哪里不足补哪里。要围绕增加有效供给、脱贫攻坚、保障和改善民生、增强创新能力、建设生态文明、促进产业转型升级等，补齐农村贫困短板、公共服务短板、基础设施短板、生态环境短板、产业发展短板等。扶贫攻坚战要贯彻精准扶贫、精准脱贫基本方略，充分发挥政治优势和制度优势，确保我国现行标准下农村贫困人口实现脱贫，贫困县全部摘帽，解决区域性整体贫困。公共服务方面，要增加公共产品和服务供给，建立健全更加公平更可持续的社会保障机制。基础设施方面，要提高投资有效性和精准性，推动形成市场化、可持续的投入机制和运营机制。生态环境方面，要大力发展节能环保产业，加强环境基础设施建设，实施资源节约集约循环利用、环境治理保护等重大工程，实现生态质量总体改善。

从补短板任务重点要推动的工作可以看出，补短板的成本显而易见：各个短板都需要大量投入，需要实实在在的真金白银。补短板的成本如何更合理分担，进而实现更好效果，也是需要进一步探索的重要议题。必须明确：

第一，处理好政府与市场的关系，明确不是所有成本都应由、都能由政府来承担。补短板任务不应由政府包办，企业也是补短板的重要主体，必须进一步区分政府职责和市场作用，要在发挥政府主体作用的同时，充分发挥市场力量，引入市场机制，凡是市场能做的，政府要创造条件引导民间资本进入，把重点放在创新投融资方式上，支持各类市场主体以多种形式参与项目实施并获取收益，更好地调动市场和企业参与的积极性。

第二，处理好中央和地方的关系，明确中央和地方政府职责、合理分工。推进财税体制改革，要推进中央和地方的事权和支出责任相适应，针对我国存在的各种短板，哪些属于中央支出责任，哪些属于地方的支出责任，既要有明确区分，又要统筹考虑和配合，切实保障全面建成小康社会目标的实现。

2013 年 10 月，习近平主席在亚太经合组织第二十一次领导人非正式会议上讲话时指出，"改革之路从无坦途，无论发达成员还是发展中成员，都要做好为改革付出必要成本的准备。惟其艰难，才更显勇毅；惟其笃行，才弥足珍贵。"能否冲破既得利益者的阻挠，设计改革成本的分担机制及实施方案，为中下层社会民众提供越来越多的享受发展成果的机会和条件，是推进供给侧结构性改革过程中需要统筹研究考虑的重点难点。一方面要更好地控制成本，将改革成本降到最小限度，用尽量小的改革成本获取最为理想的改革收益。另一方面，要从维护和保障最大多数人的根本利益出发，尽快在社会公平正义原则下建立起改革成本分担长效机制，处理好政府和市场之间、中央和地方之间、城乡之间、区域之间、群体阶层之间对改革成本的分担问题，防止因利益格局调整不公正或成本分担不合理给改革带来不应有的阻力。

第 五 章

主要任务

第一节　深入推进"三去一降一补"

就深入推进"三去一降一补"全过程来看，"去产能"中，既要"做减法"，去除低端劣质的过剩产能，也要"做加法"，要扩大高端优质的先进产能；"去库存"中，既要"去"房地产库存，特别是"去"三四线城市房地产的库存，也要"去"低质的粮食库存；降杠杆中，既要控制杠杆增量，又要调整优化杠杆存量；降成本中，既要降低企业的税费、物流、用能等直接成本，也要降低企业间接支付的交易成本；补短板中，既要补扶贫、基础设施和生态环境建设等发展性硬短板，又要公平保护产权、公平准入、公平获取资源、公平交易等制度性软短板，为企业公平竞争创造良好的制度供给和发展环境。2017 年和今后几年供给侧结构性改革，要在前期取得成效的基础上，围绕这些目标要求来不断展开，不断推向深入。

一、深入推进去产能

产能过剩是典型的供给结构问题。产能过剩行业不仅面临产品价格下跌、产销率下降、库存增加、效益滑坡和亏损企业多等问题，还因已投入的生产要素得不到充分利用形成资源的闲置浪费，同时，也是银行信贷风险的一个重要来源。去产能是优化供给结构的必要举措，对产能过剩行业未来的整体健康发展意义重大。

深入推进去产能，首先是产能过剩较为严重的钢铁、煤炭行业。要在 2016 年超额完成钢铁、煤炭行业去产能年度目标任务的基础上，深化这两个行业的去产能工作。合理安排行业去产能的推进步伐，同时着力解决"地条钢"、小煤矿问题。

其次是大力推进两个"扩"，即去过剩产能的"扩围"和扩优质产能。"扩围"如何扩？向谁扩？要以科学论证为依据，对产能过剩行业的市场前景，应有理性判断，不能存侥幸心理，去产能的决心不能动摇，也要保持一定的力度。习近平同志指出，"做减法不能'一刀切'，要减得准、不误伤"。在手段方面，应严格按照环保、能耗、质量、安全、技术等标准来遴选和确定实施对象。同时，遵循坚决淘汰不达标落后产能的原则，使去产能与行业提质增效统一起来。还要把有效处置"僵尸企业"作为去产能的重要内容，作为"牛鼻子"来抓，积极推动企业兼并重组、破产清算。[①]加强去产能过程中政府与行业、企业的沟通，掌握动态信息，适时调整政策，上下联动、政企互动，共同发力。要充分认识到，去过剩产能是供给侧结构性改革的手段，扩优质产能才是改革的目的。扩优质产能，既要培育壮大新产业和新动能，也要改造提升传统产业，做大做强传统产业中的优质部分，还要加快发展现代服务业，特别是适应产业升级的生产性服务业和适应消费结构升级的生活性服务业，扩优质产能的根本途径是创新驱动。

其三是妥善、平稳解决职工分流安置问题。去产能不得不做"减法"，减掉产能的同时也减了一部分就业，特别是企业裁员影响的是存量就业，因此要特别重视去产能过程中的职工安置问题。要通过政府购买公共服务、支持自主创业、培训再就业等方式，做好下岗职工再就业和安置工作，将去产能所付出的社会成本降至可承受的范围。注重职工分流安置工作经验的积累，不断改进工作方式，

---

① 任明杰、刘杨:《2016 年目标提前超额完成　钢铁煤炭去产能逼近深水区》,《中国证券报》2016 年 12 月 27 日。

确保过程平稳、有序。

其四是严格控制产能过剩行业新增低端产能。严格落实钢铁、煤炭行业已出台的新建项目实行减量置换、控制超能力生产等规定，防止边去边建，影响去产能整体效果。不断探索防止行业产能过度扩张的市场化的长效机制。

二、深入推进去库存

要看到我国部分城市房地产库存偏高与居民特别是农业转移人口、低收入人口等住房条件尚未得到有效保障并存，由此构成了住房领域供需结构性矛盾。实施去库存，就是要把促进房地产市场供求平衡与解决居民"住有所居"问题有效结合起来，能产生经济、社会双重效应。

深入推进去库存，面临房地产市场地区间分化加剧的形势，必须坚持分类施策原则，明确重点在三四线城市。与北上广深为代表的一二线城市相比，三四线城市房地产多数面临需求不足。当地居民收入水平较低，基本和改善性需求较少，一些地方还出现人口外流，这些因素都制约了三四线城市的买房需求。解决需求不足问题，办法不仅在需求侧，也要更多地从供给侧发力。供给侧解决方案正是要"把房子卖给住者，不是投机者"，在三四线城市房地产去库存中，应将绝大部分房子卖给在本市劳动多年的农民工、外来的技术人员或其他因工作或因养老需要愿意长久留居的人，而不是投机炒房者。因此，不能简单地用放松住房贷款条件、降低利率等措施来一般地刺激需求，而是从供给端来提高住房质量和品质，改善居住环境和通勤条件，合理控制新增房地产土地供应，对棚户区改造、保障性住房尽可能采取货币化安置方式。与此同时，结合新型城镇化，加快发展三四线及以下城市劳动密集型产业，加快农民工市民化，实施更有吸引力的创新创业支持，提供更多基本公共服务等，来扩大三四线城市住房的有效需求，来消化其房地产库存。

促进房地产市场平稳健康发展，关键还是要坚持"房子是用来住的、不是用来炒的"这一定位，中央政府应加快财税、金融、土地、市场体系和法律法规等基础性制度建设；地方政府则要按照中央精神落实好"分类指导、因城施策"调控要求，既要密切监测形势，相机调控，加强预期引导，维护当前房地产市场稳定运行，抑制房地产泡沫，防止出现大起大落；更要从摸清底数、深化改革、完善制度入手，为房地产市场长期平稳健康发展奠定坚实基础。

三、深入推进去杠杆

杠杆率偏高，特别是企业杠杆率居高，不仅构成了近年我国实体经济发展的沉重负担，也使金融风险积累，形成经济发展中的巨大隐患。去杠杆既是短期缓释金融风险的必要手段，也是调整金融资源配置结构从而发挥金融支持新旧动能转换积极作用的基础。

深入推进去杠杆，重点是降低企业杠杆率①，防范系统性区域性金融风险。落实时，建议既要着力降低和优化杠杆存量，化解当前的金融风险，更要着力控制杠杆增量，使杠杆形成受到限制和管控，达到宏观上动态稳杠杆的效果。应调动多元主体积极性，多管齐下提高控制总杠杆率有效性。鼓励银行等金融机构发挥能动性，积极处置自身坏账；发挥资产管理公司的专业作用，鼓励各类机构、各种资本以市场化方式参与不良资产处置；规范政府举债行为，控制政府性债务增长。此外，还应着力改善政策和市场环境，保障企业

---

① 李雨谦：《杨伟民：坚定不移去杠杆　否则提前产业空心化》，财新网，2016 年 12 月 17 日。

自主决策和合法权益，调动企业去杠杆积极性。

要有针对性地解决市场化、法治化债转股实施中暴露的问题。通过发行特别国债、鼓励有条件的地方政府设立专项基金等方式，为债转股提供部分低成本资金。进一步简化国有资产转让程序，便利债转股操作，降低操作成本。通过给予适当差别化的风险权重等监管指标设置，提高债转股实施机构积极性。

要加大支持股权融资的力度，提高直接融资比重。稳步发展IPO，支持优质企业上市融资。严厉查处违法违规市场行为，抑制投机活动，强化市场筹资功能。在新三板分层制度不断完善的基础上，考虑适当降低投资者准入门槛，允许更多投资者参与交易，提高市场活跃度，增强筹资功能。加快构建新三板、中小板、创业板、主板之间的转板机制，通畅合格企业转板升级渠道。推进区域性股权市场的规范发展。

要逐步建立防止企业杠杆率过高的长效机制。健全对企业特别是国有大企业负债率的动态监测、风险预警和自我调节的机制，对高负债甚至资不抵债企业及时以兼并重组或破产清算等方式进行债务处置，避免高杠杆化累积系统性金融风险。注重政策效应评估和必要的动态调整，控制那些不是由企业自主决策形成，而是由某项政策措施衍生出来并体现在企业资产负债表上的杠杆。

四、深入推进降成本

降低实体经济企业成本是一个系统工程，涉及政府、金融部门、实体经济等不同主体间的利益调整。应该充分认识到，实体经济才是经济长期发展的基础，在经济新常态的背景下，适应供给侧结构性改革的总体要求，政府和金融部门适当向实体经济让利是有必要的。深入推进降成本，要在已取得积极进展基础上，以强化政策宣传落实、完善政策体系、健全传导机制、创新体制机制为重点，协同推进，形成整体合力。

降低税费负担，应按照普惠性减税、普遍性降费的思路，加快完善营改增后增值税抵扣政策，将人力资本、贷款利息成本、不动产等纳入进项税额抵扣范围；加快增值税改革步伐，简化并下调增值税率；进一步清理规范和减少行政事业性收费，暂停征收或取消能源交通等领域的政府性基金，提高企业对减税降费政策的感受度。

降低融资成本，应清理和减少银行涉企信贷的中间环节收费，降低实体经济的信贷成本；在保持流动性合理充裕的前提下，加快货币政策的利率传导机制建设，引导贷款利率保持在合理水平；适当降低中小板、创业板市场上市门槛，允许发行高收益债券，丰富信贷产品品种，进一步拓宽企业融资渠道。

降低制度性交易成本，应深入推进简政放权、放管结合、优化服务改革，进一步减少审批事项和环节，减少不必要的前置审批条件，清理规范评估认证和中介服务，完善市场准入负面清单、政府权力清单和责任清单制度，提高监管和服务水平，提高行政服务效率；加强信用体系建设和市场监管力度，减少企业维护知识产权和法律诉讼成本。

降低人工成本，应多措并举补充资金缺口，扩大降低企业社保缴费费率政策的作用空间和持续时间；推动实现养老等社会保险全国统筹，推进住房公积金制度改革，研究建立住房政策性银行，降低劳动力跨地区流动时中西部地区的社保支出压力，为降低企业社保缴费费率创造条件。

降低企业用能成本，应围绕建立健全能源价格市场形成机制，全面推进能源体制改革特别是电力市场化改革，深入推进输配电价改革，循序渐进推动电力交叉补贴机制改革，进一步规范和削减电价中不合理政府性基金和附加收费。

降低企业物流成本，应规范各类运输和服务收费行为，改善物流业发展环境，大力发展运输新业态，全面推进供应链提质增效。

从政府角度看，要通过政府管理体制改革和市场交易制度建设，降低企业的制度性交易成本。从企业看，要注意"内外结合"，强化降本增效，通过提高技术、工艺和管理水平，发展新技术、新模式、新业态，提升对成本上升的消纳能力。

五、深入推进补短板

经济社会发展的短板，极大影响着人民群众对发展的感受度。补短板可以说既是当前深入推进供给侧结构性改革的迫切要求，也是推动经济社会发展的一项长期任务。从我国的实际情况出发，深入推进补短板，需要坚持补硬短板和补软短板并重、补发展短板和补制度短板并举。

补硬短板要聚焦民生，聚焦人民群众最迫切需要，切合民意，努力增加老百姓呼声较高的高品质产品和政府基础设施的有效供给。关注各类基础设施短板，不仅包括交通、市政等基础设施，也应包括大气、水、土壤等治理设施，还应包括教育、医疗、养老等公共服务设施。要发挥好政府投资和国有资本的引导带动作用，引导金融资金更好支持实体经济发展建设，加强对补短板重大项目建设的金融支持。

补制度短板方面更要下功夫。重点是推动形成市场化、可持续的投入机制和运营机制，调动社会资本参与补短板的积极性。贯彻落实深化投融资体制改革的意见，持续推进简政放权、放管结合、优化服务，在基础设施、公用事业、公共服务、新业态发展等重点领域去除民间投资的各类显性或隐性门槛，通过价格和收费改革等建立合理的回报机制，使社会资本"能够投""愿意投"。贯彻落实好完善产权保护制度依法保护产权的意见，增强人民群众财产财富安全感，增强社会信心，形成良好预期，使社会资本"敢于投""放心投"。

第二节　深入推进农业供结侧结构性改革

2016年3月8日，习近平同志在参加十二届全国人大四次会议湖南代表团审议时，就当前农业形势和农业供给侧结构性改革发表了重要讲话，指出新形势下，农业主要矛盾已经由总量不足转变为结构性矛盾，主要表现为阶段性的供过于求和供给不足并存。推进农业供给侧结构性改革，提高农业综合效益和竞争力，是当前和今后一个时期我国农业政策改革和完善的主要方向。习近平同志关于农业供给侧结构性改革的战略性思想不仅是丰富完善了供给侧结构性改革的内涵，更是顺应了当前农业供需形势的现实需要。

推进农业供给侧结构性改革就是要围绕"农业供给侧+结构性+改革"做文章，立足当前阶段性供过于求和供给不足并存的结构性问题，瞄准农业供给侧这一矛盾的主要方面，以全方位的深刻改革为根本办法，以市场需求为出发点，通过"优结构、去库存、降成本、补短板"，促进农业结构调整、产品质量改善和经营效益提升，最终实现保障有效供给、增加农民收入的目标。为此，建议从以下几个方面努力。

一、优化农业结构

我国城乡居民已由"吃得饱"向"吃得好"转变，但农业生产长期一味强调增产，不惜以消耗资源和牺牲品质来换取量的提高，虽然显著改善了总量不足问题，但也导致品种单一和质量不高，还出现了布局混乱和效益低下，亟须从供给侧优化农业结构，实现供需匹配平衡。

（一）调整品种结构

2016 年 12 月，在中央农村工作会议上习近平同志指出，"要在确保国家粮食安全基础上，着力优化产业产品结构。"在居民消费升级的大背景下，农产品品种结构不能适应市场需求变化的矛盾愈发突出。具体品种上，稻谷、小麦、玉米三大主粮均出现库存持续增加问题，在比较效益的刺激下玉米更是超越稻谷成为产量第一的粮食品种，并出现了阶段性产大于需。与此相对，大豆供需缺口不断扩大，近年来每年进口量超过 8000 万吨，棉花、食糖也长期大量进口。农产品供需错配的严峻现实决定了必须尽快调整品种结构。按照 2017 年中央一号文件的要求，调整品种结构重在促进粮经饲协调发展、发展规模高效养殖业和做大做强特色产业。如何完成这一任务？其实农民到底种什么、养什么，最后还是市场说了算。所以，政府工作的重点不应该是规定农民具体干什么，更不必通过考核检查向各地区摊派任务，而是充分发挥市场的"指挥棒"作用。通过深化农产品期货市场改革，真正发挥期货市场价格发现和预期引导功能；剔除扭曲农产品市场价格形成的体制机制弊端，打破区域间市场壁垒，维护公平竞争的市场秩序，让价格信号反映真实的市场供需状况；构建统一而高效的农业信息共享平台，及时发布国内外各类农产品的供需平衡表，提供及时准确全面的价格变化信息，引导农民根据市场变化合理安排生产决策。

同时，只有稻谷、小麦等粮食稳定供给，才能实现习近平同志提出的"中国人的饭碗牢牢地端在自己手上"，但粮食生产具有一定的正外部性，国内外的经验教训也表明，完全依靠市场调节可能会威胁国家粮食安全。因此在品种结构调整中，政府需要在稳定粮食种植面积方面有所作为，重在保护粮食生产能力，防止农业结构调整"矫枉过正"，要在准确把握粮食供需形势的情况下，适时调整粮食各品种补贴规模，提高粮食作物保险保障水平，降低粮食生产各环节成本，稳定种粮比较效益。

（二）提升产品品质

在国家收储政策的"温室"保护下，我国农民长期不用担心农产品的销路问题，更不会在农产品品质上下功夫，只是一味追求高产。但是，城乡居民对绿色、安全、优质农产品的需求快速上升，国内高端优质农产品供应不足，高产低端农产品面临严重的积压问题。2016 年 1 月，习近平同志在省部级主要领导干部学习贯彻党的十八届五中全会精神专题研讨班上就指出，"我国不是需求不足，或没有需求，而是需求变了，供给的产品却没有变，质量、服务跟不上。"因此，农业供给侧结构性改革的主攻方向就是提高农业供给质量，核心是农产品质量和食品安全水平，推动农业发展由主要满足量的需求向更加注重质的需求转变。这就要改变"以量为纲"的传统思路，统筹兼顾产量增长和质量提升。在种业研发环节，要以市场需求为导向，支持科研院所与用粮企业合作，联合研发适销对路的高品质良种，像表彰袁隆平那样奖励口感好、营养全的粮食新品种研发专家；在农业生产流通环节，要全面启动耕地重金属污染修复治理，深入推进病虫害绿色防控，制定和推行适合国情的良好农业生产规范（GAP），严打违禁农兽药和非法添加，强化绿色有机农产品认证机构监管和获证企业自律性检查，支持果蔬和畜禽水产等高附加值农产品生产企业，率先应用危害分析和关键控制点（HAC-CP）质量体系、良好作业规范（GMP）和产品质量全程追溯管理系统，建立农产品生产经营主体信用惩戒机制。

（三）优化区域布局

当前，我国出现了一定程度的农产品区域供给结构失衡问题，突出表现为在积温不足和生态脆弱地区大量种植玉米，许多水资源受限地区实施"旱改水"，长江中下游大范围弃种油菜籽，黄河和长江流域传统棉花主产区消失。随着大宗农产品价格走低和结构调整步伐加快，许多地方还会不顾当地生产条件和市场容量，盲目上马经济作物、林特产品、畜禽水产等，引发特色农产品区域布局混乱。农业供给侧结构性改革就是要通过优化区域布局，实现地区间农产品供给的再平衡。与调整产品结构一样，区域布局的优化也要兼顾市场规律和粮食安全战略，并发挥各地区资源要素禀赋优势。首先，在稻谷、小麦、玉米三大主粮生产功能区的划分上，要充分考虑当地气候、水资源等自然条件，继续在不适宜玉米生长的"镰刀弯"①地区调减玉米种植面积，将地下水水位变化与"旱改水"建设项目审批相挂钩，支持粮食生产功能区的新型农业经营主体发展高品质的特种主粮品种，各项农业补贴和农业基础设施建设投资重点向三大主粮生产功能区倾斜。其次，在科学划定大豆、棉花、油菜籽、

---

① 根据《农业部关于"镰刀弯"地区玉米结构调整的指导意见》，"镰刀弯"地区包括东北冷凉区、北方农牧交错区、西北风沙干旱区、太行山沿线区及西南石漠化区。

糖料等重要农产品生产保护区的基础上，组建重点产区联合攻关的公共科研组织，统筹协调目标价格补贴与其他农业补贴的关系，支持地方政府与保险公司合作，探索实施农业收入保险。第三，在园艺、畜禽、水产、林特等特色农产品优势区的创建中，要以企业为主体，避免过度竞争，鼓励地方政府通过区域品牌建设，推动特色农产品优势产区发展。

（四）促进产业融合

2016年4月，习近平同志在安徽考察期间，指出"培育发展新产业新业态、提供新产品新服务"。随着我国城乡居民收入水平的提高，居民消费日益多元化，这就要求农业供给不能局限于传统的农产品供给，也要采用最新的技术要素和商业模式，包括应用电子商务改善消费者的农产品购物体验，发展乡村休闲旅游拓展农业生态、文化功能等，这些正好是农村一二三产业融合发展的核心内容。为推动农村产业融合发展，要着重构建"保底收益+按股分红""利润返还或二次结算"、农业产业化联合体等紧密型利益联结机制，让农民真正分享价值链增值收益；在严格控制土地用途变更和流转风险的基础上，引导工商资本下乡，建设现代农业产业园，发展设施农业、精准农业、农产品精深加工和现代营销，推动农业全环节升级、全链条增值；整合现有多部门各自为政的试点示范项目扶持政策，简化产业融合专项建设基金申报程序，提高扶持资金使用效率；建立农村电子商务扶持政策与大型电商企业农村布局协调机制，改善制约农村电商发展的仓储、物流、网络、道路等基础设施；旅游部门要积极开展乡村旅游星级评定，宣传推介精品乡村旅游线路；国土部门要督促落实单列建设用地指标专项用于产业融合项目，破除农村产业融合发展中的用地瓶颈。

农村产业融合新型组织方式
——安徽现代农业产业化联合体

现代农业产业化联合体是以龙头企业为核心、专业大户和家庭农场为基础、专业合作社为纽带，以契约形成要素、产业和利益的紧密链接，集生产、加工和服务为一体的新型农业经营组织联盟。[①]各类主体通过契约、合同等建立监督约束机制，形成风险共担、利益共享的紧密型利益共同体。生产上，家庭农场按照龙头企业的订单进行标准化生产，龙头企业以高于市场价收购，并以适当方式利润返还。服务上，家庭农场、合作社享受批量购买农资及服务价格的优惠，降低了生产成本。龙头企业为家庭农场、合作社贷款提供担保，并提供联动保险。机制上，家庭农场可以参股龙头企业，分享产品加工销售环节的一杯羹，龙头企业也可以入股家庭农场，如为家庭农场提供标准厂房等。在养殖业中，还可以从各自的盈利中提出风险金，以应对市场风险。

安徽省通过制定评选标准、提供财政和用地支持等多种措施，大力扶持现代农业产业化联合体发展，全省从 2012 年最初的 16 家试点发展到 2016 年的 1031 家。紧密的利益联结机制显著促进了联合体内农户收入的快速增长。2015 年，全省联合体内农民人均纯收入达到 12335 元，年均增长 15.4%，比全省农民人均纯收入高出 14%。[②]

[①] 孙正东：《关于发展现代农业产业化联合体的几点认识》，2015 年 6 月 4 日，见 http://www.ahny.gov.cn/detail.asp?id=50B8D589-E09B-4ECD-B105-947208C8F7B6。

[②] 袁纯清等：《创新现代农业经营体系的生动实践——安徽现代农业产业化联合体调研》，《农民日报》2017 年 1 月 17 日。

二、完善粮食收储制度

2016 年 3 月，习近平同志在参加十二届全国人大四次会议湖南代表团审议时，指出"保障粮食安全始终是国计民生的头等大事，要研究和完善粮食安全政策"。粮食收储制度和价格形成机制作为保障粮食安全的重要制度，正面临新形势下的新要求，突出表现在当前以玉米为代表的粮食库存积压严重，每年都要面临巨额的保管费用、利息支出和降质损失。[①] 所以，粮食去库存也是农业供给侧结构性改革的重要内容之一，必须按照"长短结合"的策略，既要消除短期内高库存压力，又要建立长期内科学合理的储备体系和价格形成机制。

（一）有序合理消化库存

当前粮食去库存两难困境突出。一方面如果不尽快消化库存，财政每年不仅要支付高额费用，市场还要面对"粮食库存堰塞湖"带来的巨大下行压力；另一方面如果去库存力度过大、节奏过快，就势必沉重打压粮价，严重挫伤农民种粮积极性。为此，粮食去库存应避免扰乱市场，要制定并公开发布清晰的粮食去库存时间表和路线图，按照储备年限，由远到近分批出库，适当控制出库量，形成合理消化粮食库存的稳定预期，避免粮价过度下跌。通过粮食实物补助方式，开展休耕试点。采取无偿援助和低价援助相结合的方式，扩大粮食对外援助规模。去库存不仅要消化存量，也要减少新购量。为防止政策性粮食收储大幅减少引发大范围卖粮难，各地粮食部门需提前做好应对预案，委托中储粮随行就市，适时适量收储

---

① 根据公开资料，截至 2016 年 7 月底，我国玉米库存达 2.6 亿吨，超过一年产量，占粮食总库存的一半。按照每吨玉米每年库存成本 250 元测算，全年玉米库存成本高达 650 亿元。

新产粮食，以新换旧，避免过期损失。同时，积极应用运费补贴、信贷优惠、出口退税、加工补助等措施，引导大型国有粮食企业和各类粮食流通和加工企业入市收购。根据各地畜禽养殖优势，积极推动"过腹转化"，提高玉米下游消费量。

消化玉米库存的龙江经验①

一、调动社会主体入市收购积极性。各级党委政府落实主体责任，引导多元主体入市收购，设立 10 亿元玉米收购贷款信用保证基金，对收购加工新产玉米的深加工企业给予每吨 300 元补贴，并协调铁路部门加大运力支持，保证了有人收粮、有钱购粮、有车运粮。

二、加快推进产销对接。引导农民特别是农民合作社、家庭农场等新型经营主体，强化市场意识，做好"销"的文章。举办秋季粮食交易会、合作社卖粮大会、优质农产品推介会等市场对接活动，大力推进"互联网+"销售模式，加快培育农民自己的营销队伍，促进了生产端和市场端的有效对接。

三、推动多种形式转化利用。注重在过腹转化和加工转化上发力，延长玉米产业链，提升价值链。一方面，把发展畜牧业作为结构调整的重要抓手，出台了一系列支持畜牧业发展的政策意见，启动建设一批"两牛一猪"标准化规模养殖基地，其中 300 头以上规模奶牛场 150 个、肉牛场 210 个，3000 头以上规模猪场 200 个。引进和培育一批畜牧业龙头企业，温氏、伊利、双胞胎等大型畜产品企业纷纷在我省投资布局。畜牧业对粮食的转化能力显著提升，全年过腹转化玉米 300 亿斤。另一方面，按照习近平总书记在黑龙江考察时提出的关于抓好"粮头食尾、农头工尾"的要求，鼓励原有

① 王兆斌、吴晓迪：《农业供给侧结构性改革改什么、怎么改?》，《求实》2017 年第 4 期。

加工企业扩大规模，引导收储企业建设加工项目，多渠道扩大玉米加工转化量。全省新上一批玉米淀粉、食用酒精等精深加工项目，全年精深加工玉米 110 亿斤。

三、改革粮食储备制度

按照世界粮农组织确定的粮食安全储备标准，一个国家或地区粮食储备总量占消费总量的比重应不低于 17%，其中商业性的周转储备占比超过 12%，政府的后备或战略储备占比超过 5%。我国的现实情况是政府主导的中央战略储备和地方粮食储备占消费量的比重超过了 20%，市场主体主导的周转储备规模有限，许多粮食加工企业只储备 3 个月甚至更少的加工用量。因此，粮食去库存从长期看重点是要优化储备结构，核心是在控制政府后备储备的同时，积极引导市场主体增加周转储备。这就要求：第一，基于我国粮食市场调控需要、粮食需求变化趋势、国际粮食供需形势、地缘政治格局演变态势等，适时大幅减少政府性临时储备，明确政府后备储备的合理规模，优化粮食储备品种结构和区域布局，合理划分后备储备中中央战略储备和地方粮食储备的功能定位，强化中储粮专司中央战略储备的职能，督促地方落实粮食储备责任。第二，通过补贴、贴息等方式鼓励用粮企业增加商业储备，积极探索"粮食银行"等农户储粮新机制。在依然受价格支持政策严格保护的稻谷和小麦储备上，支持地方政府探索政府储备粮所有权与经营权适度分离，委托有实力、信誉好的粮油加工企业和大型商贸流通企业储存地方储备粮，平时参与企业经营周转，紧急情况时投入应急供应。[1]

---

[1] 刘慧：《储备粮如何走出轮换经济困境》，《经济日报》2015 年 6 月 25 日。

粮食银行——一种新型的民间储粮方式

"粮食银行"是一种采取市场化运作，吸收农民手中余粮"储蓄"，"储户"可凭"存折"随时提取、购粮、折现的新型粮食经营业态。"粮食银行"主要有三个特点：一是存取自由。"粮食银行"存取时间通常为一年，其间粮权不变，可以随时提取存粮或兑现。二是保值增值。农民存粮后可以直接提取现金，也可以根据市场价格变化随时进行结算。如果市场价格上涨，就按上涨价格结算，粮价下跌时可按照存入量兑换等值的粮油产品。三是与便民连锁店联网，兑换方便。农民凭"存折"可到粮食系统开设的"粮油超市"兑换不同品种的粮油或其他商品。

"粮食银行"统一烘干、统一加工、统一储存、统一经营的专业优势，不仅避免了农户不科学储粮导致的大量损耗问题，"粮食银行"经营主体通过粮源集并、加工储存、商贸流通、质押贷款、套期保值等方式，促进了经济效益和社会效益的同步提升。目前，山东、河南、河北、山西、湖北、湖南、江西、江苏、安徽等多个省份都已设有"粮食银行"，通常由粮食合作社、粮食企业主导建立。

"粮食银行"作为新生事物，当前仍处于粗放发展阶段，陷入无名分（无法工商注册、不允许使用"银行"字样）、无门槛、无监管（出现风险无人兜底，非法集资）的"三无"境地，亟须成立专门的监督机构，建立完备的规章制度和风险防范机制，加强准入管理，从仓储能力、注册资本、具体业务等方面设立行业标准，制定运营监管办法。[①] 同时，给予政策、资金方面的支持，允许以合适的

---

① 姜刚等：《多省份粮食银行陷三无境地，跑路冒进风险凸显》，《经济参考报》2016年11月7日。

名称进行工商注册。

按照市场化改革取向完善粮食价格形成机制，既有利于解决短期内粮食库存高企、储存主体结构不合理的突出矛盾，又能在长期内发挥市场主体储粮积极性，确保粮食库存长期保持在一个合理水平。为此，需要根据国家粮食安全战略，从保护农民利益出发，分品种推进粮食价格形成机制改革。玉米：在现有"市场化收购"＋"补贴"新机制的基础上，建立预期明确的政府玉米储备吞吐调节制度，将现有运费补贴、信贷优惠、出口退税、加工补助等玉米产业促进政策，进行有效整合和机制化设计，避免政策"猛给油、急刹车"，防范玉米供需失衡状态的周期性显现。同时，适当提高东北玉米优势产区生产者直接补贴标准，每年在春耕前发布东北玉米生产者补贴政策，以便更好地引导农民生产预期、促进种植结构调整。稻谷、小麦：按照口粮绝对安全的要求，继续保持最低收购价政策，但要改变最低收购价刚性上涨的预期，根据市场供求形势变化，适时调整最低收购价水平，当粮食生产成本上升较多时，统筹应用最低收购价和直接补贴政策，确保农民种粮积极性不下降、市场在价格形成中发挥主导作用。

四、降低农业生产成本

近年来以土地租金成本、人工成本、农资农技服务成本为主的"三大成本"，占据了农业生产成本的绝大部分份额，而且呈现快速上升势头，成为农业供给侧结构性改革中"降成本"的主要对象。

（一）深入实施农村土地制度改革

2016 年 4 月，习近平同志在凤阳县小岗村农村改革座谈会上指出："新形势下深化农村改革，主线仍然是处理好农民和土地的关系。"随着我国农村土地流转率逐年提高，原来自产自销下隐性的土地机会成本开始以地租形式显现化。以三大粮食作物为例，2005 年流转地租金占土地成本的比例为 9.4%，2015 年就攀升至 16.7%，2015 年流转地租金是 2005 年的 6.3 倍。实地调研发现的地租水平更是远远超过国家统计的平均水平，最低也要 200 元/亩左右，高的甚至超过 2000 元/亩。土地租金成本经常占到土地纯收入的一半以上。[①] 因此，只有深入实施农村土地制度改革，才能打破"小地主、大佃农"的体制弊端，从根本上解决土地成本高企的问题。为此，短期内要推广普及托管、代耕和土地承包经营权股份合作自主经营模式[②]，支持土地股份合作社与龙头企业建立紧密型利益联结机制，采取订单生产、技术服务、相互参股等措施，培育服务于土地股份合作社的职业农民队伍和农业综合服务体系。长期内要推进农村集体经济组织发展，出台全国层面的集体经济组织成员认定指导意见，赋予农村集体经济组织独立法人地位，完善法人治理结构，按照自愿原则，试点推进农村集体经济组织土地所有权与承包经营权统一，从根本上解决分散农户导致的土地流转难、纠纷多、费用高问题。

四川崇州农业共营制经验[③]

崇州率先在全国探索成立土地承包经营权股份合作社，合作社按照"入社自愿、退社自由、利益共享、风险共担"原则，引导农

① 党国英：《农业要强，就要降低农业的成本》，《人民论坛》2015 年第 30 期。

② 通常由农民自发组织成立或村集体发起设立农村土地股份合作社，农民以土地自愿入股，由土地股份合作社统一经营，农民除劳动收益外，还享受年底分红。因合作社不再支付农民土地租金，所以土地股份合作自营模式相当于将土地租金内部化了，能够显著降低农业生产总成本。

③ 刘友莉：《探索农业共营制，崇州破解农业三大难题》，《成都商报》2017 年 3 月 10 日。

户以农村土地经营权作价量化入股。在运营过程中，农业合作社引入现代企业管理理念、方法，公开选聘农业职业经理人（农民CEO），构建"理事会+农业职业经理人+监事会"运行机制。截至2017年2月，崇州市已组建土地股份合作社226个，入社面积31.6万亩，入社农户9.2万户，适度规模经营率达70%。

崇州市构建起"一主多元"新型职业农民教育培训体系，并建立了评定管理机制，对符合评定条件的颁发《农业职业经理人资格证书》，实行行业准入及退出制度，并每两年进行考核。截至2017年2月，崇州有新型职业农民7329人，其中农业职业经理人1883人。与传统农户家庭经营相比，农业职业经理人经营的水稻种植平均每亩增产10%以上，生产资料投入与机耕机收成本下降15%。为了进一步推进土地股份合作社发展，崇州市坚持"政府引导、市场参与、多元合作"，构建农村产权交易服务、价值评估、金融服务、风险防控、担保收储、政策扶持"六大服务体系"，搭建崇州市"农贷通"平台，撬动了社会资本和金融资本投入农业农村，初步形成公益性服务与经营性服务相结合、专项服务与综合服务相协调的新型农业综合服务体系。

（二）促进农业适度规模经营

2014年9月29日，习近平同志在中央全面深化改革领导小组第五次会议上指出："要坚持规模适度，重点支持发展粮食规模化生产。要让农民成为土地适度规模经营的积极参与者和真正受益者。"与传统分散、小规模耕作方式相比，农业适度规模经营是降低单位人工成本和物质服务费用的重要措施。以生猪养殖为例，2015年规模养殖每头总成本1605.15元，是分散养殖每头总成本的87.5%。

为推动农业适度规模经营发展，首先，需要进一步促进农村土地流转。加快农村承包地确权颁证步伐，明确土地承包经营权"永久"实现形式，探索进城落后农民自愿退出承包地的补偿机制，充分发挥农村产权流转交易平台作用，支持地方创新探索土地股份合作、土地银行、土地托管、土地流转信托等多种流转方式。其次，支持适度规模经营主体发展。2016年5月，习近平同志在黑龙江省考察期间，指出"东北地区有条件发展规模化经营，农业合作社是发展方向，有助于农业现代化路子走得稳、步子迈得开"。所以，需要进一步明确农业适度规模经营主体要以农民合作社、家庭农牧场、种养大户为基础，产业化龙头企业为补充，支持组建农民合作社联合社，清理整顿"空壳社、休眠社、套牌社"，引导家庭农牧场和种养大户发展特色高效农业。第三，全面提升农业社会化服务。通过以奖代补、先建后补、财政贴息等措施，支持工商资本和大型龙头企业根据农业规模经营主体需要，投资设立供销合作社、专业服务公司、专业服务合作社、种肥药机一站式联盟等经营性农业服务组织，提供产前、产中、产后各环节服务。

（三）加快农村金融创新

2015年11月，习近平同志在中央扶贫开发工作会议上指出，"要做好金融扶贫这篇文章，加快农村金融改革创新步伐。"农村金融创新不仅关系到农村扶贫攻坚任务的完成，更与降低农业融资成本密切相关。当前，广大农民的农业生产中普遍存在贷款难、融资成本高的问题，已经成为农业现代化发展的主要制约因素之一。为此，一方面需要增加面向农业农村的金融服务供给，重点是支持金融机构增加县乡网点，下放县域分支机构信贷业务审批权限，简化贷款流程，支持发展立足农业农村的农村商业银行、农村合作银行、村镇银行等农村中小金融机构，开展农民合作社内部信用合作试点，支持并规范运营各类涉农担保公司，扩大农业保险覆盖面，探索实施农业价格保险和收入保险。另一方面需要通过创新提高农村金融服务水平。强化农村地区信用体系建设，支持创建信用户、信用村和信用乡镇，完善农村土地承包经营权抵押贷款办法，加快农村各类资源产权认定和评估市场体系建设，创新发展订单质押和农业生产设施、投保牲畜抵押贷款业务，建立健全风险分担补偿机制。

（四）完善农业补贴和财政支农政策

当前，我国建立了以直接补贴和财政支农为核心的农业支持政策体系，连续多年持续加大农业补贴和各类型财政支农投入力度，大大减轻了农户和规模经营主体的物质费用和固定资产投入，对降低农户生产成本、促进农业增产增收发挥了积极作用，但是农业补贴结构不合理、精准度不高、财政支农资金分散低效的问题突出。2016 年 5 月，习近平同志在黑龙江省考察期间，指出"价格一头连着老百姓，要做好农业的精准补贴工作"。所以，必须进一步提高农业补贴政策的指向性和精准性，建议新增农业补贴主要用于增加对农户的收入补贴、基础设施投入补贴和转变农业生产方式补贴，避免与特定农产品挂钩，推动"黄箱"补贴"绿箱"化，探索将休耕轮作补贴与玉米、稻谷去库存结合起来，扩大农业政策性保险补贴范围，提高中央、省级财政对农作物保险的保费补贴比例。同时，在财政支农领域重点开展涉农资金整合，创新财政支农方式，推广PPP 模式，支持财政资金入股设立涉农贷款担保资金，实施贷款贴息，撬动更多社会资本参与农业农村发展。

五、补齐农业发展短板

无论是农村水利、交通、电力、电信等基础设施，还是农业科技、人才、资金等都存在一定程度的短板问题，农业生态环境更是存在不可持续的重大隐患，这些短板大多还具有公共性和长期性特征，政府增加投入是必要的，但也是不够的，需要通过农业供给侧结构性改革，创新体制机制，激发民间资本投入的积极性。

（一）加强农业基础设施建设

在国家持续性富农强农惠农政策的扶持下，我国农业生产条件得到了极大改善，但水、电、路、网等农业基础设施仅能满足基本需求，存在等级低、维护差和"最后一公里"问题，仓储物流等设施更是严重不足。2015年4月30日，习近平同志在中共中央政治局第二十二次集体学习时为改善农村基础设施提出了明确要求，"要完善农村基础设施建设机制，推进城乡基础设施互联互通、共建共享，创新农村基础设施和公共服务设施决策、投入、建设、运行管护机制，积极引导社会资本参与农村公益性基础设施建设。"所以，一方面需要持续加大财政支农资金投入。建立涉农固定资产投资财政投入稳定增长机制，支持以规划为依据整合分散的支农资金，鼓励各地与社会资本合作设立农业基础设施建设投资基金，重点投向高标准农田建设、中低产田改造、耕地质量提升、公共农业设施等领域。创新财政支农资金利用方式，将财政投资形成的资产折股量化到农村集体经济组织，按照"谁受益、谁管护"的原则，推动形成农业基础设施长效运营和管护机制。另一方面需要吸引民营资本和企业家投资兴建农业基础设施。对于农村道路、农田水利等公益性基础设施，选择部分地区开展"公益性项目、市场化运作"试点，推进政府购买服务；对于农村供水、污水垃圾处理等半公益性基础设施，采取PPP、投资补助、财政贴息、资本金注入等方式，引导社会资本和农民积极投入；对于农村供电、网络通信等经营性基础设施，对社会资本全面开放，给予用地保障和相关政策便利。

四川崇州创新财政资金利用方式经验

崇州市将财政投资形成的资产划分为公益性资产和经营性资产两部分。对于沟渠、道路等公益性资产量化到合作社，由合作社持有、使用和管护，设合作社集体股，不设个人股；对于育秧中心、烘储中心等经营性资产，按自筹资金比例量化到入社社员，合作社社员依据量化的股份获得财产性收入，并向集体经济组织或成员颁发股权证，将财政资金形成资产的归属权直接明确到参股村民头上，村民认购的股权可以通过转让、抵押、担保、继承和赠予等形式进行流转交易，股权转让优先在合作社内部运行。[①] 参股村民共同经营，自负盈亏，解决"以往财政项目资金投入后，形成资产所有权、管理权、使用权分割，导致维护不善、运营不灵活"的问题。以清源土地股份合作社为例，2015 年，合作社把各级财政补助的 335 万元、财政专项扶贫资金 20 万元及合作社自筹的 30 万元，集中在一起投入建设粮食烘储中心，并将烘储中心进行股权量化。建成以来营收 40.55 万元，除去成本可分配红利达 21.94 万元。同时，崇州市还创新性地将财政支农资金投入到农民专业合作社形成的资产，以优先股的形式全部量化给贫困户，为贫困户增加了长期稳定的收入来源。这些贫困户优先股采取不记名方式，严格遵循"谁贫困、谁享受"原则，脱贫后自动退出，股份将分配给其他贫困户。[②]

---

① 韩利：《财政资金让参股村民收入大幅增长》，《成都商报》2015 年 1 月 22 日。
② 赵荣昌：《合作社建项目分红利，村民得实惠》，《成都日报》2016 年 2 月 8 日。

（二）改善农业生态环境

近年来，连续多年"向地要粮"加剧了农业生态环境的脆弱性，农业面源污染、地下水漏斗区、土壤有机质流失等负面新闻频繁曝光，我国农业生产的可持续性正面临严峻挑战。为确保国家粮食长久安全，必须严格贯彻落实中央提出的"藏粮于地、藏粮于技"战略，增强农业的可持续发展能力。为此，第一，要发展生态循环农业。以县为单位，通过示范引领、多元补贴、管理机制创新等多种措施，全面推进生态循环农业建设，总结推广"种养加""猪—沼—果（蔬）""稻鱼（蟹）共生"等多种循环农业模式，制定种养一体化、大型沼气、农作物秸秆综合利用、地膜清洁生产等循环农业技术标准和实施规范。第二，要实施农业节水工程。全面施行"以水定产"，强化农业用水定额管理，贯彻落实农业水价综合改革。优先在地下水漏斗区和干旱半干旱地区，推进大中型水利工程节水改造，普及喷灌、滴灌等田间节水灌溉设施和水肥一体化农艺节水技术。在生态脆弱区和粮食主产区，完善地下水环境监测网，优先建立地下水位预警机制，严格控制无序"旱改水"。第三，推进生态工程建设与水土流失治理相结合。加快实施山水林田湖生态保护修复工程和新一轮退耕还林还草工程，提高森林禁伐地区农民补助标准，探索建立全国性农（林）业碳汇交易市场，加大东北黑土区、黄土高原区、西南岩溶区等重点地区水土流失治理支持力度。

（三）充实农业生产要素

科技创新驱动能力薄弱、大量高素质人才外流、资产不活，导致技术、人才、资金等关键性农业生产要素存在总量不足、质量不高的突出问题，成了制约现代农业发展的最大短板，必须下大力气解决。第一，改革农业科研体制。2017 年 5 月，习近平同志在致信祝贺中国农业科学院建立 60 周年时，指出，"农业现代化关键在科技进步和创新。"为此，针对当前我国农业科研中存在的问题，要充分发挥企业研发主体的高效率、亲市场特征，近期鼓励采取"企业申请、研发外包"模式，支持农业科技企业与公共研究部门联合成立科研机构，推动部分公共研究机构企业化改制。在农业技术密集地区（如北京、上海等地）整合现有公共研究部门，邀请大型农业科技企业参加，建立上下游结合、流水线研发的农业技术研发基地或研发集群，避免低水平重复研究，公共资金重点向基地倾斜;[1] 远期强化企业与公共研究机构之间的分工协作，建立农业技术专利、信息共享平台。第二，提高农村人力资本水平。2013 年 12 月，在中央农村工作会议上习近平同志指出，"要提高农民素质，培养造就新型农民队伍，把培养青年农民纳入国家实用人才培养计划，确保农业后继有人。"为此，针对当前农民培训效率不高的问题，重点是整合多渠道的农民培训资金，采取公益性推广和政府购买服务等多种方式，统筹配置科研院所、企业、专家大院、农技站、协会等多层次培训力量，以农业规模经营主体和职业农民为重点，坚持需求导向，深入田间地头和生产一线，开展形式多样的农业生产技能培训。同时，积极吸引优秀人才进入农村、从事农业，通过提高福利待遇、表彰、晋升等措施，继续推进大学生村官和选派驻村第一书记;通过提供金融支持、用地保障和财政扶持等措施，支持进城农民工返乡创业，鼓励高校毕业生、企业主、农业科技人员、留学归国人员等各类人才回乡下乡创业创新。第三，要激活农村沉睡"资产"。2016 年 4 月，习近平同志在凤阳县小岗村农村改革座谈会上指出："深化农村集体产权制度改革，激活农村各类要素潜能，赋予农民更

---

① 王昌林等:《我国重大技术发展战略与政策研究》，经济科学出版社 2017 年版，第 159 页。

多财产权利。"为此，要积极稳妥推进农村宅基地制度改革，探索开展农民住房财产权抵押贷款试点，尽快在中央层面制定农村集体经济组织成员认定的指导意见，总结成都、浙江等地成功经验，全面推进农村集体资产清产核资，稳步推进农村集体经营性资产股份制改革，鼓励成立土地股份合作社、发展物业经济等多种形式的集体经济发展模式，深化林权、水权制度改革。

第三节　着力振兴实体经济

实体经济作为国民经济的基石，是创造就业岗位，改善人民生活，实现经济持续发展和社会稳定的基础，是国家实力强盛的根本，实业兴则国家兴，实业强则国家强。从目前实体经济发展来看，面临增速放缓、盈利下降、升级困难等难题，特别是出现了实体经济内部供需结构失衡、实体经济与金融和房地产失衡的矛盾，亟须出台针对性措施，全面振兴实体经济。

一、实体经济发展面临"四难"困境

近年来，受国内外经济长周期调整、产业转型升级和资产泡沫化程度提高的影响，我国实体经济出现了增长速度下降、供求矛盾突出、经营成本增加和产出效益减少等诸多问题。

（一）"四难"表现

持续增长难。无论从全部工业增加值、规模以上工业增加值、出口交货值，还是非金融服务业增加值增速看，各项指标均呈现下行态势，尤其是集中反映实体经济表现的规模以上工业增加值，

2011—2015 年各年增速分别为 13.9%、10%、9.7%、8.3% 和 6.1%，中期下行趋势明显。2016 年以来，工业经济增长触碰 6% 后回稳，2017 年上半年增长 6.9%，但复苏的力度依然不强，其中，制造业虽然也止跌企稳，但其增速仍然不及房地产增速，制造业持续增长的动力依然不足。

盈利增加难。目前，我国经济处于深度调整期，国内外需求持续疲软，同时，劳动力、能源、原材料、运费等成本轮番上涨，导致企业经营状况恶化，亏损面不断扩大，企业经营日渐困难，盈利能力大幅下降。根据 WIND 数据，2000 年以来我国企业销售毛利率从 26.5% 下降到 18% 左右，非金融上市公司利润下滑更为明显，净利润率从 2000 年的 8% 以上下降到 2016 年的 5% 以下。工业企业盈利下降更为明显，2011—2015 年规模以上工业企业利润同比增速分别为 25.35%、5.27%、12.15%、3.30% 和 -2.30%，2015 年首次出现负增长，为 -2.3%。2016 年和 2017 年上半年，在供给侧结构性改革刺激下，工业企业利润整体上明显增加，主要是承担去产能任务的钢铁、煤炭和其他过剩行业的利润大幅度增加，而制造业整体盈利能力仍然较低，大量中小制造企业大多数为微利或亏损。

转型升级难。我国经济发展进入到增速换挡、结构优化和动力转换的新阶段，"三期"叠加的阶段性特征非常明显，既面临"稳增长"的现实压力，也面对调结构的巨大挑战。一方面，房地产、钢铁、有色、化工等传统领域的过剩投资引起严重的产能过剩，加之全球经济结构的周期性调整和需求萎缩，一些资源型行业、原材料产业下滑十分严重，企业生存异常困难。例如，2015 年石油和天然气开采业、煤炭开采和洗选业、褐色金属矿采选业的主营业务收入分别下降 32.6%、14.8% 和 20.7%，利润则分别下降 74.5%、

65.0%和67.9%。2016年，随着去产能等政策措施的落实，钢铁、煤炭等价格恢复性上涨，钢铁和煤炭价格上涨幅度分别超过40%和60%，但仍然难以掩盖产品结构调整滞后等结构性矛盾，产业发展进入"一调就死、一放就乱"的怪圈。房地产去库存带来一线、二线城市的楼市火爆和房价暴涨，但三线、四线城市库存压力仍非常庞大，房地产市场的结构性矛盾仍然非常突出。另一方面，中高端需求仍然得不到有效满足，巨量消费潜力难以释放。自2014年我国居民境外消费突破1万亿元以来，我国居民境外消费节节攀升，2016年已突破1.4万亿元。表明我国居民中高端消费需求强劲，但在国内难以得到满足，高品质产品供给不足，高端需求存在供需错配。同时，以"互联网+"、电子信息、高端装备、生物医药、新能源汽车等为代表的新兴产业近年来取得较快发展，大众创业、万众创新浪潮高涨，释放出产业结构调整的巨大活力。但是，这些产业目前体量仍然偏小，短期还难以弥补传统产业下滑带来的影响。

改革创新难。尽管三十多年的改革开放，总体上取得了突破性进展，但市场化改革并没有真正完成，许多方面还很不到位，实体经济发展体制性障碍还比较突出。一是目前商品市场经济发展比较成熟，但土地、劳动力、资本、技术等要素方面的市场化改革还相当不完善，资源合理分配的体制机制尚未理顺，影响实体经济发展的各种门槛和壁垒犹存。二是民营经济发展环境尚需改善。2016年下半年和2017年上半年全国固定资产投资增长回升，但民间投资增速较慢，扩张能力和动力都不强，主要原因是制度性交易成本过高、私人产权保护不够、法制环境欠缺、政府干预过多，过度垄断使民间资本投资"无门"，阻碍民间资本进入的"玻璃门""弹簧门""旋转门"仍然存在，民间资本投资"无门"或被"挤出"，难以进入基础设施、社会事业和公共服务等领域，实体企业发展空间严重受限。三是科技创新体制改革滞后。科技创新相关制度规章不合理，鼓励实体企业创新的政策落实不到位，鼓励创新、宽容失败的社会氛围和制度环境缺乏，难以激活实体经济的创新活力。吸引社会资本支持创新的良好机制缺乏，科研成果偏离产业化实际需求，导致实体经济科技创新能力较弱，制约实体经济持续发展。四是市场体系不完善。产业退出机制不健全，导致实体经济中过剩产能不能及时退出。政府管制依然存在较强行政干预色彩，产权制度仍不完备，资源、产品和要素在区域之间合理流动机制尚未形成，导致实体经济发展的制度性交易成本依然偏高，企业特别是制造企业创新的外部成本依然很高。

（二）"四难"成因

造成实体经济发展困境的原因是多方面的，主要表现在以下几个方面。

虚拟经济对实体经济的挤压加大。由于实体经济与虚拟经济之间的互动机制不健全、传导路径不畅通，大量流动性资金在金融系统内空转，存在社会资本"脱实向虚"、企业"弃实投虚"的现象。特别是金融、房地产及其他虚拟领域的快速膨胀和过度投机行为，侵蚀了实体经济的发展基础，加剧了实体经济的困境。虚拟经济投资时限短、回报率高，吸引大量资本流入，造成实体经济资金严重不足，实体经济"失血"现象凸显。据测算，工业平均利润率仅在6%左右，而证券行业、银行业平均利润率都在30%左右。与此同时，非金融部门杠杆率也在快速上升。据测算，2012年非金融类企业部门的杠杆率为106%，到2015年已超过170%，2016年和2017年上半年有所降低，但累计降幅不足一个百分点。过高的杠杆率不但容易引发金融泡沫，导致金融利润率过高，而且吞噬了实体经济资本。除金融领域外，房地产业的无序发展，也严重损害了实体经济发展。由于部分地方政府长期过度看重房地产对 GDP、财政收入的贡献，甚至一度作为支柱产业加以支持，在宽松的融资手段支持下，不仅使房价严重脱离国情、超出居民购买能力，而且导致房地产形成较高的盈利能力与财富积累能力，诱导实体经济资本大量涌向房地产，直接抬高了实体经济生产成本，挤压了实体经济发展空间，导致实体经济"空心化"。

实体经济运营成本刚性上涨。随着工业化迅速推进，支撑实体经济三十多年快速发展的传统要素优势正逐步减弱，要素价格持续上升，实体企业综合生产成本快速上升，进一步挤压了实体经济的利润空间。突出表现在：能源原材料价格涨幅明显偏高；劳动力成本急剧上升，实体企业出现招人难、用人难、留人难的问题；企业税负重，据测算，企业已缴税金占营业收入的比重达 7.8%，其中应缴增值税占营业收入的比重达 3.7%；融资成本高，特别是中小企业融资难已成为影响实体经济发展的重要因素。

实体经济内生发展动力不足。内生发展动力不足是造成实体经济困境的根本原因，主要表现在：企业创新意愿不强，创新能力不足，由于对知识产权保护不够，很多实体企业根本不愿意进行原创性研发；人才短缺、研发投入少，核心技术和高端装备受制于人，国际领先企业往往将销售收入的 5%以上作为研发投入，而我国制造业 500 强企业的研发投入只有 2%左右；企业经营管理模式等方面的创新有待加强，普遍缺乏新技术、新产业、新业态与新商业模式的推动；缺乏企业家精神，企业持续发展动力不足。

市场需求明显减弱。外需持续萎缩与内需增势放缓叠加、有效需求不足，也是造成实体经济发展困境的重要原因。一方面，国际金融危机以来，世界经济明显衰退，逆全球化和国际贸易保护主义重新抬头，全球贸易陷入低迷，外部需求总体偏弱。欧美发达国家纷纷提出"再工业化"战略，呈现加速向实体经济回归的新趋势，一些新兴经济体则加紧与我国在劳动密集型产业等领域展开国际竞争，以制造业为主体的实体经济逆势增长，使我国实体经济面临发达国家高端回流和新兴经济体中低端分流的"双向挤压"。另一方面，在经济发展进入新常态后，国内市场需求约束明显强化，内需疲软已成为制约我国实体经济发展的关键瓶颈之一。

二、从三条路径促进实体经济转型发展

振兴实体经济必须要有战略考虑，要从根本上想清楚我们到底要什么样的实体经济。要看到实体经济仍然是我国的优势所在，顺应发展大势的变化，发挥好新的人口红利、基础设施较为完备、产业配套能力较强、综合投资环境较好、国内市场规模和发展潜力巨大等综合优势，深入推进供给侧结构性改革，坚定不移走市场化、国际化、创新发展之路，采取切实有效的措施，大幅提高劳动生产率和全要素生产率，推动实体经济向价值链和产业链高端发展[①]。

（一）市场化之路

经过多年的改革，目前制造环节已基本市场化了。但在生产要素和流通等环节市场化不够，工业化发展很快，现代市场体系特别是现代金融制没有相应建立起来，形成了一种"瘸腿"的工业化，难以行稳致远，向中高端迈进。这是造成当前资金脱实向虚、"虚热实寒"的重要原因。为此，必须切实按照党的十八届三中全会的要

---

① 王昌林、姜江、韩祺：《振兴实体经济走什么路?》，《调查研究建议》2017 年第 1 期。

求，积极稳妥地从广度和深度上推进市场化改革，大幅度减少政府对资源的直接配置，推动资源配置依据市场规则、市场价格、市场竞争实现效益最大化和效率最大化。当前，重点要抓好三个方面的重大改革。

改政府，优化市场发展环境。围绕培育壮大新动能，切实放开健康养老、教育等领域市场准入，进一步释放服务经济巨大的发展潜力。现在民间投资低迷，应鼓励社会资本大力发展民办大学和医疗机构，这既有利于增加民间投资，又有利于培育壮大新动能，还能切实解决老百姓所关心的急迫问题。同时，要适应新技术、新产品、新业态和新产业迅猛发展的要求，改革完善监管体制。加快探索与"互联网+"等融合性、跨区域性突出的新业态、新模式相适应的监管模式。

改国企，优化市场主体结构。当前经济运行中的许多矛盾和问题的症结都在国企，必须进一步解放思想，大力推进国有企业改革，调整国有经济战略布局，优化资源配置，提高经济质量和效率。同时，要放手发展民营经济，在市场准入、要素配置机会等方面创造更好环境，支持中小微企业创新发展，深入推进大众创业万众创新，增强实体经济的创新活力和发展动力。

改金融，构建资金向实体经济流动的机制。扭转金融改革创新滞后于实体经济转型发展的格局，将金融改革作为重中之重，切实在发展民间金融、股票发行注册制改革、多层次资本市场建设等方面取得实质性突破。加强知识产权和产权保护，建立法制、透明、公开、公平竞争的市场机制。

（二）国际化发展之路

在全球市场已经形成一个整体、我国经济与世界经济深度融合的背景下，发展实体经济需要特别注重发挥国际市场作用，既要"引进来"，也要"走出去"。要妥善应对各种贸易摩擦，继续实施和完善鼓励实体经济扩大出口的政策。当前，重点要抓好三件大事。

大力推进国际产能合作。要结合"一带一路"战略的实施，促进我国高铁、核电等优势产业走出去，同时要大力支持企业到国外收购兼并和建立研究中心与生产基地，在全球部署产业链和创新链，推动形成全球新的产业分工体系。

切实加强引资、引技、引智力度。充分发挥我国综合投资环境较好的优势，研究新形势下改善投资环境、引进外资的新的优惠政策和新举措。研究制定促进加工贸易企业向中西部地区转移的政策措施，积极吸引跨国直接投资。结合三四线城市房地产去库存，对转移到三四线城市的劳动密集型产业给予所得税优惠政策。支持中关村、深圳等地区开展技术移民试点，加大对全球优秀人才的吸引力度。

着力培育新的贸易增长点。充分利用我国服务需求快速增长的契机，扩大服务业对外开放，大力发展服务贸易，特别是要利用我国新的"人口红利"，加快发展研发服务外包等产业。例如，目前全球医药合同研究（CRO）市场规模超过 300 亿美元，且以年均 10%以上的速度增长，我国具有发展 CRO 的人才、临床实验、市场等优势，发展潜力很大。

（三）创新驱动发展之路

从长远看，要抵消成本上升所带来的比较优势弱化，根本出路在于创新，提高劳动生产率和全要素生产率。从国际看，全球范围内新一轮科技革命和产业变革正在孕育兴起。在经历金融危机之后，主要发达国家充分认识到推动实体经济创新发展的重要性，纷纷重新审视发展战略，提出以重振制造业、推动制造业创新发展为核心的战略布局。例如美国2009年提出"重振美国制造业政策框架"，德国2013年提出"工业4.0战略"，英国2013年提出"工业2050战略"，法国2013年提出"工业新法国计划"、2015年提出"未来工业计划"，日本2015年提出"新成长战略"，韩国2014年提出"制造业革新3.0战略"等。推动制造业创新发展成为各国产业政策的主旋律。从国内看，我国已经到了只有更多依靠创新才能实现升级发展、持续发展的新阶段，必须落实发展新理念，推动实施创新驱动发展战略，提升实体经济质量和效益。

表5-1　各国推动制造业创新发展的战略布局

战略名称	发布时间	主要内容和目标
《重振美国制造业政策框架》	2009年	通过加强科技创新，优先支持经济社会发展急需的清洁能源产业发展，大力发展资本密集和高生产率的生物工程产业，保持航空产业的领导地位，振兴钢铁和汽车工业，积极培育纳米技术产业，重振美国制造业，实施"再工业化"战略。
《德国工业4.0战略》	2013年	提出了"工业4.0计划"愿景，努力推动制造业智能化、网络化、自动化发展，进一步增强德国在未来全球制造业版图中的地位，凸显德国制造的优势。
《英国工业2050战略》	2013年	报告认为信息通讯技术、新材料等科技将与产品和生产网络融合，极大改变产品的设计、制造、提供和使用方式，建议把握新的市场机遇、快速敏捷响应消费者需求、推动可持续发展的制造业。
法国《未来工业计划》	2015年	报告是"新工业法国"计划的第二期，主要内容是实现工业生产向数字制造、智能制造转型，以生产工具的转型升级带动商业模式变革，包括大数据经济、环保汽车、新资源开发、新型医药、物联网、智能电网等九大重点领域。
日本《新成长战略》	2015年	将大数据信息化技术、可再生医疗、新能源与节能环保等列入产业发展重点，运用机器人技术推动新一轮产业革命。
韩国《制造业革新3.0战略》	2014年	强调制造业与信息技术的融合，促进智能革命，提高制造业的智能化程度，计划到2020年建设超过10000家智能工厂，推动电子、汽车、机械等行业成为创造经济的支柱。

当前，重点要抓好"一个主体""一个环节"和"一个体系"。"一个主体"就是增强企业的创新能力。加大对企业技术改造和创新的支持力度，鼓励企业采用新技术、新材料、新工艺，提高产品科技含量，提升创新发展能力。进一步加大对企业研发投入的抵扣力度，切实落实高新技术企业享受15%的税收优惠政策。"一个环节"就是提高科技成果转化率。加快建立大学、科研机构的技术转移机制，抓好《科技成果转化法》等现有政策的落实，打通"最后一公里"。"一个体系"就是重构国家创新体系。着力推进现代大学制度、现代科研院所制度等建设，改革完善科研经费管理、人才评价等制度，探索建立社会主义市场经济条件下集中力量办大事的新机制，使大学回归大学、科研机构回归科研，切实改变目前科研工作"急功近利""浮躁"、出不了"大家"、出不了重大原创性成果等突出问题，加快建设一批世界一流大学和科研机构，提高基础研究能力，突破一批关键核心技术，夯实创新发展的人才、科技基石。

三、以提高质量和核心竞争力为中心振兴实体经济

中央在 2017 年经济工作部署中，已明确提出振兴实体经济的重大任务和具体举措。这是深入推进供给侧结构性改革的重要内容，既呼应了实业界希望化解"实冷虚热"的诉求，更是基于国家强大复兴的战略考虑。为此，要在处理好实体经济与虚拟经济二者关系的同时，从实体经济发展中面临的最迫切需要解决的问题入手，以提高质量和核心竞争力为中心，坚持创新驱动发展，推动实体经济优化结构，扩大高质量产品和服务供给，不断提高实体经济发展水平。

（一）增强虚拟经济对实体经济的支撑能力

由于虚拟经济投资回报率高、回收快，大量资本流入虚拟领域，

社会资本"脱实向虚"和企业"弃实投虚"加剧，造成实体经济存在相当程度的"失血"和"抽血"问题，虚实矛盾问题突出。为此，正确处理好发展虚拟经济和实体经济的关系，发挥虚拟经济对实体经济的支撑作用，成为振兴实体经济需要处理的第一对关系。

坚持"以实为本、虚实并举"，切实做到对"虚""实"要一视同仁、统筹规划、相互兼顾、协调一致。一方面，要大力振兴实体经济，为虚拟经济发展提供充分的保证；另一方面，也要按照实体经济的要求和条件，稳步推进虚拟经济的有序发展，充分发挥虚拟经济对实体经济的提升作用；同时更要防止"虚热实伤"，更不能"助虚劲而招实祸"，加强和完善监管体系和制度建设，坚决抑制虚拟经济盲目发展，切实防止虚拟脱离实体经济过度膨胀而造成实体经济"空心化"。强化制度约束与规范，坚决抑制虚拟经济盲目发展或过度发展对实体经济的负面影响。加强金融法规与监管体系建设，完善信息披露制度，提高金融交易的透明度，严格规范金融市场行为，严厉打击投机操纵行为。切实采取措施引导房地产业健康发展，要保持战略定力，不能在经济下行压力加大的时候，自觉不自觉地依赖制造股市及房地产泡沫来提振经济。从根本上改变现有住房制度和土地制度的缺陷，构建合理的土地制度、信贷制度、税收制度以及保障制度，使住房制度体系回归居住的基本属性，建立促进房地产市场持续健康发展的长效机制。

（二）调整优化产业结构，着力构建现代产业新体系

振兴实体经济作为供给侧结构性改革的主要任务之一，解决低端供给过剩与高端需求难以满足等供需矛盾的重要途径是调整优化产业结构，加快培育壮大新兴产业、积极改造提升传统产业、大力发展生产性服务业，增加新产业、新业态、新产品供给，更好满足

需求结构升级的要求。

一是加快培育壮大新兴产业。聚焦新一代信息技术、高端制造、生物、绿色低碳、数字创意等五大领域，全面提升人才、技术、资金的供给水平，营造创新要素互动融合的生态环境。进一步提高原始创新能力，支持技术研发和成果转化，促进跨界融合，全面提升产品和服务供给能力。更加注重产业集聚，加快打造北京、上海、深圳等战略性新兴产业发展策源地，提升产业集群持续发展能力和国际竞争力。以产业链创新链协同发展为途径，培育特色产业集群，带动区域经济转型发展，加快形成创新经济集群发展的新格局。推进战略性新兴产业开放发展，以更开放的理念、更包容的方式，拓展国际合作新路径，大力推动优势产业领域的技术和标准国际化应用，加快产业链、创新链和价值链全球配置，全面提升战略性新兴产业发展能力。

二是积极改造提升传统产业。传统产业规模体量大、带动作用强、国际市场参与率高，是供给侧结构性改革的主战场，对国民经济发展举足轻重。特别是传统优势产业中大部分都是关系国计民生的基础产业，具有刚性需求特征，随着人们生活水平提高对个性化、高端化、定制化等优质产品和服务需求的不断增加，传统产业在改造升级后仍具有较大市场增长潜力。利用先进工艺设备进行技术改造，提升产品和服务质量，改善供给结构，满足消费升级要求，可以让传统产业这棵"老树"不断长出"新芽"。为此，要高度重视技术改造的作用，加大资金支持力度，实施"制造业重大技术改造工程"，重点支持轻工、纺织、机械等传统行业技术改造、共性技术研发和核心零部件国产化，促进传统产业内涵式发展。积极运用新技术改造提升传统产业，以新技术新业态新模式，推动传统产业生产、管理和营销模式变革。实施创新成果转化促进行动，鼓励和支持企业技术中心、工程实验室、科技重大基础设施等创新载体改造提升。实施清洁生产行动，鼓励采用先进的节能、节水和清洁生产工艺技术实施升级改造。

三是大力发展生产性服务业。生产性服务业专业性强、创新程度高、产业融合和辐射带动能力显著，是全球产业竞争的战略制高点，也是推进产业转型升级和供给侧结构性调整的重要方面。振兴实体经济要大力发展与制造业转型升级相关的生产性服务业，不断创新发展模式，大力发展现代物流、工业设计、科技服务、信息技术服务、金融服务、商务服务、电子商务、节能环保服务等生产性服务业，提升整体产业发展水平和产品附加值。积极搭建服务型制造智力支撑平台和产业推广平台，发展总集成总承包、个性化定制、在线支持服务、全生命周期管理、品牌管理、创意服务、融资租赁服务等业态，促进制造和服务融合，提升产品和企业竞争力。

（三）切实降低实体企业成本，提升产业竞争力

针对企业反映较为突出的税费偏高、社保缴费比例高、制度性交易成本种类多、弹性大等问题，必须深入推进降成本，切实降低企业成本负担，增强实体企业竞争力。一是全面开展降税清费工作。应对全球制造业领域的激烈竞争，降税减负是核心。建议清理规范对企业的各种收费，推进行政事业性收费目录和标准公开，加大对消防、卫生、残疾人保障等各类行政性收费和政府性基金的清理整并力度。利用大数据平台建立违规收费举报机制，增强清费工作的有效性和严肃性。

二是逐步加大社保国家支付比例。目前，"五险一金"是企业在成本方面反映较多的问题。部分省市"五险一金"总缴费率超过

58%，企业承担的比例也接近 50%。随着工资的上涨，企业社保支出快速增加，不少企业反映压力很大。建议根据各地社保账户实际情况，有条件的地区可阶段性调低社保缴费率，切实为企业瘦身减负。在此基础上，加大国家支付力度，提高财政支出用于民生部分的比例。

三是切实推动生产要素市场化改革。降低实体经济成本关键是推动生产要素市场化改革。要深入推进金融行业改革，放宽行业进入门槛，研究启动注册制改革试点，激发股市活力，提高直接融资比重，降低企业融资成本。深化土地、资源能源等领域改革，鼓励通过市场竞争形成要素合理流动与优化配置的新机制。

（四）提升产品质量水平，打造更多中国品牌

质量品牌是企业乃至国家核心竞争力的综合体现。加强质量品牌建设的过程实际上就是提升产品质量、改善服务、技术创新的过程，也是拓展国内外市场，适应结构转型和消费需求结构升级的需要。但目前质量品牌是我国实体经济发展的重要短板，产品质量水平明显滞后于经济增长水平，在国际上畅销的中国制造产品缺少具有全球竞争力的知名品牌，部分企业质量意识淡薄，质量管理能力和质量竞争力水平大幅落后于发达国家。近些年来，我国公民的境外消费不仅在规模上迅速扩大，而且在结构上已正由珠宝等高端消费品向婴幼儿奶粉、非处方药、厨卫用具等日常生活用品扩展。因此，只有提升制造业产品质量，做优实体经济，才能激发和释放国内外需求对经济增长的拉动力。

为此，要把增品种、提品质、创品牌作为增强企业和产品竞争力的重要抓手，按照中央推进供给侧结构性改革的重要部署，实施质量强国战略，开展质量品牌提升行动，支持企业提高产品全生命

周期质量追溯能力。要加强全面质量管理，健全优胜劣汰质量竞争机制。质量之魂，存于匠心。倡导和培育"工匠精神"，厚植工匠文化，恪尽职业操守，崇尚精益求精，培育众多"中国工匠"，构建弘扬工匠精神的良好体制和机制，在产业发展上形成有利于转型升级和创新发展的产业发展环境，最终形成尊重技工、尊重工匠的社会氛围。开展品牌创建活动，树立起品牌意识，培育更多"百年老店"，打造更多享誉世界的"中国品牌"，使品牌得到更多消费者的认同，不断提升产品的附加值和竞争力，推动中国经济发展进入质量时代。

四、发挥好政府在实体经济发展中的作用

振兴实体经济，需要政府积极作为，最根本的是要通过深化改革，不断降低实体经济发展的各种成本，建设法治化的市场营商环境，大力提升科技发展水平，推进大众创业万众创新，营造公平竞争环境。

（一）营造公平竞争的实业发展环境

充分发挥市场在资源配置中的决定性作用，加快营造商业氛围、健全信用环境、优化政务环境、完善法制环境。深化"放管服"改革，清理规范涉审中介，实现对国家鼓励类、允许类制造企业投资项目"不再审批"。推进政务服务"一张网"建设，实现部门数据互联共享，推动政务服务信息向社会开放。分领域、分行业制定事中事后监督管理办法，加强对法律法规赋予的监管事项、产业政策明确的调控事项、创新发展需要的服务事项等有效监督管理。建立以信用为基础的综合监管执法体系，打击侵犯知识产权、假冒伪劣和违法生产行为。建立和完善公平竞争、公开透明的市场规则，打

破地域分割和行业垄断，加快生产要素市场化改革，完善要素交易平台，发展各类要素市场，促进生产要素在城乡、地区、行业、企业间自由流动与优化组合，加快形成统一开放、竞争有序的市场体系。

（二）全面提升科技创新能力

加快建立起以企业为主体、市场为导向、产学研结合的技术创新体系，完善融资、研发设计、科技成果检测、咨询等创业创新服务，实现科技同经济对接、创新成果同产业对接。积极推动产业技术创新平台建设，建设国家重大科技基础设施和技术创新中心，加快发展众创空间、大学科技园、科技企业孵化器等创业服务平台建设，打造科技资源开放共享平台。切实落实高校和科研院所自主权，落实股权期权和分红等激励政策，落实科研经费和项目管理制度改革，让科研人员不再为杂事琐事分心劳神。深化知识产权领域改革，开展知识产权综合管理改革试点，强化知识产权司法保护。同时，完善创新人才引进、培养和使用机制，实施更加有效的人才引进政策，广聚天下英才，造就一批科技型、创新型企业家群体，培养一批由科技人员、技术人员组成的技术创新群体。

（三）释放"大众创业、万众创新"活力

"双创"是以创新创业带动就业的有效方式，是推动新旧动能转换和经济结构升级的重要力量，是促进机会公平和社会纵向流动的现实渠道，需要持续推动"双创"向纵深发展。要进一步营造适合创新型初创企业发展的政策环境，新建一批"双创"示范基地，鼓励大企业和科研院所、高校设立专业化众创空间，加强对创新型中小微企业支持，打造面向大众的"双创"全程服务体系，使各类主体各展其长、线上线下良性互动，使小企业铺天盖地、大企业顶天

立地，市场活力和社会创造力竞相迸发。

（四）拓宽实体企业多元化投融资渠道

积极推动投融资体制改革，拓宽投资渠道，推动社保资金、保险资金等投资领域的多元化，加快发展股权投资基金，建立风险资产管理和资信评估制度。加快垄断行业市场开放步伐，积极推进垄断行业和领域产权、投资主体多元化改革，支持社会资本参与垄断环节的特许权竞争，大力发展混合所有制经济。鼓励银行业机构增加对制造业的信贷投放，逐步提高制造业贷款占全部贷款比例。适当提高制造业中小微企业不良贷款容忍度，并实行单独考核。鼓励有条件的地区建立风险补偿机制，推动保险机构开展制造业贷款保证保险业务。大力推动民间投资，在政策和资源配置上要给民间投资平等的地位和待遇，消除各种隐性壁垒，鼓励民营企业依法进入更多领域，保证民营企业依法平等使用生产要素、公平参与市场竞争、同等受到法律保护。探索完善外部"投贷联动"业务发展模式，提升科技型创业企业信贷和"小微创业贷"投放规模。支持企业境内外上市，发行企业债、公司债、短期融资券、中期票据等各类债券，支持符合条件的企业通过贷款、发行债券等从境外融资。发展创投、天使等股权投资基金，推动专精特新"小巨人"企业在中小板、创业板、全国中小企业股份转让系统和区域性股权交易中心上市挂牌。

（五）为实体企业发展提供人才支撑

实施制造业领军人才集聚计划，推动建设全球先进制造业领军人才地图和国外引才引智工作站。建立高层次急需紧缺人才职称直聘绿色通道。实施科技企业家培育、职业经理人培养、经营管理人才素质提升、专业技术人才知识更新培训专项工程。依托千人计划、"长江学者"等引才聚才载体平台，吸引一批世界水平的科学家、科技领军人才、能够突破关键技术的项目负责人和创新团队到实体经济领域创新创业。对引进的高层次人才，给予股权激励和项目资金等优惠支持，提供优质高效的生活服务，妥善帮助解决住房、医疗、子女教育等方面的问题。探索"人才＋技术＋项目"战略合作新模式。实施产业技能大师培育计划，制定高技能人才和工程技术人才职业发展贯通办法，培养造就先进制造业技能大军。推进企业新型学徒制和现代学徒制试点。

五、实体企业成功转型的案例

（一）华为：成功的秘密就是持续创新

华为从 2 万元起家，用 20 多年时间，从名不见经传的民营科技企业，发展成为世界 500 强和全球最大的通信设备制造商，华为的产品和解决方案已经应用于全球 170 多个国家，服务全球运营商 50 强中的 45 家及全球 1/3 的人口，创造了中国乃至世界企业发展史上的奇迹。2016 年华为销售收入 5200 亿元，同比增长近三成，超越 IBM，进入全球 500 强前 75 名，增速在全球千亿规模企业中排名第一。

在华为递交的这份亮眼成绩单背后，除了受益于数字经济发展背后的庞大 ICT 市场，华为持续高水准的研发投入也是重要推手。据欧盟委员会 2016 年 12 月底发布的"2016 全球企业研发投入排行榜"，华为以 83.58 亿欧元（608 亿元）研发投入位居中国第一、世界第八。

华为成功的秘密就是创新。华为虽然和许多民营企业一样从做"贸易"起步，但是华为没有像其他企业那样，继续沿着"贸易"的路线发展，而是踏踏实实地搞起了自主研发。华为把每年销售收入的 10% 投入研发，数十年如一日，仅 2007—2016 年的 10 年间，华为公司累计研发投入超过 3000 亿元，在华为 17 万名员工中有近一半的人在搞技术研发。为了保持技术领先优势，华为在招揽人才时提供的薪资常常比很多外资企业还高。

　　除了持续不断的技术创新外，华为的创新还体现在企业的方方面面，特别是在管理方面，华为推出了"市场部大辞职"等竞争上岗机制、制定《华为基本法》、引进 IBM 集成供应链管理优化流程等，体现出极强的创新意识与竞争意识。华为不是为创新而创新，它打造的是一种相机而动、有的放矢的创新力，是以客户需求、市场趋势为导向，紧紧沿着技术市场化路线行进的创新，这是一种可以不断自我完善与超越的创新力，这样的创新能力才是企业可持续发展的基石，也是推动实体经济转型的根本动力。

表 5-2　2016 年全球企业研发投入排行榜

2016 年全球企业研发投入排行榜 （World Top 2500 R&D Investors）			
企业研发投入排名	总部	研发费用 （亿欧元）	所属行业
1. 大众	德国	136.12	汽车及零部件
2. 三星电子	韩国	125.28	电子、电气设备
3. 英特尔	美国	111.40	科技：硬件和设备
4. Alphabet（谷歌）	美国	110.54	软件、计算机服务
5. 微软	美国	110.11	软件、计算机服务
6. 诺华	瑞士	90.02	制药和生物技术
7. 罗氏	瑞士	86.40	制药和生物技术
8. 华为	中国	83.58	科技：硬件和设备
9. 强生	美国	83.09	制药和生物技术
10. 丰田汽车	日本	80.47	汽车及零部件
11. 苹果	美国	74.10	科技：硬件和设备

（注：欧盟委员会 2016 年 12 月发布，科技美学整理。）

（二）海尔创新缩影：全球顶尖技术与用户需求精准对接

在 2017 年 4 月 5 日的国务院常务会议上，李克强总理由自家冰箱谈到了实体经济的转型升级，赞扬海尔集团研发的气悬浮无油压缩机是实体经济转型升级的一个典型案例。

据了解，海尔集团 Fisher&Paykel 研发中心根据顾客反馈的冰箱总是"嗡"一声突然启动等问题，组织多个团队集中攻关，开发出一种能够稳定运行、不需要反复开机停机的新型压缩机。它的体积和重量还不到传统压缩机的一半，因为不用频繁启动，耗电量进一步降低。目前，这款气悬浮无油压缩机已被应用于海尔集团高端品牌卡萨帝的鼎级云珍冰箱上，使冰箱内温度波动趋近于零，从而实现了冰箱内的食材细胞壁不破损、营养不流失，达到细胞级养鲜的新高度。这款冰箱已获得多项国际大奖，并通过了美国 SIEMIC 细胞级养鲜认证。

事实上，除了气悬浮无油压缩机之外，海尔还创新了能让洗衣机平稳运行得可以立硬币的直驱电机等多项黑科技，得到了行业和用户的广泛关注及认可。海尔相关负责人表示，以前创新黑科技体现的是企业的研发实力，而现在海尔认为，创新黑科技体现的是用户需求，只有用户需要，科技创新才有价值。

正因为源自用户需求，海尔的创新产品持续获得市场认可。2017 年初，世界权威市场调查机构欧睿国际（Euro monitor）发布的全球大型家用电器调查数据报告显示，2016 年海尔大型家用电器品牌份额占全球的 10.3%，实现八连冠。同时欧睿数据还显示，2016 年全球有超过 6800 万人次选择海尔，比整个韩国人口还多。而据海尔 SCRM 数据平台显示，2016 年海尔新增用户中超过 20% 的人曾购买过 3 台以上的海尔家电。

随着我国经济发展进入新常态，经济领域正在发生着一场全面而深刻的结构性变革，正由工业主导型的经济转向服务业主导型的经济，由传统产业主导型经济转向创新主导型经济，由投资主导型的经济转向消费主导型的经济。海尔这款气悬浮无油压缩机能成为总理认可的实体经济转型升级典型案例，根本原因在于其抓准了向消费主导型经济转型的关键，即对用户开放全流程，让用户充分参与产品的设计、研发、制造、销售、服务等全流程中来，使得创新充分体现"用户意志"。能让用户随时随地参与进来，背后需要一整个生态体系的支撑。在海尔"人单合一"模式引导下，每个员工都变身创客，与全球一流的资源方共同对接用户需求，在实现用户价值的同时创造自身增值，确保个人、企业发展与用户利益始终在同一轨道上。有了前沿的理论信念支撑，在交互上，海尔上线众创汇，用户可以在这里提出自己的需求；在研发上，海尔上线 Hope 平台，与全球十大研发中心协同，汇聚全球一流资源，只为用户更好的体验；在制造上，海尔上线了具备中国自主知识产权的 COSMOPlat，让用户可以指挥工厂按需定制产品。

实体经济是国民经济根基，而要适应消费者需求的新变化，实体经济本身必须加快转型升级步伐。只有不断适应消费者的升级需求，才能在竞争激烈的全球市场站稳脚跟。在这方面，海尔已经给出了实体经济转型的样本，将带动更多的中国实体经济向消费主导型经济升级。

（三）阿里巴巴：发展新实体经济的典型代表

阿里巴巴公司是一家从事电子商务、云计算、数字媒体和娱乐以及创新项目的平台型公司，通过构建基于互联网的平台，为商家、品牌及其他提供产品、服务和数字内容的企业可以借助阿里巴巴的互联网基础设施以及营销平台与用户和客户进行互动，从而实现了业务的快速增长。

2016年，阿里巴巴平台销售总额突破3万亿，成为全球超大移动经济实体，集团合计纳税238亿元，带动平台纳税至少2000亿元，相当于4000家大型商场的销售体量，创造了超过3000万个就业机会。这些成绩的取得与其大力发展新实体经济，驱动传统产业向新零售和新制造转型，提高流通效率等创新型举措息息相关。

从平台带动作用看，作为开放平台，阿里巴巴构建的新实体经济生态圈包含商家、第三方服务商、物流合作伙伴等。这些来自淘宝、天猫平台上的千万商家创造的巨大经济增量，拉动新增内需，极大地拓宽了税基。2016年，因为平台产生消费增量而带动上游生产制造与批发增量、物流增量等所产生的税收贡献已超过了2000亿元人民币。

从驱动传统产业升级看，截至2016年年底，阿里巴巴已累计投资传统产业超过1000亿元，其中重大投资项目超过20个，如投资苏宁、银泰、圆通、日日顺等。而日前，阿里巴巴又已和三江购物、上海百联购物集团达成战略合作。除此之外，阿里改变了传统产业的运作方式和盈利模式，推动投资驱动向创新驱动转变，为企业提供线上线下全渠道服务，革命性地提高社会效率，同时将传统厂商主导的B2C模式向消费者驱动的C2B模式转变，从而实现传统产业向新零售和新制造升级。阿里生态体系还催生了新的社会服务产业。在淘宝天猫平台服务市场上，仅客服外包、摄影、咨询服务、招聘、培训、质检品控以及定制类设计已聚集超4.5万家服务商，为千万淘宝及天猫卖家提供服务，成为新的规模增长点。截至2016年9月30日，阿里服务商收入同比涨幅达142%。数据显示，中国电子商务服务业规模 2016 年超过 2 万亿元，2012 年至 2016 年连续 5 年年均增速为 60%—90%，这为阿里新实体经济提供了快速增长的大环境。截至 2016 年年底，基于数据技术和思想重构金融产品和服务，阿里旗下蚂蚁金服已为数千万小微企业和 6 亿全球消费者带来平等金融服务，成为新实体经济的造血之源。

阿里巴巴还在云计算等新技术领域积极布局。阿里云计算业务已经连续 6 个季度保持了三位数增速，不仅占据中国公共云市场绝对领导地位，更与美国亚马逊 AWS、微软 Azure 并驾齐驱，鼎立全球云计算三强。2016 年，阿里云占据中国公共云市场 50% 份额，是 AWS、Azure、腾讯云、百度云和华为云的总和。

第四节　改革的关键在体制机制创新

习近平同志在谈到农业供给侧结构性改革时指出，"关键在体制机制创新"，改革中要"从化解当前突出矛盾入手""处理好短期和长期的关系""在培育新的动力机制上做好文章、下足功夫"。为了做好这篇文章，必须以深化重点领域和关键环节改革为手段，围绕使市场机制配置资源的决定性作用得以充分发挥出台相关改革举措，形成经济体系内生的推动供给结构优化、质量提升的动力。而深化重点领域改革本身，也是优化制度供给的过程，是在经济发展推动制度需求产生变化、更新的情况下，针对制度供给与需求不相适应的部分，进行的供给侧调整。总体来看，从供给侧结构性改革的要求出发，应加快推动的改革主要包括市场机制所需的基础性制度改革、要素市场体制改革、企业改革特别是国有企业改革，以及财政金融体制改革等。

一、加快基础性制度建设，为市场在资源配置中起决定性作用提供更好制度供给

市场的基础性制度从根本上是由法制来明确和保障的，特别是有利于促进公平竞争的规则体系。同时，政府层面必要的事前、事中和事后监管，对制度的执行、规则的落实也是不可或缺的。改革开放以来，随着由社会主义计划经济向社会主义市场经济逐步转轨，市场的基础性制度建设取得了相当大的进展，但仍有一些重要的制度、监管措施及必要的支撑体系尚不能适应实际要求，制约市场机制在资源配置中发挥决定性作用。为改变这种状况，健全市场的基础性制度，应加快以下几方面改革。

（一）完善产权保护制度

推进产权保护法治化，落实《关于完善产权保护制度依法保护产权的意见》，健全以公平为核心原则的产权保护制度，加强对各种所有制和自然人财产权的保护。立法层面，应加快完善物权、合同、知识产权等相关法律制度，清理有违公平的法律法规条款，特别是针对不同类型所有制制定的市场主体法律和行政法规。司法和执法层面，应审慎把握处理产权和经济纠纷的司法政策，严格规范涉案财产处置的法律程序，严格区分经济纠纷与经济犯罪的界限，严格区分个人财产和企业法人财产、违法所得和合法财产的界限，防止选择性司法、处理涉案财产不规范等问题。注重正面引导、激励与严肃法制约束相结合，抓紧总结一批产权保护方面的好案例，剖析一批侵害产权的案例，甄别纠正一批社会反映强烈的产权纠纷申诉案例。

（二）"放管服"向纵深拓展

简政放权方面，进一步精简政府审批事项，清理取消一批生产和服务许可证，加快向国际通行的产品认证管理转变。持续深化商事制度改革，进一步推进"多证合一"，缩减工商登记前置审批事项。对没有法律法规依据、非按法定程序设定的涉企证照事项一律取消。推动"一照一码"营业执照在各地区、各行业加快互认和应用。着力完善并执行负面清单、权力清单和责任清单制度，减少政府的自由裁量权，增加市场的自主选择权。通过实行"负面清单"管理，实现对于法人、公民"法无明文不为禁""法无禁止皆可为"，释放并激发各类主体的创造性，形成经济社会发展的不竭动力；通过实行"权力清单"管理，实现对于政府权力"法无授权不为权""法无授权不可为"，约束政府行为以减少政府对市场的干预，保障市场配置资源决定性作用的发挥；通过实行"责任清单"管理，实现政府履行经济社会管理职责承诺的公开透明，提升社会预期稳定性和整体安全感。[①]

放管结合方面，着力健全事中、事后监管制度。推进"双随机、一公开"全覆盖，增强事中事后监管的有效性。落实公平竞争审查制度，对涉及市场主体经济活动的规章、规范性文件和其他政策措施，在政策制定过程中实行自我审查，具有排除、限制竞争效果的不予出台。推进综合行政执法，健全跨部门、跨区域执法协作机制。完善优化标准体系，逐步形成由政府主导制定的标准和市场自主制定的标准共同构成的新型标准体系。整合精简强制性标准，同时强化标准实施与监督，保证强制性标准得到严格执行。完善产品质量追溯体系，推动建立惩罚性赔偿制度。

---

① 陆宇：《要素市场改革的进度表和路线图》，《21世纪经济报道》2014年1月3日。

优化服务方面，推进国务院部门和地方政府信息系统互联互通，加快形成全国统一的政务服务平台。围绕提高智能便捷、公平可及水平，运用"互联网+政务服务"等信息技术手段，着力打通"最后一公里"，持续改进优化政务服务。

（三）健全社会信用体系

推动信用信息更大范围、更多领域的共享共用，增强全国信用信息共享平台作用，实现深度共享、深度开发、深度应用。完善企业信用信息公示系统，推进行政许可和行政处罚信用信息"双公示"省市县全覆盖。落实关于加强政务诚信建设的指导意见，坚持依法行政、阳光行政和加强监督，完善政府守信践诺机制，在重点领域建立各级政府和公务员失信记录，实施失信惩戒措施。逐步形成政务诚信对其他社会主体诚信建设的表率和导向作用。加快建立个人诚信记录，注重实名登记、信息安全、信用修复和优化服务。加强信用监管，建立健全政府部门间协同监管和联合奖惩机制，推进形成有效的守信激励、失信惩戒机制。规范发展征信市场，引导社会化征信机构创新产品和服务，参与地方、行业信用建设。

二、深化要素市场改革，为要素流动提供更好制度供给

要素供给状况是决定一国长期经济发展水平的关键因素。我国要素市场改革进程总体上滞后于商品市场改革，土地、人力资本、资金、技术等生产要素的自由流动仍然存在体制障碍。要素市场改革滞后带来的要素配置扭曲，仍是经济社会发展中诸多深层矛盾的根源，如城乡发展不协调、居民收入差距大等。加快要素市场改革，要针对制约不同类型要素自由流动的体制症结，以改革为手段，赋权利、清障碍、破歧视，着力完善要素价格形成机制，使市场机制

优化要素配置的作用更加充分地发挥出来，提高要素配置效率。

（一）深化土地、水、矿产等自然资源管理制度改革

土地制度改革重点是消除城乡建设用地市场的"二元"分割，应在符合规划、用途管制、依法取得的前提下，推进农村集体经营性建设用地与国有建设用地同等入市、同权同价，构建统一开放的城乡建设用地市场。同时进一步完善国有建设用地有偿使用制度，扩大国有建设用地有偿使用范围。完善土地租赁、转让、抵押相关制度，发展二级交易市场，促进土地要素优化配置。包括水、矿产、国有森林和草原、海域海岛在内的自然资源，应在坚持保护与发展相统一的原则下，以明晰产权为基础，实现有偿使用。具体举措包括：健全水资源费征收制度，依据地区水资源状况、经济发展水平、社会承受能力以及不同产业和行业取用水的差别特点等，合理调整水资源费征收标准，严格征收管理，鼓励通过规范的水权交易平台开展水权交易；完善矿业权有偿出让制度，进一步扩大矿业权竞争性出让范围，全面推进资源税改革，通过清费立税、从价计征改革，理顺资源税费关系，实现调控经济、促进资源节约集约利用和生态环境保护的双重作用；推进国有林地使用权确权登记工作，清理规范已经发生的国有森林资源流转行为；完善国有草原承包经营制度，规范承包经营权流转行为；完善海域有偿使用分级、分类管理制度，建立海域使用金征收标准动态调整机制，探索赋予无居民海岛使用权依法转让、出租等权能，研究制定使用权出让的具体办法。

（二）推进劳动力市场改革

目前劳动力市场存在着新的"二元"分割问题，既有城乡二元，又有城镇职工与农民工二元、国有经济与非国有经济二元等。推进劳动力市场改革，应规范招人用人制度，着力破除身份和性别歧视，

促进城乡、行业及不同所有制企业之间同工同酬。推动职工基础养老金和医疗保险的全国统筹，促进人口和劳动力跨地区自由流动。加快事业单位改革步伐，促进教师、医师、科研工作者等高素质人才流动。建立健全行业人力资源需求预测和就业状况定期发布制度，加快构建劳动者终身职业培训体系，增加就业技能培训、岗位技能提升培训和创业培训等公共服务，缓解劳动力市场供给与需求的结构性矛盾。

（三）深化科技体制改革

科技体制改革的基本方向，是更好发挥技术作为生产要素的功能，打通科技创新与经济发展之间的通道，促进创新成为发展的主要动力。深化科技体制改革，应进一步确立企业的创新主体地位，以企业为核心集聚各类创新要素，促使企业成为技术创新决策、研发投入、科研组织和成果转化的主体，从而使创新要素在更大程度上由市场进行配置，提高资源配置效率。鼓励企业与科研院所、高校等开展协同创新，调动、利用各类科技创新资源。完善国家对企业技术创新的普惠性财税政策。财政支持方式更多向后补助、间接投入等转变，支持企业自主决策、先行投入，开展重大技术、装备和标准的研发攻关。加快推进科研院所分类改革和高等学校科研体制机制改革，明晰职能定位，健全治理结构，依据创新规律改进、完善科研组织方式、运行管理机制、绩效考核机制等制度，赋予科研机构更高自主性和灵活性，激发创新能力和对接企业、市场需求的积极性。允许符合条件的高等学校和科研院所科研人员带着科研项目和成果、保留基本待遇到企业开展创新工作或创办企业，探索开展高等学校和科研院所设立流动岗位吸引企业人才兼职试点，促进科技人才在事业单位与企业间双向流动。深入推进科技成果使用、处置和收益管理改革，赋予科研机构使用、处置科研成果的自主权，以体现创新价值为原则合理分配成果转让收益，强化对科技成果转化的激励。完善技术产权交易体系，鼓励借助网络化众创平台、新兴孵化器等促进技术和知识的自由流动、优化整合，更好更快形成新的生产力。

三、深化财金改革，为实体经济提供更好制度供给

财政金融体制直接影响政府与市场主体、金融部门与实体经济间的关系。深化财政税收体制改革，有助于合理划分政府与市场作用边界，从而使市场配置资源的决定性作用得以实现，为优化供给结构、培育新动能等提供内在动力；有助于明晰不同层级政府的职能分工，以及理顺政府与社会的关系，使基础设施、公共服务等领域"补短板"的责任得以更好落实，也有利于整合更多类型资源参与任务的完成。深化金融体制改革，增强市场在金融资源配置中的作用，不仅有助于金融服务供给适应需求进行结构优化和质量提升，更重要的是，有助于强化促进金融服务实体经济的功能。在经济进入新常态的背景下，对适应新形势新要求深化财政金融体制改革，提出以下建议。

财政税收体制改革方面，近中期，建议进一步推进普惠式减税和普遍性降费，特别要加大力度实施以鼓励研发和技术改造为目标的结构性降税。完善营改增全面推开后的配套措施，简化增值税税率结构。落实关于推进中央与地方财政事权和支出责任划分改革的指导意见，使基本公共服务的支出责任重心适当向中央、省级上移。持续优化整合财政支出，加快清理一般公共预算中以收定支事项。健全预算审查机制，进一步推进预决算公开，强化财政预算监督。

长期看，应优化税制、税率和税收结构，着力公平税负。增加直接
税税种，降低间接税所占比例，推动税收结构转型。实施综合和分
类相结合的个人所得税制度。完善房地产税为主体的地方税体系，
围绕基本公共服务均等化，调整转移支付制度，提高地方财政能力。
以法规或法律形式明确规范各级政府事权和支出责任划分，推进财
政领域法治化程度提高。扩大国有资本经营预算、社保基金预算覆
盖范围，提高四类预算统筹程度。建立侧重于创造公平竞争环境和
激励创新的税收优惠政策体系，将优惠重点放在支持技术研发与创
新环节，而非指定行业。

　　金融体制改革方面，近中期，着力解决金融资源在实体和虚拟
之间的"错配"问题。进一步完善区别对待、有保有控的差别化信
贷政策，支持实体经济特别是战略性新兴产业发展和传统产业升级
改造，助力分类调控、因城施策的房地产政策落实，抑制房地产泡
沫。进一步健全信贷支持重点领域、薄弱环节的体制机制，引导更
多资金流入创新领域、支持民营经济和"三农"发展。具体措施包
括，通过加快完善配套服务体系和机制，支持银行发放收益权、应
收账款、商标权、专利权等质押贷款，细化落实小微企业续贷和授
信尽职免责制度，稳妥推进农村集体经营性建设用地使用权、农民
住房财产权、农村承包土地经营权抵押贷款试点。多种渠道盘活信
贷资源，稳步扩大银行不良资产证券化试点参与机构范围，支持银
行业金融机构开展信贷资产流转等业务。推动设立国家融资担保基
金，支持地方政府设立政策性担保、再担保机构，完善多层次担保
体系。完善资本市场事中事后监管制度，从严从重打击各类违法违
规行为，抑制投机，强化筹资功能。长期看，应大力发展普惠金融
和中小微金融，发展民营银行，构建主体多元、模式多样、市场多

层的间接金融体系。在风险可控的前提下，鼓励金融机构运用互联网、大数据、云计算等信息科技手段，创新产品和服务方式，缓解银企信息不对称，特别是降低小微企业信贷服务成本。完善多方合作的增信和风险分担机制，支持地方针对小微企业融资难，发展政银保、政银担等合作模式，建立健全补偿、代偿、贴保、贴息等相结合的多层次风险分担机制。完善股票发行、交易和上市公司退市等基础性制度，适时推进股票发行注册制改革，构建规范上市、强化退市、有进有出、优胜劣汰的多层次资本市场。完善债券市场基础设施，推进企业债券注册管理制改革，健全债券发行人信息披露制度，促进企业债券比重提高。

四、深化国企改革，为企业公平竞争提供更好制度供给

企业是最基本的市场主体，也是市场的主要供给方，激发企业的活力，才能形成供给结构优化的内生动力。我国国有企业和民营企业发展面临着不同的问题和困难。同时，两者的市场地位仍然不完全平等，如一些领域在准入方面对民间资本存在限制或歧视。应针对存在的问题，继续深化国企改革，以及为民营企业发展创造更公平的竞争环境。

（一）深化国企改革

深化国企改革的重点，一是改革国有资本授权经营体制。要由当前的国资监管机构直接作为国有企业股东的模式，转变为由政府设立的国有资本投资、运营公司持有国有企业股份的模式，实现政府从"管人、管事、管资产"转向"管资本"。这项改革，不仅有助于削弱政府部门与国有企业超越正常政市关系、类似上下级管理的纽带联系，从而消除国有企业的行政特征；也有助于切

断政府部门对企业经营进行直接干预的渠道，从而提升国有企业经营独立性；还能够通过发挥资本投资、运营公司更专业、更灵活的资本运作，加快国有资本布局结构的调整优化。为此应加快国有资本投资、运营公司的组建。以国有资本授权经营体制改革为基础，运用兼并重组等方式加快处置国有"僵尸企业"，优化国有资本配置。

二是进一步完善国有企业法人治理结构。按照分类改革思路，继续推进国有企业公司制股份制改革。加快历史遗留问题的解决，抓紧剥离"三供一业"等企业办社会职能，进一步突出主业，实现国有企业"瘦身健体"、提质增效。健全以公司章程为核心的企业制度体系，规范企业治理中各类主体的权责，强化责权对等，形成有效制衡的公司法人治理结构，为提升国企运行效率提供基础。按照以"管资本"为主的要求理顺出资人职责，转变出资人机构的职能和工作方式。加强董事会建设，规范董事会议事规则，严格实行集体审议、独立表决、个人负责的决策制度，同时建立重大事项信息公开和对外披露制度。推动企业建立健全符合自身特点、有效的董事会考核评价体系及激励机制。建立规范的经理层授权管理制度，国有独资公司经理层逐步实行任期制和契约化管理，经理层成员实行差异化薪酬分配制度。有序推进职业经理人制度建设，扩大职业经理人队伍。继续依法实行外派监事会制度，同时加强职工民主管理与监督。支持国有企业探索员工持股、创新激励等机制。

三是加快推进混合所有制改革。坚持分类推进、稳妥推进的原则，促进国有资本和非国有资本双向进入、交叉持股。对主业处于充分竞争行业和领域的国有企业，按照市场化、国际化要求，充分运用整体上市等方式，积极引入其他国有资本或各类非国有资本实现股权多元化，以增强活力，放大国有资本功能。对主业处于关系国家安全、国民经济命脉的重要行业和关键领域、主要承担重大专项任务的国有企业，保持国有资本控股地位，支持非国有资本参股。对自然垄断行业，推进竞争性环节准入的放开。按照完善治理、强化激励、突出主业、提高效率的要求，加快探索和推动电力、石油、天然气、铁路、民航、电信、军工等领域混合所有制改革。① 对公益类国有企业，鼓励非国有企业以购买服务、特许经营、委托代理等方式参与经营。严格规范混合所有制改革操作流程和审批程序，严格执行重大事项请示报告制度，加强分类依法监管，有区别地考核其经营业绩指标和国有资产保值增值情况。探索实行国家特殊管理股制度。

国家特殊管理股的提出及其特征分析

国家特殊管理股制度最早在党的十八届三中全会上提出，适用对象为"按规定转制的重要国有传媒企业"。2015 年 9 月，国务院发布了《关于深化国有企业改革的指导意见》（中发〔2015〕22 号）和《关于国有企业发展混合所有制经济的意见》（国发〔2015〕54 号），提出要加快推进国有企业公司制股份制改革，"在少数特定领域探索建立国家特殊管理股制度""保证国有资本在特定领域的控制力"。

国家特殊管理股的核心在于"特定事项否决权"。国家特殊管理股是一个新名词，在党的十八届三中全会起草组编写的辅导读本中，强调其"始终保有最大决策权和控制权"，54 号文首次提及并强调其"特定事项否决权"。

---

① 刘志彪：《六问：实体经济发展新动能从哪里来》，《北京日报》2016 年 12 月 26 日。

不同类型股票与股东权利

股票类型	知情权	收益权	表决权
普通股	有	有	有（事前表决权）
优先股	有	有	无
超级表决权股	有	有	有（高于普通股，如1∶20或1∶10等）
金股	有	无	有（事后表决权和强制实施权）
国家特殊管理股	有	有	有（特定事项否决权；始终保有最大决策权和控制权）

资料来源：戴苏琳：《国家特殊管理股制度探讨》，《中国金融》2016年第7期。

（二）支持民营企业持续发展

支持民营企业发展的重点应放在打破垄断、消除不当行政干预，创造公平竞争的发展环境。鼓励民营企业进入法律法规未明确禁止的领域，从深度广度上向民营企业开放。在招标投标、政府采购、用地指标等方面对民营企业一视同仁，保障民营企业平等获得生产要素，平等参与市场竞争。积极转变政府职能，落实扶持小微企业有关税费优惠政策，进一步完善扶持政策体系，形成推动民营经济发展的政策合力。鼓励地方建设民营企业公共服务平台。通过扶持培育行业协会、商会、产业联盟等产业中间组织，在政策宣传、行业自律、信息共享、人才培养、协同创新、权益维护等方面发挥积极作用，更多更好服务民营企业。

主要参考文献

1. 龚雯、许志峰、王珂:《七问供给侧结构性改革——权威人士谈当前经济怎么看怎么干》,《人民日报》2016 年 1 月 4 日。

2. 陈东琪:《抓紧抓好供给侧结构性改革——深入学习贯彻习近平同志关于推进供给侧结构性改革的重要思想》,《人民日报》2017 年 4 月 12 日。

3. 国家行政学院经济学教研部:《中国供给侧结构性改革》,人民出版社 2016 年版。

4. 汪洋:《深入推进农业供给侧结构性改革,加快培育农业农村发展新动能》,《求是》2017 年第 3 期。

5. 王兆斌、吴晓迪:《农业供给侧结构性改革改什么、怎么改?》,《求实》2017 年第 4 期。

6. 弗朗索瓦·格罗普、司马亚玺、罗栋:《以结构性改革推进经济增长》,《中国金融》2013 年第 20 期。

7. [英] 亚当·斯密:《国富论》,杨敬年译,陕西人民出版社 2001 年版。

8. 《马克思恩格斯选集》第 2 卷,人民出版社 2012 年版。

9. [英] 约翰·梅纳德·凯恩斯:《就业、利息和货币通论》,高鸿业译,商务印书馆 1999 年版。

10. [法] 让·巴蒂斯特·萨伊:《政治经济学概论》,陈福生、陈振骅译，商务印书馆 1963 年版。

11. ［美］弗鲁博顿、［德］芮切特：《新制度经济学：一个交易费用分析范式》，上海人民出版社 2006 年版。

12. ［美］戈登·塔洛克：《公共选择：戈登·塔洛克论文集》（中译本），商务印书馆 2011 年版。

13. ［英］罗纳德·哈里·科斯、王宁：《变革中国》，中信出版社 2013 年版。

14. ［美］斯蒂格利茨、尤素福：《东亚奇迹的反思》（中译本），中国人民大学出版社 2013 年版。

15. ［美］詹姆斯·M. 布坎南：《同意的计算——立宪民主的逻辑基础》（中译本），上海人民出版社 2014 年版。

16. 外国经济学说研究会编：《现代国外经济学论文集》第 17 辑，商务印书馆 1997 年版。

17. 托马斯·皮凯蒂：《21 世纪资本论》，巴曙松译，中信出版社 2014 年版。

18. 吴敬琏：《中国经济增长模式抉择（增订版）》，上海远东出版社 2011 年版。

19. 陈漓高、齐俊妍、韦军亮：《第五轮世界经济长波进入衰退期的趋势、原因和特点分析》，《世界经济研究》2009 年第 5 期。

20. 安宇宏：《朱格拉周期》，《宏观经济管理》2013 年第 4 期。

21. 苗迎春、周茂荣、杨继梅：《美国政府应对金融危机的机制及启示》，《财政研究》2009 年第 12 期。

22. 姚淑梅、杨长湧、李大伟：《世界经济处弱复苏周期》，《中国发展观察》2016 年第 15 期。

23. 吴涧生、李大伟、杨长湧：《第三次工业革命的前景及对国际经济格局的影响》,《中国发展观察》2013 年第 10 期。

24. 宋泓:《特朗普上台后美国贸易及相关政策的变化和影响》,《国际经济评论》2017 年第 1 期。

25. 伞锋、张晓兰:《安倍经济学能拯救日本经济吗?》,《东北亚论坛》2014 年第 1 期。

26. 党国英:《农业要强,就要降低农业的成本》,《人民论坛》2015 年第 30 期。

27. 姜刚、管建涛、郭强、周勉、欧甸丘、黄艳、郭翔:《多省份粮食银行陷三无境地,跑路冒进风险凸显》,《经济参考报》2016 年 11 月 7 日。

28. 韩利:《财政资金让参股村民收入大幅增长》,《成都商报》2015 年 1 月 22 日。

29. 刘慧:《储备粮如何走出轮换经济困境》,《经济日报》2015 年 6 月 25 日。

30. 刘友莉:《探索农业共营制,崇州破解农业三大难题》,《成都商报》2017 年 3 月 10 日。

31. 孙正东:《关于发展现代农业产业化联合体的几点认识》,2015 年 6 月 4 日,见 http://www. ahny. gov. cn/detail. asp? id = 50B8D589-E09B-4ECD-B105-947208C8F7B6。

32. 袁纯清、张建军、李文明、冀名峰、刘月娇、王鸿萌:《创新现代农业经营体系的生动实践——安徽现代农业产业化联合体调研》,《农民日报》2017 年 1 月 17 日。

33. 赵荣昌:《合作社建项目分红利,村民得实惠》,《成都日报》2016 年 2 月 8 日。

34. 王昌林等:《我国重大技术发展战略与政策研究》,经济科学出版社 2017 年版。

35. 袁纯清、张建军、李文明、冀名峰、刘月娇、王鸿萌：《创新现代农业经营体系的生动实践——安徽现代农业产业化联合体调研》，《农民日报》2017 年 1 月 17 日。

36. 赵荣昌：《合作社建项目分红利，村民得实惠》，《成都日报》2016 年 2 月 8 日。

37. 费洪平等：《实体经济发展困境解析及对策》，《经济日报》2017 年 2 月 27 日。

38. 怀仁、李建伟：《我国实体经济发展的困境摆脱及其或然对策》，《改革》2014 年第 2 期。

39. 黄群慧：《打牢实体经济发展的根基》，《求是》2016 年第 4 期。

40. 李伟：《把创新主战场放在实体经济上》，《经济日报》2017 年 4 月 14 日。

41. 沈坤荣、赵倩：《创新发展与中国经济增长动力机制的重构》，《南京社会科学》2017 年第 5 期。

42. 盛朝迅、任继球、李淑华：《如何振兴实体经济?》，《形势要报》2016 年第 105 期。

43. 陶武先：《转型升级背景下的实体经济发展探析》，《经济体制改革》2012 年第 4 期。

44. 王昌林、姜江、韩祺：《振兴实体经济走什么路?》，《调查研究建议》2017 年第 1 期。

45. 杨晓龙：《我国实体经济实现转型发展的路径选择》，《学术交流》2012 年第 5 期。

46. 陆娅楠：《如何处理好政府和市场的关系——专访国家发展

和改革委员会宏观院研究员林兆木》,《人民日报》2013 年 12 月 8 日。

47. 陈彦斌、王佳宁:《中国宏观调控的现实功用与总体取向》,《改革》2017 年第 3 期。

48. 陈彦斌、刘哲希、郭豫媚:《经济新常态下宏观调控的问题与转型》,《中共中央党校学报》2016 年第 20 期。

49. 刘明远:《西方主流宏观调控政策在中国的实践与反思》,《当代经济研究》2017 年第 6 期。

50. 刘伟、苏剑:《"新常态"下的中国宏观调控》,《经济科学》2014 年第 4 期。

51. 卢锋:《宏调的逻辑》,中信出版社 2016 年版。

52. 王跃生:《天下没有免费午餐——改革成本问题研究与国际比较》,中国财政经济出版社 1999 年版。

53. 彭华:《制度转型的成本分析》,华中师范大学博士论文,2010 年。

54. 文宏:《改革成本分担问题研究》,吉林大学博士论文,2010 年。

55. 余斌、吴振宇:《中国经济新常态与宏观调控政策取向》,《改革》2014 年第 11 期。

56. 臧跃茹等:《"十三五"市场风险与防范》,《中国金融》2016 年 11 月。

57. 张晓晶:《试论中国宏观调控新常态》,《经济学动态》2015 年第 4 期。

58. 周其仁:《改革的逻辑》,中信出版社 2013 年版。

59. 周清杰:《改革成本如何分摊》,《新产经》2013 年第 11 期。

60. 朱宁:《刚性泡沫——中国经济为何进退两难》,中信出版社 2016 年版。

61. 李扬、张晓晶、常欣:《中国国家资产负债表 2015——杠杆调整与风险管理》,中国社会科学出版社 2015 年版。

62. 国家金融与发展实验室国家资产负债表研究中心:《中国去杠杆进程报告(2017 年一季度)》,2017 年 7 月 21 日。

63. 刘万玲:《去产能面临高债务风险等 6 大棘手问题》,《凤凰财经》2017 年 1 月 10 日。

64. 辛义生:《山西省煤炭供给侧结构性改革成效初显》,《山西日报》2016 年 8 月 19 日。

65. 陈东琪:《强波经济论》,中国人民大学出版社 1992 年版。

66. 陈东琪:《双稳健政策——中国避免大萧条之路》,人民出版社 2005 年版。

67. 张卓元:《十八大后十年的中国经济走向》,广东经济出版社 2013 年版。

68. IMF, World Economic Outlook Update, July 2017: A Firming Recovery.

69. WIPO, World Intellectual Property Report 2015.

后　记

2017 年 1 月 22 日，中国宏观经济研究院（简称中宏院）首席专家陈东琪研究员在中共中央政治局第三十八次集体学习上就"深入推进供给侧结构性改革"这个主题进行了讲解，并谈了意见和建议，受到中央领导高度肯定。会后，陈东琪研究员牵头组织中宏院一批科研骨干开展深入系统研究，对讲解内容进行丰富和完善，形成了《通向新增长之路　供给侧结构性改革论纲》。

当前，社会上关于论述供给侧结构性改革的书籍已经很多，与市面上可看到的以供给侧结构性改革为主题的大部分著作不同，本书全面梳理了习近平总书记"供给侧结构性改革"的思想形成、深刻内涵、主要内容和政策主张，更加注重内容的系统性和表达的准确性，以帮助社会各界人士深刻认识中国深入推进供给侧结构性改革的现实意义、实践进程、重点难点和主要任务，更好地推动中国经济朝着更高质量、更有效率、更加公平、更可持续的方向发展。

本书由陈东琪研究员负责总体思路、逻辑框架设计和全书修改统稿，罗蓉、郭春丽等协助组织并负责文字处理，各章节执笔人分别为，第一章：申兵、李大伟和张哲人，第二章：罗蓉、申兵、郭春丽、王元、杨长湧和易信等，第三章：李世刚，第四章：郭春丽、郭丽岩和李清彬等，第五章：王元、盛朝迅和张义博等，附录：罗蓉。黄汉权、蓝海涛、杜飞轮等同志在材料组织过程中贡献了智慧和思想，人民出版社在此书的编辑出版过程中给予大力支持，在此一并表示衷心感谢！

中国宏观经济研究院是我国首批"国家高端智库"试点单位之一，长期以来，院科研管理部把院优秀科研成果推荐给广大读者作为己任，但限于研究深度和工作水平，书中不妥之处，敬请读者批评指正。

中国宏观经济研究院
科研管理部
2017 年 8 月 28 日

责任编辑：高晓璐

封面设计：姚　菲

图书在版编目（CIP）数据

通向新增长之路：供给侧结构性改革论纲/陈东琪编著. —北京：人民出版
社，2017.10

ISBN 978-7-01-018378-7

Ⅰ.①通…　　Ⅱ.①陈…　　Ⅲ.①中国经济-经济改革-研究　　Ⅳ.①F12

中国版本图书馆 CIP 数据核字（2017）第 245278 号

通向新增长之路　供给侧结构性改革论纲

TONGXIANG XINZENGZHANG ZHILU

GONGJICE JIEGOUXING GAIGE LUNGANG

陈东琪　编著

人民出版社出版发行

（100706　北京市东城区隆福寺街 99 号）

北京汇林印务有限公司印刷　新华书店经销

2017 年 10 月第 1 版　2017 年 10 月北京第 1 次印刷
开本：710 毫米×1000 毫米　1/16　印张：18.25
字数：280 千字

ISBN 978-7-01-018378-7　定价：69.00 元

邮购地址 100706　北京市东城区隆福寺街 99 号
人民东方图书销售中　电话（010）65250042　65289539